"十三五"高等院校经济与金融专业规划教材

U0781128

商业银行经营与管理案例分析

（第二版）

苏立峰◎编著

立信会计出版社
LIXIN ACCOUNTING PUBLISHING HOUSE

图书在版编目(CIP)数据

商业银行经营与管理案例分析/苏立峰编著. —2
版. —上海:立信会计出版社,2019.1(2021.10 重印)
"十三五"高等院校经济与金融专业规划教材
ISBN 978 - 7 - 5429 - 6065 - 8

Ⅰ. ①商⋯　Ⅱ. ①苏⋯　Ⅲ. ①商业银行—经营管理—
案例—高等学校—教材　Ⅳ. ①F830.33

中国版本图书馆 CIP 数据核字(2019)第 016333 号

策划编辑	方士华
责任编辑	方士华
封面设计	南房间

商业银行经营与管理案例分析(第二版)

SHANGYE YINHANG JINGYING YU GUANLI ANLI FENXI

出版发行	立信会计出版社		
地　址	上海市中山西路 2230 号	邮政编码	200235
电　话	(021)64411389	传　真	(021)64411325
网　址	www.lixinaph.com	电子邮箱	lixinaph2019@126.com
网上书店	http://lixin.jd.com	http://lxkjcbs.tmall.com	
经　销	各地新华书店		

印　刷	上海天地海设计印刷有限公司	
开　本	787 毫米×1092 毫米	1/16
印　张	14.75	
字　数	309 千字	
版　次	2019 年 1 月第 2 版	
印　次	2021 年 10 月第 2 次	
印　数	2 101—3 200	
书　号	ISBN 978 - 7 - 5429 - 6065 - 8/F	
定　价	36.00 元	

如有印订差错,请与本社联系调换

第二版前言

2018 年 8 月初,接到出版社方士华副编审的电话,说本书第一版还颇受市场认可,建议笔者对其进行修订再版。能够把自己对商业银行经营管理领域的有关理解和读者进行交流,读者们能够有所收获,笔者也感到很高兴。本书的修订工作从 8 月份一直持续到年底。

本次修订情况说明如下。

本次修订新增三个案例,也删掉了第一版中三个案例。新增的案例分别是案例 6(中国银行业理财市场小史:从襁褓到巨婴)、案例 17(中国银行业风险大案之鉴)和案例 18(商业银行拨备覆盖率:之困、之因、之策)。新增的三个案例均涉及中国银行业最近数年来被市场、监管层和理论界所特别关注的焦点问题。编写过程中笔者注重了选题的典型性、分析的恰当性、材料的翔实性和案例的可读性等,每个案例均在 1.5 万字以上,写作时间都较长,其中最后完成的案例 6 断断续续写了近两个月。

本次对第一版中的 17 个案例都根据最新的发展情况进行了修订,部分案例的改动程度很大。

案例 14(海南发展银行倒闭案)完全进行了重写,加入了一些新的材料和新的分析,突出了事件演变过程的生动性和趣味性,分析部分也进行了重新整理。案例 4(中国银行业的资本金困境)在第一版的基础上加入了 2013 年之后中国银行业资本补充方式的新实践,字数增加近 1 万字。案例 5(《巴塞尔协议》的前世今生)加入了"巴塞尔Ⅲ"系列规章在 2013 年后的进展以及在全球主要经济体的实施情况,包括在中国的实施情况。案例 2(分业经营还是混业经营——从花旗银行的并购与拆分说起)中根据花旗银行 2013 年后的经营情况加入了一些新的材料和数据。案例 1(商业银行的起源与发展)对第五节进行了改写,介绍了民国时期中国银行业的发展概况。

在本次对第一版中的其他案例的"案例思考"部分中加入了要求描述中国银行业最新进展情况的题目,还对少部分文字进行了重新组织。

希望本书第二版能够带给广大读者新的启发,新的思考。不足之处,还希望读者给予指正。

苏立峰

2019 年 1 月

第一版前言

　　一般认为是哈佛大学首先创立了现代教育体系中的案例教学方法。相比于传统的讲授式教学方法(lecture method)而言,案例教学法(case teaching method)属于较新的一种教育教学方法,在西方国家也不过仅有一百多年的历史,而引进中国的时间更是只有二十多年的时间。

　　对于案例教学的定义,教育学界基本没有分歧。一般是指,在教师的指导下,根据教学目的要求,组织学生对案例的调查、阅读、思考、分析、讨论和交流等活动,教给他们分析问题和解决问题的方法或道理,进而提高分析问题和解决问题的能力,加深学生对基本原理和概念的理解的一种特定的教学方法,其本质是理论与实践相结合的互动式教学。

　　案例教学法已被越来越多的高校所采用,尤其是在工商管理类课程的教学过程中广泛采用了这种新的教学模式,但在案例教学的认识和实践上仍存在一些问题。

　　传统的讲授式教学法无疑是以教师为中心的教学方式,长期以来一直是我国教育教学的主导方式,其存在着诸如知识覆盖面宽、课堂组织有序、学生成绩评价便利等优点,但正如有的学者所作的总结一下,讲授式教学是以"灌输式、被动式、封闭型"等为特征的,知识传授的效率较低。讲授式教学中的教师关心的是"如何教"的问题,而不太会关注学生"如何学、学多少"的问题。

　　与此相反,案例教学的特点是"探讨式、宽松式、开放型"的。案例教学法是通过对各学科领域典型案例的分析、研究,使学生的认识从具体跨越到抽象,从特殊扩展到一般,从个体延伸到总体,从而易于掌握事物内在的规律性。案例教学中,教师不仅要关注"如何教"的问题,还要关注学生"如何学、学什么、学多少"等问题。案例教学中教师的角色不再是现成知识的传递者,也不再是问题答案的提供者,而是学生学习的向导与组织者。从学生角度来讲,由于案例教学过程中的教学情境与讲授式教学差异很大,学生必须在事前对课堂内容进行预习,在事中对内容积极理解,同时在事后也会有一个更感性的回顾和更理性的思考。案例教学法因而在激励学生积极主动学习方面具有非常大的作用。

　　案例教学法由于其"情境式"教学的特点,知识传授效率要高于讲授式教学法。学生在案例学习中"身临其境"的感觉会使得其课堂学习过程类似于其本人的人生实践过程,这种情况下其所获得的体验和学习效果将会大大加强,对相关理论和知识的记忆和运用甚至将会伴随其终生。如果在一门课程中案例教学的次数足够多,则对于该门课程完整知识体系的掌握也能得到较好的体现。

　　综上,可以认为案例教学法是一种以教师和学生为双重主体的教学方法。

尽管案例教学法作为一种新型的、高效率的教学方法近二十年来在我国得到了越来越广泛的应用。但是,根据笔者观点,讲授式教学法和案例教学法其应用的学科领域也应有所差异,并不是所有的学科领域都适用案例教学法。讲授式教学法适用于那些知识体系完整、理论方法较少、逻辑关系清晰、争议问题较少的理科、工科等领域,这些学科属于具备严格的概念框架、贫乏的理论情境和精确的问题设计等特点的"硬学科"(hard science)。相反,案例教学适用于那些概念框架模糊、理论方法多样、逻辑关系多元、争议问题较多的"软学科"(soft science),如法学、医学、商学等实践应用性很强的学科。因此,尽管哈佛大学以"案例教学"闻名于世界,但实际上在哈佛大学校内使用案例教学的领域也主要是上述三个学科。

金融学科是以货币资金的运动和融通为研究对象的一门学科。近年来已有一些学者对金融学科案例教学的教学模式、作用机制及在实施过程中存在的问题进行了有益探索。如朱尔茜(2013)认为,我国金融学科案例教学还处于理论与实践的不成熟阶段,表现在价值目标偏差、教学方式手段单一、师资力量较为薄弱、案例库资源不足且质量不高等方面。根据笔者观点,金融学科属于应用经济学的学科领域,其"应用性"的特征就决定了总体来看其是适用于案例教学法的。尤其是涉及到微观方面的诸如商业银行经营管理、投资银行学、保险学、信托实务等课程更宜率先试用案例教学法。当然,朱尔茜所指出的金融学科案例教学的种种问题,笔者也深表赞同。案例库资源建设是实施案例教学的基础,一系列好的金融专业案例对案例教学的帮助很大。根据笔者的了解,当前确实缺少知识覆盖面较为系统完善的精品案例,多数案例的开发较为随意,多是已有材料的简单整合,很少能够体现当代西方国家高校中对案例开发和案例教学进行探索研究所总结的内在规律性。

笔者从事《商业银行经营与管理》课程的教学已有四载,深感传统的讲授式教学确实存在一些问题,早就产生了使用案例教学的想法。但是经我们查阅,国内目前以"商业银行"为选题的案例教材非常少,笔者所见的两本以案例为主体的同类教材出版于上世纪90年代初期。近些年在商业银行理论教材中也散见一些关于商业银行经营与管理的案例,但这些案例大多篇幅较短(多数在两千字以下),且内容上以事实陈述为主,缺少适当的分析与论证,对教与学的帮助不大。鉴于此,笔者意欲撰写一本《商业银行经营与管理》的案例教材。

但案例开发是一个系统工程,由于个人水平所限,尽管也留意收集了一些案例素材,但一直没能真正动笔。2012年4月,笔者有幸参加了上海对外经贸大学教师教学发展中心举办的关于案例开发和案例教学的培训,2014年4月又一次参加了该培训。培训是由加拿大 Ivey 商学院的两位从事案例开发和案例教学二十余年的资深教授主讲的,该学院的案例教学实现了从案例生产到案例使用的一体化,具体表现为案例生产的多元化、案例培训的系统化与案例学习的阶梯化等。受此启示,笔者从2012年5月开始着手编写《商业银行经营与管理》的案例教材,到2013年底基本完成。

本案例集是《商业银行经营与管理》课程的配套案例教材,内容上共有10章。案例集以商业银行的业务经营和管理为主线,除第一章的商业银行导论部分之外,其他九章分别

对商业银行的资本金业务、负债业务、资产业务、中间业务、国际业务、资产负债综合管理、风险管理、营销管理和经营绩效评价等内容进行了案例精选和细致编写。每章选择1～3个案例，每个案例篇幅基本在1万字以上，一般是围绕着与该章内容有关的其中一个重要问题进行详细的分析和阐述。全书共20个案例，总字数约22万字，大致覆盖了《商业银行经营与管理》课程的多数知识点。

我们认为本书有三大特色。

特色之一，是事实陈述与分析论证相结合。本书中的案例内容结构上均分为"学习目的"、"案例介绍"和"案例思考"三部分。在每个案例的编著过程中特别注重对商业银行经营与管理的客观事实陈述和进一步的深入分析论证。事实陈述部分讲求案例的贴近性、可读性、趣味性以及戏剧性，而分析研究部分则追求学习的启发性和思考性。

特色之二，是微观与宏观相结合。尽管商业银行的经营与管理基本上属于微观层面的问题，但本书中在较为详细的描绘众多商业银行企业层面的经营和管理的基础上，也特别注重了银行业运营宏观环境层面，如包括了很多对中国和其他国家商业银行业务和管理发展的宏观陈述。

特色之三，是中国实际与西方经验相结合。本书的案例编著以介绍商业银行经营与管理的一般理论为出发点，在特别注重对中国商业银行经营管理现状和问题分析的同时，也较多的研究了西方发达国家银行业运营的一般规律和经验教训，这会对我国银行业改革和发展提供参考借鉴。

本书的编写分工如下，全书由苏立峰任主编，负责拟订编写提纲，高晓娟任副主编。其中第三章的案例7、第八章的三个案例由苏立峰和高晓娟共同编写，第九章的两个案例由高晓娟独立编写。除此之外其他案例由苏立峰独立编写。孙桂芳教授在前期提纲设计和材料组稿过程中也对本书的编写进行了指导和帮助，两位作者在此表示感谢。

作者特别感谢立信会计出版社的领导和编辑为本书的出版所提供的指导和帮助，尤其是方士华副编审，他在本书的后期审稿工作中提出的宝贵意见和建议为本书增色不少，他的敬业精神和对出版工作一丝不苟的态度令我们敬佩。

作者感谢上海立信会计学院"085"内涵建设项目对本书的编写进行的资助，也感谢上海立信会计学院金融学院"上海市教委金融综合改革试点专业"项目给予的资助支持。

本教材在编写过程中参考了部分学者的研究，也参考了一些新闻媒体的有关报道，在此向所有的文献作者表示感谢。由于编写者的水平有限，书中肯定有不当和谬误之处，敬请各位专家、老师和广大读者不吝赐教。

本教材可以作为高等院校金融学专业中《商业银行经营管理》课程的配套教材，也可作为商业银行实务工作者的参考用书。

编　者

2014年6月

目　录

案例 1　商业银行的起源与发展

学习目标

1. 了解商业银行业务的起源与商业银行起源之间的关系
2. 了解早期银行业起源与经济发展阶段之间的关系
3. 大致了解银行业在欧洲和美国的发展过程
4. 了解中国古代银钱业和近代银行业的发展过程及其与西方国家银行业发展之间的相同之处和不同之处

案例介绍

一、商业银行业务的萌芽

尽管与现代银行业所经营业务相类似的某些"银行"业务在 2 000 多年前就已经出现,如公元前 6 世纪时在古巴比伦有一家"里吉比"银行,公元前 4 世纪时希腊的寺院、公共团体、私人商号也从事部分资金融通活动,公元前 2 世纪时罗马也有类似希腊银行业的出现,它们不仅从事货币兑换业务,还经营贷放、信托等业务,但学者们公认的"银行"作为一种机构和行业的真正出现是在欧洲中世纪晚期的意大利。在 13 世纪和 14 世纪,首先是意大利出现了很多以"银行"作为名称的机构,随后又蔓延至欧洲其他国家。

英语中的银行 bank 一词,源于意大利语中的 banca,意指"长凳"或"交易桌"。历史学家发现,这些说法与第一批银行家的出现有关,他们通常坐在桌子旁和商业区的小商店里进行钱币的兑换活动,或者从事票据贴现,为商人提供营运资金,并从中收取手续费。

近现代的金融业是从意大利发端的。中古时期因为基督教反对放债取息,银行业不为一般商人所为,主要由犹太人经营,因为他们在其他事业方面都是被排斥的。后来世俗观念首先在意大利占上风,银行业就由犹太人转到伦巴第人手中。意大利是中世纪后期银行业最先发展起来的地方,意大利城市伦巴第与托斯卡纳起步较早,佛罗伦萨、威尼斯和热那亚追步于后,成为银行业最为发达的城市。

13 世纪的意大利在商业方面欣欣向荣,其经商技术居欧洲之首,并把金币铸造、汇兑技术和信贷实践引入欧洲。意大利几乎在所有的领域中,特别是在经济金融领域,比欧洲其他地方都远为先进。对此,历史学家的解释是,这个支配地位部分是由于其坚守罗马与拜占庭古典传统的技术和优良的组织形式,部分是因为亚平宁半岛不同寻常的地理位置。

二、佛罗伦萨与威尼斯的故事

大部分涉及国际金融中心形成与发展历史的文献都承认国际金融中心最早出现在13世纪意大利的佛罗伦萨。佛罗伦萨在14世纪初有10万居民,它颇得地形之利,处于一条河流的渡口上,并坐落在通往米兰、威尼斯、热那亚及海边十分便利的交叉路口。佛罗伦萨的经济腹地是托斯卡纳,大约有35万人口,农业资源丰富。

佛罗伦萨在13～14世纪建立起国际金融中心特殊地位,这与不晚于11世纪开始的欧洲经济复兴运动相联系。在东欧平原和波罗的海沿岸的殖民活动以及在地中海地区的十字军东征,是体现西方基督教活力的重要标志。这些活动大大地扩大了经济交往的地理范围和贸易规模,极大地刺激了基督教地区和意大利城市商业活动的高涨,使意大利在欧洲领先达几百年之久:热那亚人的商船于13世纪在里海航行,意大利的旅行家和商人到达印度和中国;威尼斯人和热那亚人扼守黑海的要冲;一些意大利人在北非各港口寻找苏丹的黄金;其他人则去法国、西班牙、葡萄牙、尼德兰和英国。佛罗伦萨商人到处从事香料、羊毛、五金、金属、呢绒丝绸等买卖,特别是经营金融业。

佛罗伦萨人是复式簿记、陆上保险和商业人才教育制度的发明人。然而佛罗伦萨人最重要的贡献仍是其国际银行业务方面的开创性努力。随着意大利商人迅速积累起巨大的财富,佛罗伦萨作为资金的国际清算中心也快速崛起。佛罗伦萨有众多向外拓展的大商行或大银行。当时的商业巨头同时也从事银行业务,属于商业、工业和银行业混业经营。14世纪最著名的有弗雷斯科巴尔第、巴迪、佩鲁齐、斯卡利等。梅迪奇家族则是15世纪崛起的大银行。它们大都是股份制企业集团,居支配地位的家族占有最大股份。虽然参股的合伙人通常不超过25个或30个,但仍集合起相当多的资本。1310年佩鲁齐的资本为相当于149 000英镑的佛罗伦萨货币;1318年巴迪的资本是875 638佛罗林,约合13万英镑,当时英国国王的正常年收入只有3万英镑。这些大商行或大银行在欧洲所有大的经济中心都设有分支机构,这些经济中心包括米兰、阿维尼翁、里昂、巴黎、布鲁日和伦敦等城市。这些半商业半银行性质的公司在佛罗伦萨可找到充裕的现金和比较便宜的信贷,并建立起实力雄厚和卓有成效的国际银行网络。从布鲁日到威尼斯,从阿拉贡到亚美尼亚,从北海到黑海,贷款的冲账、转账和移交在子公司之间顺利进行。在一帆风顺的情况下,信贷和证券堪称货币的最高形式,它们不知疲倦地飞快地流通着。

佛罗伦萨商业银行的丰功伟绩无疑征服和奴役了遥远的英格兰王国。为了控制这个岛国,他们必须排挤发放高利贷的犹太人,取代汉萨同盟和尼德兰商人的地位,压倒当地商人的顽强抵抗,并战胜其他意大利商人的竞争。佛罗伦萨人继承了里卡迪开创的事业:这个商人率先资助爱德华一世征服威尔士,不久后,弗雷斯科巴尔第贷款给爱德华二世,支持他同苏格兰开战;巴迪和佩鲁齐的支持使爱德华三世能向法国寻衅,从而揭开所谓百年战争的序幕。在英格兰的冒险事业于1345年以巴迪和佩鲁齐家族的破产而告终。在这灾难的一年,爱德华三世欠了巴迪90万佛罗林和佩鲁齐60万佛罗林两笔巨款。编年

史学家认为这是佛罗伦萨有史以来最严重的灾难。这场灾难加上伴随着它的其他灾难把这个城市压垮了。除了爱德华三世不能偿还债务外,14世纪下半叶开始的经济萧条和随后发生的黑死病也是重要的原因。

佛罗伦萨的实验是近代银行业的先驱,在国际经济危机的打击下终于失败。此后,佛罗伦萨仍保留其商业活动和工业,甚至于15世纪又恢复其银行活动,但已不像以往那样扮演世界金融主宰的角色。梅迪奇家族已不能与巴迪家族相提并论。

14世纪后期,威尼斯后来居上,在与热那亚的竞争中胜出。由60来个大小岛屿组成的威尼斯是个安全但又生活不便的奇怪地方。1327年,当时的总督乔伐尼·索朗佐描绘威尼斯"城市建在海上,完全没有葡萄园和耕地"。威尼斯从事的活动属于第二、第三产业,即工业、商业和服务业,它把利润较少的活计留给别人,并靠进口各种农副食品来满足自己的消费所需。威尼斯十分成功而富有,在14世纪,威尼斯已拥有经济活动的各种工具:集市、店铺、仓库、交易会、造币局、总督府、兵工厂、海关等。

每天早晨在里亚托广场上,当货币兑换商和银行家在圣雅克小教堂前开始营业时,来自意大利其他地区或周边国家的大商人纷纷到此会面。银行家手拿笔和小本,随时准备签发银行划账单,商人通过银行划账当场结清交易,不必借助货币,也不用等到下次交易会再清账。转账银行还允许某些顾客透支,有时也发行某种银行券。客户存在银行的存款不是借给国家,便是用于商业投机。威尼斯人很早就按照生意人的规矩接受信贷的合法性,信贷利率较高,还需要实物抵押,由放款人掌握。威尼斯全体居民都给商人放款。这种到处都能得到的贷款使商人单枪匹马或二三人临时合伙就能开展商业活动,而不必像佛罗伦萨的上层人士那样组建长期存在的积聚资本的公司。威尼斯人只注意城市的集市活动,而不会将他们的融资活动转向外地,寻找新的客户。

材料1

人们长久以来就知道金匠银行家(goldsmith banker)最有利可图的就是发行银行券,这些银行券其实就是储户存放在金匠那里保管的金币的收据。由于携带大量金币非常不便,大家就开始用金币的收据进行交易,然后再从金匠那里兑换相应的金币。时间久了,人们觉得没必要总是到金匠那里存取金币,后来这些收据逐渐成了货币。聪明的金匠银行家们渐渐发现每天只有很少的人来取金币,他们就开始悄悄地增发一些收据来放贷给需要钱的人并收取利息,当借债的人连本带息地还清借据上的欠款,金匠银行们收回借据再悄悄地销毁,好像一切都没发生过,但利息却是稳稳地装进了他们自己的钱袋。一个金匠银行的收据流通范围越广,接受程度越高,利润就越大。

资料来源:宋鸿兵:《货币战争》,中信出版社2007年版,第11页。

虽然威尼斯创立起第一批正式的银行,但银行家通常并不是本地的市民。15世纪下半叶之后,奥斯曼土耳其帝国的扩张引起威尼斯的衰落。更重要的是,15世纪末的地理大发现之后,经济贸易的重心逐渐从地中海沿岸转向大西洋两岸,意大利银行业风光不再,国际金融中心的接力棒也逐步地由荷兰的阿姆斯特丹和英国的伦敦接了过去。

三、商业银行在欧洲和美国的发展

第一批银行家可能使用自己的资金完成经营活动，但在此之后，吸收存款或从富人处获取临时的担保贷款成为其重要的资金来源，并冒着极大的风险以 6％～48％ 的利率向王室成员、商人、货主、地主等人提供贷款。随着 15～17 世纪陆上贸易的发展和航海能力的提高，世界商业中心从地中海地区转移到欧洲和大不列颠群岛，在那里银行业成为核心产业。1694 年英国政府决定成立一家股份制银行，即英格兰银行（Bank of England），并规定其向工商企业发放低利率贷款以支持工商业发展。这是历史上第一家股份制银行，也是现代银行业产生的象征。工业革命时期，在意大利的 Medici Bank（成立于 1397 年）和德国的 Hochstetter Bank 的带动下，能够提供工业化大生产和全球贸易需要的贷款和支付方式的银行得到了迅速的发展。其间，财产保管、金银珠宝的价值鉴定和评估（资产价值评估）等业务也得到了发展。

材料 2

老罗斯切尔德生长在工业革命在欧洲迅猛发展、金融业空前繁荣的时代，全新的金融实践和思想从荷兰和英国向全欧洲辐射开来。随着 1694 年英格兰银行的成立，一个远较过去复杂得多的金钱的概念和实践被一大批富于冒险精神的银行家创造了出来。在 17 世纪的 100 年中，金钱的概念和形式都发生了深刻变化，从 1694 年到 1776 年亚当·斯密的《国富论》问世时，人类历史上银行发行的纸币量第一次超过了流通中的金属货币总量。工业革命所产生的对铁路、矿山、造船、机械、纺织、军工、能源等新兴行业空前巨大的融资需求与传统金匠银行的古老低效和极为有限的融资能力之间产生了日益强烈的矛盾……1625 年以来的两次内战和政局动荡使英国国库空虚，当 1689 年威廉一世入主英国（由于娶了英王詹姆士二世的女儿玛丽才得到的王位）的时候面对的是一个烂摊子，再加上他与法国路易十四正在进行的战争，使得威廉一世四处求钱几近饥不择食的程度。这时，以威廉·帕特森为首的银行家向国王提出一个从荷兰学来的新生事物：建立一个私有的中央银行——英格兰银行——来为国王庞大的开支进行融资。这家私人拥有的银行向政府提供 120 万英镑的现金作为政府的"永久债务"（perpetual loan），年息 8％，每年的管理费 4 000 英镑，这样每年政府只要花 10 万英镑就可以立刻筹到 120 万英镑的现金，而且可以永远不用还本钱！当然政府还要提供更多的"好处"，那就是允许英格兰银行发行国家认可的银行券（bank note）……1694 年，英王威廉一世颁发了英格兰银行的皇家特许执照，第一个现代银行就这样诞生了。

资料来源：宋鸿兵，《货币战争》，中信出版社 2007 年版，第 10～11 页。

尽管英格兰银行是金融业历史上的第一家中央银行，但它在建立之初并不是一家现代意义上的中央银行，更为准确的表述应该是，它是一家经过皇家特许的、可以以政府债务为担保发行货币的、私有的股份制银行，这是它与普通商业银行的区别，除此之外它与普通商业银行并无不同。

随着北美和南美殖民地的建立,银行业也传到了这个新大陆。北美银行于 1782 年在费城注册成立,这标志着美国现代商业银行的开始。由于该银行取得了成功,其他银行也纷纷成立。17 世纪 80 年代,美国州政府通过特别立法,允许建立州特许银行公司。美国的第一任财政部长亚历山大·汉密尔顿则积极主张对银行业实施中央集权控制,应由联邦政府掌握对银行的批准设立。在他的努力下,1791 年美利坚银行诞生,该银行同时兼备私人银行和中央银行的特征。然而农业和其他利益团体却怀疑这种中央集权管理会损害各州的利益,因此主张由州政府批准设立银行,这种争议形成的压力最终使美利坚银行在 20 年经营牌照期满之后未获延期,于 1811 年被关闭。但由于州银行滥用权力,国会于 1816 年批准设立美利坚第二银行,但 20 年的经营牌照期满之后又被关闭。1837 年密歇根州通过《自由银行特许法》,随后各州也纷纷通过类似法律,美国进入了一个自由银行时代。

1863 年之前,美国所有的商业银行都由所在州政府批准注册成立,那时候没有国家货币,银行主要通过发行银行券(由银行投入流通的货币,可以兑换黄金)来筹集资金。由于很多州的银行监管非常松懈,银行常常因为欺诈和资本金短缺而倒闭,它们所发行的银行券也就一文不值了。为了消除州注册银行的弊病,1863 年美国国会通过《国民银行法》正式建立联邦银行制度,创立了由联邦注册银行(称为国民银行)组成的新银行体系。《国民银行法》实施的结果是产生了州银行与国民银行并存的双重银行体系,这种分权式的双重银行体系在美国延续至今。

20 世纪 20 年代初期,美国的银行数量已经超过 3 万家,在 20 年代,很多商业银行热衷于证券投资,将大量的资金投入蓬勃发展但风险高的股票市场上。这一时期银行倒闭经常发生,1921—1929 年有超过 5 000 家银行倒闭,1929—1933 年的经济大萧条期间,又有超过 10 000 家银行破产,这些银行储户的储蓄顷刻间就化为乌有。到 1933 年 6 月 30 日,美国的商业银行数量降至 14 208 家。在这一背景下,美国国会于 1933 年和 1935 年通过了两个著名的银行法案,这两个法案对美国银行制度以及国际金融体系都产生了深刻的影响。1933 年的《格拉斯-斯蒂格尔法案》禁止商业银行从事投资银行业务,即禁止商业银行承销公司证券及无保证收入的政府机构债券,以减低商业银行运作风险。1935 年的银行法则旨在完善联邦储备体系和加强联邦储备当局进行货币管理的权力。

四、中国古代的银钱业

中国古代社会早期的信用形式主要是实物借贷,而一些与现代银行业务相类似的业务的记载最早可以上溯到公元前 7 世纪,记录春秋和战国时期百家思想的《管子》一书中就有官府向农户放贷的记载,尽管主要是实物借贷,但由于当时我国已经出现铸币,且流通范围较广,因此史学家推测可能也会有货币借贷的形式存在。

封建社会时期中国存在大量的当铺和高利贷机构,它们都是资金融通的最早形式。当铺是为了满足资金短缺者的需求,允许他们通过质押物品换取资金,然后在规定的时间

内用一定数量的资金赎回物品；如果在规定时间内不能赎回当物，则物品就归当铺所有。一般情况下当铺借出的资金都远远低于质押物的价值。史料记载，公元5～6世纪的中国南北朝时期，以寺庙为主经营的典当业就十分发达，不仅很多物品可以典当，甚至人也可以像物品一样被典当。南朝梁朝的梁武帝就曾经数次"质身入寺"，被高价赎回后为寺庙积累了大量的钱财。

高利贷是另一种非常流行的资金融通方式，资金短缺者通常不需要抵押物品就可以从高利贷机构贷取资金，但是这种方式的融资成本非常高。古代用来区分是否高利贷的标准一般是"月息3分"，即月利率3%（即使只计算单利其年利率也达36%），月息高于3分即被认为是高利贷。中国封建社会的生产方式是以自给自足的小农经济为主，借款者通常处于弱势地位，在"利上加利"的复利计息方式下，获得资金的一方往往要以数倍的资金还给高利贷机构。

可以这样认为，由于社会生产方式所决定的资金供给和需求的规模均较小，典当和高利贷两种资金融通方式在中国古代的早期对社会生产和生活的影响并不大，而银钱业（金融业）也没有发展出除借贷之外的其他业务类型。

到了中国唐代时期，出现了类似现代汇票业务的"飞钱"，这是中国最早的汇兑业务。"飞钱"出现于唐代中期（唐宪宗年间），又称"便换"，有"官办"和"私办"两种形式。"官办"是指商人在京城把钱交给官府设在京城的"进奏院"之后，得到官方开具的一张凭证，上面记载着地方和钱币的数目，之后持凭证到其他地区的指定地方取钱办货；"私办"是指大商人在各道或主要城市设有联号或分号，为商人的交易往来代营"便换"业务，并以此牟利。"飞钱"实质上只是一种汇兑业务，它本身不介入流通，不行使货币的职能，但这种汇兑方式一方面减低了铜钱的需求，缓解了钱币的不足，另一方面商人前往各地进行贸易活动时，亦减轻了携带大量钱币的不便。

北宋初年，四川成都出现了为不便携带巨款的商人经营现金保管业务的"交子铺户"。存款人把现金交付给铺户，铺户则把存款数额填写在用楮纸制作的纸卷上，再交还存款人，并收取一定保管费。这种临时填写存款金额的楮纸券便谓之"交子"。随着市场经济的发展，"交子"的使用也越来越广泛，许多商人便联合成立专营发行和兑换"交子"的交子铺，并在各地设分铺。由于铺户恪守信用，"交子"的发行完全以缴交的存款为足额准备金，客户随到随取，因此逐渐赢得了很高的信誉。商人之间的大额交易，为了避免铸币搬运的麻烦，也越来越多的直接用"交子"来支付货款。

后来交子铺户在经营中发现，发行少部分无客户存款准备支持的纸币，一般并不会危及"交子"信誉，于是他们便开始印刷有统一面额和格式的"交子"，并把这种没有完全准备金的纸币作为一种新的流通手段向市场发行。正是这一步步的发展，使"交子"逐渐具备了信用货币的特性，真正成为了纸币。宋仁宗天圣元年（1023年），政府在成都设益州交子务，由京朝官一二人担任监官，主持"交子"发行，并"置抄纸院，以革伪造之弊"，严格其印制过程。这便是我国最早由政府正式发行的纸币——"官交子"。后来由于一些不法商

户或恶意欺诈，或挪用存款而使"交子"无法兑现，以及官府出于财政开支的需要而滥发无准备金的"交子"，使这种纸币逐渐丧失信用，最终退出了流通领域。

宋代时期由私人经营的金银"交引铺"也非常兴盛，"交引铺"的主要业务与唐代的"飞钱"类似，即以汇兑业为主。宋代的商品经济发达，社会生产率较前代提高较多，货币形式也多样化，有金银、铜钱、纸币等。商人在贸易过程中由于携带的不便以及经营上的需要——如批发业务和零售业务分别使用不同形式的货币——而产生了对货币进行兑换的需求，这种兑换服务和异地汇兑服务一般都是由金银"交引铺"来承担。

到了明清时期，除了当铺和高利贷机构之外，我国又出现了钱庄、票号等资金融通形式。钱庄大约在明代早期出现，其最初的主要业务是经营白银和铜钱的兑换，所以在有些地方钱庄又被称为钱铺、钱肆、银号、银行等。明代的很多小说中都有对钱庄的描述，这说明钱庄在当时社会生活中已经起到相当的作用。随着钱庄的发展和官府对使用金银铜钱禁令的解除，钱庄的业务范围逐渐扩大，类似宋代金银"交引铺"业务的异地汇兑业务首先得到恢复，一些钱庄也开始发行类似现代汇票的"会票"。到明末清初，由于社会动荡，钱庄经历了一段较长时期的消沉，其业务范围也始终没有超过宋代的"交引铺"。清中叶以后，钱庄重新开始兴盛起来，并分化出"票号"这一新的金融组织形式。

"票号"的真正兴起大约在清代乾隆年间，其产生途径应是一些钱庄由于长期经营汇兑业务，而逐渐地将汇兑作为主业经营，逐渐的演化为"票号"。清代康熙、乾隆时期，国内政治安定，农业生产发展，商品经济较前更为活跃，国内市场扩展，不但有众多地方性市场兴起，而且全国性大市场也在逐步形成之中。商品经济的发展为商品的生产和转运开辟了广阔的流通范围，自然地对货币金融提出了新要求，促使封建金融机构开始突破单纯兑换范围，逐步过渡到信贷阶段。

"票号"由晋商创立，早期的山西商帮多数从事长途贩运生意，商品流转和资本周转慢，垫支资本大，在资本不足的情况下，就需要向社会借贷。为了适应营销活动需要，山西商帮首先创办了账局，经营存放款业务，后来，在账局的基础上而形成票号。据记载，乾隆、嘉庆年间，山西平遥人雷履泰在天津开设日升昌颜料铺，因为要从四川购运铜绿，担心自天津往四川输送银两途中被劫，就在四川设立分号，兼营汇兑。后来汇兑业务越做越大，逐渐发展成为著名的票号。

清代中后期的钱庄、票号在三方面明显超过宋代的金银"交引铺"。一是它们经营存放款，且规模更大；二是它们发行的钱票能在市面上流通，服务对象开始面向社会普通民众，而不再仅限于从事贸易的商人；三是票号和一部分钱庄在不同地区间设有多处分号，形成网络，这极大地提高了货币兑换和汇兑的效率。

明清时期的钱庄、票号所从事的业务与近代西方银行业较为接近，包括其货币兑换、汇兑、存放款和发行票据等业务都很相似，但它们之间也有着较大的区别。首先，钱庄、票号的经营规模一般较小，多是一家一户出资设立，至多是一个家族共同出资，很少有广泛集资的，而同时代的西方银行却多是较为广泛的集资，规模较大，市场范围更大。自英格

兰银行之后,股份有限公司形式的商业银行逐渐成为主要的企业组织形式。其次,受限于当时以农业为主的产业结构和自给自足的生产方式,钱庄、票号的存放款中用于生产性资金周转的比重较小,直接用于生产的贷款则更少,这样其业务范围始终难以扩展,也限制了其所发挥的促进社会产业结构升级的作用。近代西方银行业在资本主义生产方式中发挥了资金集中、分配、流通和创造信用工具的作用,极大地促进了社会生产方式的变革和生产效率的提高。

钱庄、票号的极盛时期是在鸦片战争之后的一段时间,其后由于西方银行业进入我国和国内银行业的产生和发展,以及自身存在的一些问题,它们在民国初年之后逐步地退出了历史舞台。

五、中国近代银行业的发展

早在 11 世纪的北宋时期,中国就有"银行"一词问世,当时人们习惯将各类从事商业或生产小商品的机构称作"行",即行业之意。由于我国长期使用白银作为货币材料的事实,所谓"银行"即是指从事银器铸造或交易的行业。据传,11 世纪时的金陵(今南京)就有"银行街",即银铺集中的地方。鸦片战争以后,西方金融机构开始进入中国,人们将当时专门从事货币信贷业务的这类外国金融机构称作"银行","银行"一词又成为英语单词"bank"的中文译语。由于这一翻译名词既达意又形象,日本人也将银行一词移植过去作为日语汉字。

中国近代银行业是随着西方列强的入侵而产生的。鸦片战争以后,1845 年英国的丽如银行在香港和广州设立了分行,1848 年又在上海开设分行,此为外资银行在中国营业之发端。此后十几年间,英资的汇隆银行、阿家剌银行、有利银行、麦加利银行、汇川银行等也都在中国境内设立分行。1865 年,由众多英国商人合股成立的汇丰银行(其全名是"香港和上海银行公司"),在中国境内的许多大城市都设立了分行,成为在华最重要的银行之一。继英资银行之后,其他国家也纷纷在中国设立银行或开设分行,如德国的德意志银行和德华银行、俄国的华俄道胜银行、日本的正金银行、法国的巴黎贴现银行、比利时的华比银行、荷兰的荷兰银行、美国的花旗银行等。外国银行在中国从事发行货币、贸易汇兑、吸收资金、发放贷款等业务,这种情况刺激了许多中国的有识之士,很快就有人提出中国自己办银行的主张,但短期内都未能实施。

1897 年,时任督办铁路总公司事务大臣的盛宣怀在上海成立了中国第一家银行——中国通商银行,该行是官督商办银行,股份全部来自国内私人认购。盛宣怀表示,创办银行的目的是"通华商之气脉,杜洋商之挟持"。但银行创立之后,盛宣怀却不得不请英国人来做经理,这也反映了中国银行业起步的艰难。1904 年,清政府决定创立作为国家银行的户部银行,次年正式开业,1906 年改名为大清银行。在此之后,又有浙江兴业银行、交通银行、四明商业银行等中资银行陆续创立。

民国元年(1912 年)3 月,原大清银行改组成为中国银行。民国初期,随着民族工商业

的崛起和西方列强入侵的放松,私营银行快速发展,中国的银行体系开始形成。至民国七年(1918年)年底,全国性中资银行共有27家,其中官商合办2家(中国银行和交通银行),商办银行22家,中外合办银行3家。至同年底,各省还新设或改组29家地方性银行,大部分也为商办银行。但这段时期中资银行的资本规模与外资银行还远不能比,通常只为后者的几分之一甚至是十几分之一。

20世纪20年代前后,除中国银行、交通银行两大行,中国的银行体系中还包括由民族工商业资本创立的有着"北四行""南三行"称呼的多家银行。"北四行"是北方的金融集团,即中国盐业银行、金城银行、大陆银行和中南银行的合称;"南三行"是南方的金融集团,即浙江兴业银行、浙江实业银行和上海商业储蓄银行三家银行的合称。不管是"北四行"还是"南三行",在这些银行的资金运用中,对民族工商业的放款占有不小的比例。"北四行"在华北金融业务上具备仅次于中国银行、交通银行的操纵力。"南三行"的掌权人物多为江浙金融巨子,经济上支持以蒋介石为首的南方政治势力。

1927年之后的国民政府时期,官方资本对银行业的介入逐步加深。由国民政府创立或有官方资本参股而控制的"四大行"是当时中国银行体系的主要组成部分。"四大行"中除中国银行和交通银行之外,还有1928年国民政府建立的中央银行和1935年成立的中国农民银行。在抗日战争期间,整个国家金融系统遭到严重破坏,少部分银行随国民政府内迁西南,大部分则破产倒闭。1942年6月,国民政府财政部颁布《统一货币发行办法》,将原来分散在众多商业银行的货币发行权集中于中央银行,并由中央银行经理国库、集中存款准备金、调节市场金融秩序和办理集中票据清算等,这标志着中国中央银行和商业银行并存的二元银行制度的建立。

案例思考

1. 试分析银行业的起源与经济发展、贸易发展之间的关系。

2. 一般认为银行业具有支付中介、信用中介、信用创造、金融服务等职能,根据案例中所述银行业的起源和发展过程,试思考在银行业发展的不同阶段,其所发挥职能是如何演变的。

3. 查找相关文献与资料,了解美国现行银行业体制的状况,并对比美国与世界其他国家银行体制的不同之处。

4. 查找相关文献与资料,介绍中国古代金融业的存在形式与特点。

5. 查找相关文献与资料,描述新中国成立以后,特别是改革开放之后中国银行业体系的发展演变过程。写一篇4 000字左右的介绍性论文。

案例 2　分业经营还是混业经营——从花旗银行的
　　　　　　　　并购与拆分说起

学习目标

1. 掌握商业银行经营模式中分业经营和混业经营的各自含义及其优缺点
2. 掌握商业银行经营管理过程中经营模式的选择对其经营管理的三项原则的影响
3. 了解以美国为首的西方发达国家银行业经营模式转变的过程和背后原因
4. 了解中国的银行业进行分业经营和混业经营的历史和现状，以及银行实业界、政府部门和理论界对于银行业分业经营和混业经营的看法

案例介绍

　　分业经营和混业经营是银行业开展业务的两种模式。分业经营模式下，商业银行只能从事存贷款、结算等传统银行业务，不能从事证券、保险、信托等其他类型的金融业务。混业经营模式的实质是金融业内部的分工与协作，是银行业与证券业、保险业的融合。从商业银行的角度讲，混业经营模式下不仅可以经营传统的商业银行业务，还可以经营投资银行业务，如证券的承销、包销交易、对企业投资等，甚至保险代理、保险销售等业务等也可以开展。分业经营和混业经营各有其优缺点，各国在经营模式选择上也曾经一度反复。其中，美国银行业在这两种经营模式上的选择具有很好的代表性。

一、金融危机中的花旗银行①

　　2008 年 9 月，当华尔街第四大投资银行雷曼兄弟破产、房利美、房地美被联邦政府接管，以及全美最大的保险集团美国国际集团（AIG）被政府斥资 850 亿美元持有 79.9％的股份而被国有化的时候，没有人去怀疑花旗银行也会出大事。这时的花旗银行正准备以"拯救者"的姿态收购陷入困境的美联银行。但是接下来，有关花旗银行的消息几乎出乎了大多数人的预料。

　　（1）美国政府将为花旗银行大约 3 060 亿美元的"有毒资产"和相关债务提供担保。

　　（2）花旗银行计划把业务一分为二，将集团拆分为花旗公司和花旗控股两家公司。

　　（3）花旗银行 2007 年第四季度到 2008 年第四季度的五个季度中亏损总额达 375.17 亿美元，2008 年度每股亏损 3.88 美元。

————————————

① 如无特别说明，本案例中的数据均来源于花旗集团历年来发布的年度报告。

（4）走投无路的花旗寻求将美国政府持有的支付定期股息的优先股转化为普通股。

终于，在 2009 年 2 月底，市场传闻终于得到证实——美国政府同意将 250 亿美元的优先股转换成普通股，从而以 36％的持股比例，一举超越持股 4.5％的道富银行，成为了花旗银行的最大股东。美国政府向花旗前后注资 450 亿美元。从所有制和产权的角度来看，这意味着花旗银行被"事实上国有化"了。

2009 年 3 月 5 日，花旗的股价跌到了只有 0.97 美元，公司的市值只剩下 56 亿美元。这家"事实上国有化"的银行真得好好感谢纽约证券交易所"及时"修改了关于股价低于 1 美元的企业必须停牌的规定。而在 2006 年下半年，也就是"次贷危机"爆发前夕，花旗的股价曾经达到每股 55.7 美元，公司的市值高达 2 772 亿美元，短短两年半时间缩水幅度高达 98％。

虽然投资者对"国有化"可能严重摊薄股东权益而感到恐慌和不满，但是如果不是美国政府"出血"相救，花旗银行恐怕早已经步雷曼兄弟的后尘了。

曾经连续多年位居全世界第一大银行的花旗，怎么会落到这步田地？

为了市场扩张，为了满足资本市场的需求，花旗银行放弃了金融业经营中的关键原则——对风险的有效控制。结果，在 1999 年之后的数年中，花旗陷入为扩张而扩张、为创新而创新的循环中。在购并旅行者集团后，花旗银行明显感到传统商业银行业务在利润方面无法达到新增的保险和证券投资部门的水平，这种情况下为加大商业银行业务的盈利能力去涉足高风险的次贷业务也就是必然之选了。

二、花旗银行 1998 年的并购及其后的拆分

1998 年，花旗银行还是美国金融业中开风气之先的领导者。1998 年 10 月，随着经营保险、经纪和投资银行业务的旅行者集团的并入，花旗银行的企业标志上增加了一柄漂亮的小红伞——那是旅行者集团的标志。旅行者集团拥有的旅行者保险公司和所罗门·美邦投资公司分别是当时美国最大保险公司之一和第二大投资银行。当旅行者的红雨伞标志戴到了花旗银行的头上时，总资产达到 7 000 亿美元的花旗集团由此诞生，成为世界上规模最大的全能金融集团公司。

花旗集团的诞生，一度被认为创造了一种未来金融服务业的"典范模式"，即混业经营下的金融超市，它将传统的银行储蓄、贷款业务与新兴的证券、基金、保险、年金、理财等金融业务全部整合于一家大型金融机构旗下，像超市一样为顾客提供"一站式"的全套金融服务。

按照原旅行者集团 CEO、后来成为花旗集团 CEO 的桑德福·威尔在 1998 年 2 月对时任花旗银行 CEO 的约翰·里德所说的话："如果我们两家集团合并，可以提供给天下每一个人所需要的全部金融服务，金钱就会从世界各地源源不断地流进我们的口袋。"

与以往的历次合并不同，这次并购着实"将"了美国的金融监管者一"军"。因为根据1933 年《格拉斯-斯蒂格尔法案》的第 16、第 20、第 21、第 32 条的规定，投资银行业务、保

险业务和商业银行业务是必须严格分开的。

合并后的花旗集团风头一时无二。在随后的两年时间里,花旗集团的市值从700亿美元增长到了2 500亿美元,年度净利润则从1998年的不足70亿美元提高到2000年的135.2亿美元,2000年末的总资产达9 022亿美元,1999年和2000年连续两年资本回报率达到22%的高水平,客户数量也增长了三成。在2001年4月出版的美国著名财经杂志《福布斯》上,花旗集团取代通用电气公司,登上了2000年度全美500强企业之首,其董事长桑德福·威尔也被《商业周刊》杂志评选为2000年度全美25名最佳经理人之一。

然而,花旗集团这个金融业"超级帝国"很快就遇到了问题。华尔街的分析家担心这家全球最大的金融集团规模过于庞大,管理层可能无法监控整个集团的业务,容易受到危机冲击。他们认为,如果花旗集团分拆成不同的部分,股价可能远高于现水平。2002年3月,花旗集团开始了它的第一个分拆行动:出售旅行者集团的财产和意外保险部门。

最初,桑德福·威尔对约翰·里德大谈特谈的是旅行者与花旗银行合作后所能达到的"协同"发展,也就是说合并后的花旗银行可以充分利用旅行者的客户,同样旅行者也可以充分利用花旗银行的客户。这一模式的设想给当时的华尔街带来了节日般的狂欢。而当时,花旗在分拆旅行者产险部门后又解散了新兴市场部,而新兴市场部其实是威尔接掌花旗集团CEO之后为施展其"交叉营销战略"建立的最前沿阵地。合并之前,花旗银行是一个国际化程度很高的公司,在100多个国家拥有客户,而旅行者集团虽然也很大,但只算得上是一个美国公司。威尔成立新兴市场部,实际上是在协同原旅行者集团与花旗银行的关系,从而推动旅行者向国际化进军。这一部门的解散再次说明,威尔预想中的"协同"发展计划,在现实中举步维艰。

2005年1月31日,花旗集团和大都会人寿保险公司(MetLife)宣布了一项购并协议,由大都会以115亿美元收购花旗子公司旅行者的人寿保险和年金业务以及花旗的全部国际保险业务。至此,花旗集团分拆了它全部的保险业务,从三业混业缩减为两业混业——商业银行和投资银行——的金融控股公司。

如果说财产保险和意外保险业务在花旗集团保险业务的系列中是一个表现不出色的部分,花旗集团在2002年3月放弃该业务而保留人寿业务更多是从收益角度考虑业务调整,还无法充分反映其集团的长期战略调整意向的话,那么它在不到3年后出售人寿保险和年金业务,并最终完全出售旅行者的保险业务,则足够充分地反映出它的新的战略动向。

从业绩上看,花旗集团的人寿保险和年金业务的净利润在美国人寿保险行业中高居第三位,绝对值远远高于其他金融控股公司。而且2004年净收入比2003年的7.92亿美元增长了35%,首次超过10亿美元。其优势正在于花旗集团具有无与伦比的、涵盖全球的内外部分销网络,以及由此带来的低成本竞争优势。花旗集团放弃这样一只能下金蛋的母鸡,充分表明它开始修正其金融超级市场战略,逐渐剥离竞争优势不大的非核心业务,向传统的银行主业回归。

威尔的"交叉营销战略"在投资银行领域也遭遇了巨大挫折。2001 年 11 月和 2002 年 6 月，安然公司和世通公司的财务造假丑闻被揭露，之后不久两家公司就宣布破产，包括花旗集团在内的美国众多投资银行也被牵涉在内。安然和世通的投资者在 2002 年发起的集体诉讼中指控包括花旗集团在内的十余家投资银行在 1999—2001 年违规包销了两家公司价值超过 200 亿美元的债券和股票，给投资者造成难以估量的损失。尽管花旗集团否认帮助两家公司进行虚假交易和隐瞒巨额财务亏损，但为了达成和解，仍然于 2004 年 5 月向世通公司的投资者支付了 26.5 亿美元的赔偿金，于 2005 年 6 月向安然公司的投资者支付了 20 亿美元的赔偿金。

　　2004 年花旗集团投资银行业务的净利润比 2003 年巨幅下降 62.1%，仅为 20.4 亿美元，占当年集团净利润的比例也仅为 12.0%。2005 年，尽管投资银行业务的净利润从账面上看上升到了 69.0 亿美元，但这很大程度上是由于在 2004 年第二季度集团为了应付安然和世通的投资诉讼官司而大幅度计提了 49.5 亿美元损失储备，2005 年这部分储备部分释放得以重新计入净利润。

　　2005 年 6 月，花旗集团将其大部分的全球资产管理业务出售给了美盛（Legg Mason）集团，该项出售为集团贡献了 21 亿美元的税后净收益。2006 年之后，投资银行业务有所起色，其中 2006 年为集团贡献了 57.6 亿美元的净利润，占集团净利润的 26.8%。2007 年上半年，证券和投资银行业务的表现达到顶峰，前两个季度就为集团累计贡献了 43.18 亿美元的净利润，占上半年集团净利润的 38.4%[①]。

　　2007 年下半年，次贷危机全面爆发，此前深陷次级抵押贷款证券化相关业务的花旗证券和投行部门下半年巨亏 117.14 亿美元，直接拖累集团的净利润从 2006 年的 215.38 亿美元巨幅下滑 83.2% 至 2007 年的 36.17 亿美元。2008 年，随着次贷危机的深化和金融危机的全面爆发，证券和投行业务全年亏损 228.46 亿美元，依靠交易服务和全球财富管理业务等的 40.62 亿美元的盈利，集团当年的净亏损额为 187.15 亿美元。

　　花旗过度追求高收益、大量涉足高风险的投资领域的做法，改变了美国主流商业银行在大萧条后相对稳健的传统经营方式，而次级贷款市场激烈的竞争又使花旗加大了在这个市场的投入和对这个市场的依赖。在这场自我膨胀的财富盛宴中，花旗即使不是始作俑者，也是主要的参与者。在次贷危机和"百年一遇"的金融危机爆发后，花旗成为重灾区也就顺理成章了。

　　深陷危机的花旗集团，下一步能够怎么办？

三、美国银行业："混业—分业—混业"的转变

　　1999 年 11 月，美国国会通过了《金融服务现代化法案》（以下简称"1999 法案"），该法

---

　　① 43.18 亿美元的净利润和 38.4% 的占比数据是根据与 2006 年相同的统计口径计算所得。根据 2008 年重新分类之后的统计口径，2007 年上半年花旗的证券和投资银行业务贡献的净利润高达 53.37 亿美元，占比为 47.5%。

案允许商业银行以金融控股公司(Finance Holding Company，FHC)形式从事包括证券和保险业务在内的全面金融服务，实行混业经营。1999法案是美国金融业及其所服务的市场发展到20世纪90年代末的自然产物。

在法案生效之前，美国实行的是自1933年开始实施的《格拉斯-斯蒂格尔法》(以下简称"1933法案")，该法禁止银行从事证券承销和保险业务。在20世纪30年代的"大萧条"之前，美国的商业银行业是采用混业经营模式的，均可以从事证券承销和买卖等投资银行业务。"大萧条"期间，证券市场价格暴跌，很多商业银行由于过多涉足证券市场业务而遭受了巨额损失，并影响到了传统的存贷款业务，很多存款人的存款在银行倒闭潮中化为乌有。1933法案对保护存款者利益具有重要作用。但是，自20世纪70年代以来，下述市场变化迫使监管者开始重新考虑金融立法。第一，客户需要银行提供更加广泛的产品服务。第二，资本市场的发展和新型融资工具的产生使商业银行在资金借贷市场上的份额持续下降，银行需要进入其他金融服务领域，开辟新的业务和收入来源。第三，市场竞争使银行营运成本上升，边际利润趋薄，银行必须通过向业务规模和范围两个维度扩张来降低成本、提高效益。第四，国际竞争者(主要是欧洲银行业)早就享受着混业经营的优势，将美国同业置于不利地位，美国银行业需要拥有和其他国家同业平等的竞争环境。

在这些阻碍美国银行业发展的因素中，最主要的正是监管束缚。为了改变这种状况，给美国银行业创造一个更加自由发展的空间和更加公平开放的竞争环境，美国监管机构自20世纪80年代以来采取了一系列措施修改和制定法规。这些措施一方面为银行业务的规模扩张创造条件，如允许银行跨州建立分行，另一方面则为银行业务的范围扩张创造条件，在1933法案的第20条中允许银行控股公司(Banking Holding Company，BHC)的子公司从事一定比例的投资银行业务，并且一再放宽范围和比例的限制。然而，且不说银行仍然被禁止从事保险业务，这些措施也不足以让银行业在证券领域自由发展。金融从业者和监管者越来越达成共识，有必要在金融服务领域实现真正的现代化，应该允许金融业自由从事任何具有金融性质的业务，包括证券承销与经销、保险承销与代理等。1999年的法案正是在这种驱动力下应运而生的。

在1999年之前，市场曾普遍预期法案颁布之后会迎来一股混业经营和并购的热潮。然而，直到2004年年底，只有约一成稍多的BHC转换为FHC从事混业经营，而且这些FHC中九成以上是资产规模在10亿美元以下的小型FHC。从这批最早的FHC的非银行业务看，从事证券承销的只有9%，大部分从事证券经纪；从事保险承销的只有9%，而保险代理成为FHC特别是小型FHC从事得最多的新业务。从总体上看，大部分小型FHC并未真正从事1999法案所允许的新业务。在这些FHC中，除了花旗集团等极少数够格被称为"金融超级市场"外，绝大多数并未选择朝此方向发展，证券和保险市场也并未因FHC的产生而变得更加集中化。

金融业为何没有向1999法案所鼓励的方向发展呢？原因大概有以下几个。

第一，有志于从事其他金融业务的BHC早已经通过各种方式——主要是1933法案

第 20 条允许的子公司形式——进入了证券业务,且证券业务的比重已经被放宽到 25%。对大多数 BHC 而言,25% 的比例已经使它们拥有足够的证券业务空间。花旗银行是 BHC 中的非典型案例,它在 1998 年通过和旅行者集团合并,一举收购该集团的保险业务和投资银行业务,成为美国第一个完全混业经营的 FHC。此举向监管当局表明市场发展已经远远领先于法规,这加快了 1999 法案的出台。1999 法案的实施,只是在以往一系列法规变化的基础上,最终从法律上认可了这一市场变化,拆除了全部监管障碍。

第二,规模经济和范围经济的确可以使金融机构降低成本和提高效益,这是不争的事实。但这种作用有一定限度,在此限度内,规模经济和范围经济发挥正效益,超过这一限度的规模和范围扩张,则可能带来负效益。以花旗集团为例,它集商业银行、投资银行、保险业务于一体,这给经营管理带来极大困难。它是全球最大的零售银行、最大的企业银行、最大的证券经纪商和最大的投资银行之一,业务范围广而不专,服务种类多而不精,各项业务缺乏整合,使其丧失了独特性、排他性的优势,导致其经营效率低下。而冗杂的机构也直接导致了其成本过高,缺乏竞争力。

对于花旗集团而言,早在美国金融危机开始之前,许多股东已抱怨花旗的规模过大,内部体系复杂,发展慢于竞争对手。花旗集团在金融危机中的巨额损失更使投资者把矛头直指管理层,有关业务分拆的呼声也日益高涨,导致花旗集团在遭受金融海啸的重创之后,重新调整业务经营模式。

第三,内部管理难度和文化、利益冲突,缺乏协调一致的管理哲学。混业经营确实可以带来产品多元化、交叉销售的利益,但若管理和内部控制能力不能同步提高,则可能抵销混业经营的效益。另外,混业经营会带来新的文化和利益冲突。例如,商业银行传统保守,员工报酬差异较小,而投资银行和保险公司则冒险进取,员工报酬差异很大。不同部门之间协调不到位,也会直接影响产品交叉销售,抵销混业经营的效益。

从花旗集团案例来看,其各项业务缺乏整合,或者是整合难度很大。例如,花旗集团的每项业务都有各自的后勤队伍,2007 年年底全球共有 37.5 万员工,其中有 14 万是 IT 员工,并有 16 个资料库及 2.5 万研发员工。花旗集团的科技投资匮乏,缺乏协调一致的管理哲学。地区和业务部门的"双主管制"使内部权力斗争波及各部门,各业务之间条块分割严重。加上花旗集团各部门可自由经营业务,只需向总部提供盈利的经营管理模式,这刺激各部门追逐短期盈利,有关部门大量从事高风险的次级按揭相关债券业务,导致其"有毒"资产过多和杠杆比例过高。

第四,是银行自身的整体发展战略选择。银行从事购并和混业经营,必须首先清晰自己为了达到特定目标而缺少什么和需要什么,新的业务和机构能否弥补这些不足并增强实力。实际上,除了少数银行以金融超级市场为发展目标外,绝大部分银行仍然选择了围绕商业银行核心业务进行多元化发展的战略。而有些尚未确定长远发展战略而采取观望对策的 BHC 则可能由于行业领头羊的混业经营效果不彰而退缩。

第五,可能是最为重要的一点是,2008 年爆发的金融危机被政府监管当局称为"百年一遇",只有 20 世纪 30 年代的"大萧条"可与之比拟。对于以花旗集团为首的 FHC 而言,与"大萧条"的另一相似之处在于,因为在很深程度上涉入资本市场和投资银行业务,投行业务的巨额损失严重影响到集团的传统商业银行业务,侵害了存款人和投资者的利益。尽管由于制度的健全(如存款保险制度、投资者保护制度等)和政府及时救助等原因使金融机构没有像"大萧条"一样造成对普通民众利益的过度损害,但又一次的金融危机对金融机构的"压力测验"结果却证明了多元化的混业经营似乎并不能降低收益波动性和抵销经营风险。

以上诸多因素不仅使从事证券和保险承销的全能银行数量有限,而且有些已经组建 FHC 进入这些领域的银行在 2005 年之后也开始放弃投资银行业务或保险业务,向传统业务回归。对于花旗集团而言,2005 年之后已经开始从三业混营向两业混营转变,经过金融危机的洗礼之后,两业混营似乎也存在方方面面的问题。未来的花旗将何去何从?

四、花旗集团:后续的故事

在金融危机之前,花旗集团推崇的是"一站式购买"的"金融超市"模式,一心追求最大的业务规模、范围,实行地域扩张战略。在这一模式下,其通过全资、占股、合资等方式并购的机构多达 2 000 多家,形成了过于庞大繁杂的组织结构和过于分散的业务条线及组合,却没有采取有效的措施充分地予以整合。其结果是,集中了许多与银行核心业务无关的高风险资产,资源没有得到合理的分配,而且结构过于庞大,内部沟通存在障碍,严重地影响了规模和范围效率的正常发挥。这些问题在危机前即已显露,如 2004 年,花旗集团在伦敦发生的债券交易丑闻,以及同年在日本出现违规经营而被日本财政部禁止其继续从事国债拍卖业务等。

金融危机之后,花旗集团痛定思痛,提出回归"负责任的金融",做好银行本业。其核心就是摒弃过去无所不包、毫无重点的所谓一站式购买的"金融超市"模式,转而立足于真正银行的基本功能,即接受存款,提供机构信贷、个人贷款、客户交易服务等。

2009 年 1 月 13 日,花旗集团与摩根士丹利公司宣布将旗下经纪业务部门合并为摩根士丹利美邦公司,摩根士丹利向花旗集团支付 27 亿美元现金,拥有合资公司 51% 的股份;且摩根士丹利有权在 3 年后将持股比例增至 65%,4 年后可增至 80%,5 年后则可100% 控股。进行合并的部门包括花旗的证券经纪业务部门美邦(Smith Barney)、美邦澳洲公司、英国的 Quilter 业务,以及摩根士丹利的全球财富管理部门。有市场分析认为,花旗出售美邦是卖掉自己的未来,是解决当前财务困境的迫不得已选择。美邦是花旗集团全球财富管理业务的两大组成部门之一,亦是该集团旗下难得的优质资产,在 2007 年和2008 年分别为集团带来超过 100 亿美元的收入。出售美邦的交易完成后,花旗集团将有约 95 亿美元进账,税后利润约为 58 亿美元。

2009 年 1 月 16 日,花旗集团宣布重大重组计划,把旗下业务一分为二,形成"好银行、坏银行"战略体系。通过战略重组,花旗集团分拆为花旗公司(Citicorp)和花旗控股

（Citi Holding）。花旗公司整合了花旗集团的核心业务，花旗控股则集中了花旗集团的非核心业务。其中，花旗公司将负责遍布全球 100 多个国家、资产值约 1.1 万亿美元、目前利润贡献率达 80％的全球传统银行业务（包括商业银行、零售银行、私人银行及全球交易等）。花旗控股下面主要包括经纪和资产管理业务（包括摩根斯坦利美邦公司中 49％的股份）、北美和西欧地区的消费信贷业务以及一个在危机中形成的非流动性的特别资产池（special asset pool）。花旗控股的工作主要是严格管理风险和损失，并最终有可能将约 8 500 亿美元的资产管理和消费信贷资产等非核心业务出售。这些举措标志着花旗集团过去十多年创立的"金融超市"模式宣告终结，这家连续多年占据全球银行业头把交椅的金融巨擘开始艰难转型。

早在 2008 年 7 月，为了弥补在次优抵押贷款市场的损失，花旗集团就以 49 亿欧元（约合 77 亿美元）的价格将位于德国的零售银行业务出售给了法国国民互助信贷银行。2009 年 5 月，花旗集团将其在日本的日兴证券公司和部分投资银行业务以 55 亿美元的价格出售给三井住友金融集团，出售前日兴证券曾经是日本第三大证券商。

2010 年 7 月，为了剥离花旗控股的非核心资产，花旗集团已同意将其私募股权部门出售给 StepStone Group LLC 和列克星敦投资公司，出售的资产包括花旗集团所持有花旗银行品牌的组合式基金、夹层融资基金、支线基金以及共同投资业务。据估计市场交易额超过 9 亿美元。

2010 年 9 月，花旗集团把其学生贷款业务以及大约 320 亿美元的相关资产出售给 Discover Financial Services 和学生贷款供应商协会。

2011 年 6 月，花旗集团同意以 17 亿美元将其私募股权资产出售给法国保险公司 AXA Private Equity，该私募股权资产包括 207 项并购基金股权权益，包括 KKR、黑石集团和凯雷投资集团旗下的基金股权以及约 20 家企业的直接股份。花旗控股的首席运营官表示，此次资产出售标志着花旗控股所有私募股权资产大部分股份出售的完成，而且显示了花旗控股团队在削减资产负债表非核心资产工作上取得的进展。

2011 年 12 月 13 日，花旗集团对外表示，该公司已经将最后所持有的麾下人寿保险部门 Primerica 的 800 万股股权全部出售。

2011 年 12 月底，花旗集团向法国银行 Credit Mutuel Nord Europe 出售了其比利时零售银行业务，具体交易价格未被披露。

2013 年 8 月，有消息称花旗集团也在考虑出售其另类投资部门，被出售的业务包括花旗基础设施投资部门（CII），该部门在英国的一家水供应公司和一家西班牙收费公路拥有权益。另类投资部门是花旗的资本顾问部门的一部分，除 CII 之外，资本顾问部门还包括新兴市场固定收益部门 EMSO、北美股权投资 Metalmark 资本以及关注新兴市场的花旗风投国际等。自 2013 年 2 月起，花旗资本顾问部门就一直在削减旗下的投资项目，包括管理着 68 亿美元的 Napier Park Global 资本，花旗集团仅保有该公司的少数股权。

作为核心业务集合的花旗公司，其内部分为全球消费者业务和机构客户集团两大事业部。其中,全球消费者业务分为四个区域性消费金融业务区,分别为北美、EMEA(欧洲、中东和非洲)、拉丁美洲和亚洲。各区域性消费金融业务均包含零售银行业务、本地商业银行业务和花旗品牌银行卡业务。机构客户集团又分为全球交易服务和证券与银行两大业务线,前者包括全球交易服务、资金管理和贸易解决方案,后者包括全球银行、全球市场、私人银行和理财咨询。至于非核心业务集合的花旗控股,经过不停的资产大甩卖之后,花旗控股的资产从 2008 年年底的 6 500 亿美元——占花旗集团资产总额的33.5%——降至 2013 年底的 1 170 亿美元,仅占花旗集团当年资产总额的 6.2%。2013年之后,对花旗控股资产的甩卖继续进行,到 2016 年年底其资产额仅 540 亿美元,占集团资产总额的 3%。

2009 年的重大重组之后,花旗集团的经营业绩有所起色。其中 2009 年的净亏损16.06 亿美元,相比 2008 年减亏 261 亿美元。2010—2012 年花旗集团的净利润分别为106.02 亿、110.67 亿和 75.41 亿美元,亏损的业务主要来源于作为"坏银行"花旗控股,3年间其平均每年亏损 50 亿美元,而作为"好银行"的花旗公司平均每年的盈利在 150 亿美元左右。

根据花旗集团 2013 年年报,花旗公司当年实现净利润 155.04 亿美元,而花旗控股的净亏损大幅下降到 18.74 亿美元,集团净利润则进一步上升到 136.73 亿美元。随着花旗控股资产总额的持续减少,其收入和利润状况对整个集团的影响已经越来越小了。经过了非核心业务的逐渐剥离之后,花旗集团的经营状况开始企稳,这至少表明了金融危机后的分拆战略是成功的。

不过,也有一种观点认为,其他国际化的大银行如美国银行、JP 摩根大通银行、汇丰银行等也是采取了"金融超市"的混业经营模式,在 2008 年的金融危机中虽然也受到冲击,因为次级债券投资较花旗少,因而相关亏损也较少。危机之后,这些银行并未像花旗集团一样对组织架构大动手术,近些年来经营绩效也在稳步增长。因此,花旗集团在危机中的失败只是花旗集团自身的失败,不能简单归结为混业经营模式的失败。

或许,到底是采取分业经营还是混业经营的模式,仍然是各家大银行颇费思量、没有简单答案的一个问题。

案例思考

1. 查阅相关研究和资料,详细了解 1933 年美国金融业分业经营监管法案和 1999 年混业经营监管法案出台的背景和过程。

2. 有一种观点认为,业务多元化能够降低企业经营过程中风险。对于银行业而言,为什么混业经营反而会容易造成风险在各类不同业务之间的传递?

3. 以罗纳德·科斯为代表的新制度经济学派的企业理论提供了一种分析企业和市场之间关系的方法,查找相关文献了解该理论。如果用该学派的理论来分析银行业的话,你认为应该如何将其与分业经营和混业经营之间关系的分析相结合?

4. 混业经营的规模经济和范围经济能够在多大程度上起到改善商业银行经营业绩的作用？商业银行如果要在规模经济与专业化之间进行抉择的话，你认为应该考虑哪些因素？

5. 2008 年及其后的金融危机中，遭遇重大损失的商业银行不仅仅是花旗银行，如 JP 摩根、苏格兰皇家银行、美国银行等也不同程度地受到危机的冲击。查找相关新闻报道和这些银行披露的财务信息，了解它们在危机中的表现以及之后的应对过程。

6. 查阅相关研究和资料，了解中国银行业自 20 世纪 90 年代中期以来对于分业经营和混业经营的理论争论和现实实践情况。

案例3　现代商业银行的公司治理——后马蔚华时代的招商银行公司治理

学习目标

1. 掌握公司治理的基本概念
2. 了解英美法系和大陆法系下欧美国家公司治理模式的不同表现
3. 了解中国的商业银行公司治理结构的现状
4. 了解公司治理结构与中国银行业体制改革之间的关系

案例介绍

一、马蔚华和他的"身后事"

马蔚华,2013年5月卸任招商银行股份有限公司(以下简称"招商银行"或"招行")行长,他可谓中国银行业界的风云人物。从1999年3月开始担任招商银行行长以来,马蔚华始终把"创新"二字贯穿于招商银行的发展之中,他导演了招商银行的"网络化、资本市场化、国际化"三出大戏。他使招商银行拥有全行统一的电子化平台,率先开发了一系列高技术含量的金融产品与金融服务,吸引了大批高端用户,同时树立了技术领先型银行的社会形象;他率先利用信息化网络技术改造银行业务,建立网上银行,抢占了金融领域的制高点,成为中国电子商务最主要的支付银行;他将原始的服务手段与先进的管理理念"嫁接",为客户提供"一站式"服务;他将企业的管理模式与市场的营销策略进行了完美组合。种种创新,使招商银行也从当初偏居深圳蛇口一隅的区域性小银行,坐上了国内银行界的第六把交椅,仅次于工行、农行、中行、建行、交行五大国有商业银行。

正因如此,2013年5月,在健康条件许可的情况下,仅仅是因为年龄问题而"被退休",马蔚华的境遇不免让人唏嘘不已,更让一些招商银行的中小股东不解。

招商银行是新中国最早的股份制商业银行之一,1987年于深圳成立。2002年4月和2006年9月分别在上海证券交易所和香港联合交易所上市发行股票。2002年年底,招商银行总股本为57.07亿股,其中第一大股东为招商局轮船股份有限公司(以下简称"招商轮船"),持股比例17.95%。2002年实现净利润17.34亿元,平均每股收益0.33元。至2012年年底,经过数轮的增发、配股和转增之后,招商银行的总股本已经达到215.77亿股,第一大股东仍为招商轮船,持股比例下降到12.40%,但招商轮船的母公司——招商局集团有限公司(以下称"招商局集团")——通过关联公司间接持股达6.23%,合计持股

为18.63%。2012年招商银行实现净利润452.77亿元，平均每股收益2.10元。

由此可见，在当前中国银行业市场处于寡头垄断①的状况下，在中央银行和直属监管当局仍然实行利率管制保护银行的条件下，整个银行业已经进入到一种"不赚钱都难"、让众多其他行业和普通公众"羡慕嫉妒恨"的状态。从招商银行来看，十年来尽管总股本扩大了3.7倍，但净利润增长了26倍，每股收益增长了6.4倍。因此，控制了银行的控股权和经营管理权，就相当于种下了一棵摇钱树。

2013年5月31日，招商银行召开股东大会，举行换届选举。此前为中国建设银行零售业务总监兼北京分行行长的田惠宇，被"选举"为招行新的执行董事，并在随后的董事会上，被聘任为行长，接替64岁的老行长马蔚华。

不过股东大会上，田惠宇的反对票达到了10.7%，反对票之多为3位等额选举的执行董事之最。更有趣的是，根据参会的小股东描述，计票期间，有股东还在现场围住时任招行董事会秘书兰奇，质疑为何要撤下马蔚华，不让老马"再干一届"。

小股东们的质疑并非事出无因：马蔚华虽然已经64岁，但精力旺盛，其在招行任行长已达14年，期间以出色的业绩和鲜明的个人风格，赢得各方口碑，是中国最具盛名的银行家之一。

2011年12月，民生银行董事长董文标与马蔚华在北京共同出席一个会议。董文标对听众肯定马蔚华："马行长就是属于制度受害者，他如果在我们（民生银行）的制度下，早5年前就是董事长了。为什么他还是行长？因为国有大企业的董事长，是上面派来的。"

之后，2013年3月28日，招行第八届董事会第四十三次会议，审议通过的《关于招商银行第九届董事会董事候选人名单的议案》里，马蔚华继续作为执行董事候选人入列。这被包括不少招行管理人员在内的众人，认为是"老马"将继续担任行长的征兆。

然而，5月8日，中国银监会宣布免去马蔚华的招行党委书记一职，任命田惠宇为新的书记。5月9日，招行又召开董事会，通告说按照马蔚华的"本人意愿，不再参加第九届董事会执行董事的选举"，因此撤销原有议案，改为田惠宇为新的执行董事候选人。

戏剧性的变化从何而来？董文标口中的"制度之害"所为何物？或许，这一切都和招商银行独特的公司治理结构相关。

二、关于"公司治理"

公司治理作为一个专门概念，最早出现于20世纪70年代的美国，是指所有权与经营权相分离的公众持股公司的经营管理机构所采取的存在方式。1992年，英国公司治理委员会发布的《Cadbury报告》认为，公司治理的实质是所有者和经营者之间的利益制衡机

---

① 按照产业组织学的理论，按某一行业的厂商数量多少、市场份额的集中程度、进入壁垒、产品差异程度等标准，市场结构可以分为完全垄断、寡头垄断、垄断竞争和完全竞争四种类型。完全垄断是指一家企业独占整个行业市场，而寡头垄断则指数家大型厂商基本控制整个市场。

制,股东在公司治理中的作用是委派董事和审计人员以使公司治理结构趋于完善;董事会在公司治理中起主导作用,其职责包括制定公司的战略目标并领导其有效的实施、监督管理层和向股东报告其受托责任。

经济合作与发展组织(OECD)于 1999 年 5 月发布了《OECD 公司治理原则》,其对公司治理的表述是:"一个对公司进行管理和控制的体系或框架,其基本理念是优化公司管理层、董事会、股东及其利益相关者的关系,通过有限监督和激励机制,合理使用资源,提升工作效益,促进实现公司和股东的利益目标。"①。

吴敬琏(1994)认为,公司治理就是指所有者、董事会和高级经理人员组成的一种组织结构,在这种结构中,三者之间形成一定的制衡关系,通过这一结构,所有者将自己的资产交由董事会托管;公司董事会是公司的最高决策机构,拥有对高级经理人员的聘用、奖惩及解雇权;高级经理人员受雇于董事会,在董事会的授权范围内经营企业。②

张维迎(1996)认为,公司治理狭义地讲是指有关公司董事会的功能、结构、股东的权力等方面的制度安排,广义地讲是指有关公司控制权和剩余索取权分配的一整套法律、文化和制度性安排,这些安排决定公司的目标,谁在什么状态下实施控制,如何控制,风险和收益如何在不同企业成员之间分配等这样一些问题。

综上来看,通俗地讲,公司治理体现的是这样一种关系,即在理论上股东是公司的所有者,应该要对公司经营管理的重大事项拥有最终的决策权以及公司利润的分配权等。但是,由于现代公司多数都是股东人数众多的公众持股公司(尤其对股份有限公司而言更是如此),大多数股东的持股份额很少,集中起来进行决策的成本很高,且由于能力上的不足难以直接对公司进行经营与管理,因此必须委托一个机构负责公司的经营决策,这一机构便是董事会。董事会中的董事应该由全体股东选举产生,代表股东行使日常的决策权,向股东(大)会负责。以总经理为首的公司管理层由董事会聘任,负责执行董事会的决策,同时进行日常业务的运作与经营,理论上应该要为全体股东创造最大化的利益。为了监督董事会和高级管理层是否合法合规运行,股东(大)会下一般还会设置与董事会平级的监事会,其成员组成中一般会有股东代表、职工代表和独立监事等。以股东(大)会、董事会、管理层为主的三方各司其职、各行其权、各负其责、各获其利。但是,由于股东、董事、经理人等都是理性的"经济人",在公司运营过程中肯定会考虑多谋权、少负责、多获利,因此如果没有适当的激励和约束制度,他们每一方都会力图以最小的成本获取最大的收益,而这可能会损害与公司利益相关的其他人的利益。公司治理就是为解决这一问题而出现的。

从专业性和准确性的角度来理解,公司治理是指在体现资本所有权的股东(大)会、体现法人财产控制权的董事会和体现经营管理权的管理层之间中的一种制度设计,这种设

---

① 陆立华译.《OECD 公司治理原则》,见顾功耘主编《公司法律评论》2001 卷,第 78～90 页。
② 吴敬琏.《现代公司与企业改革》,天津人民出版社 1994 年版,第 185～196 页。

计以争取利润最大化、平衡各种利益相关者的利益、协调公司个体运作与市场稳定之关系为目标。

商业银行也是公司制企业的一种，当然也适用于现代企业的公司治理模式。

《中华人民共和国公司法》中关于公司治理的相关条款如材料1所示。

材料1

第四条　公司股东依法享有资产收益、参与重大决策和选择管理者等权利。

第四十六条　董事会对股东会负责，行使下列职权……

第四十九条　有限责任公司可以设经理，由董事会决定聘任或者解聘。经理对董事会负责，行使下列职权……

第九十八条　股份有限公司股东大会由全体股东组成。股东大会是公司的权力机构，依照本法行使职权。

第一百零五条　股东大会选举董事、监事，可以依照公司章程的规定或者股东大会的决议，实行累积投票制。

第一百零八条　股份有限公司设董事会，其成员为五人至十九人。

董事会成员中可以有公司职工代表。董事会中的职工代表由公司职工通过职工代表大会、职工大会或者其他形式民主选举产生。

第一百一十三条　股份有限公司设经理，由董事会决定聘任或者解聘。

第一百一十七条　股份有限公司设监事会，其成员不得少于三人。

监事会应当包括股东代表和适当比例的公司职工代表，其中职工代表的比例不得低于三分之一，具体比例由公司章程规定。监事会中的职工代表由公司职工通过职工代表大会、职工大会或者其他形式民主选举产生。

资料来源：《中华人民共和国公司法》，2013年12月修订。

三、股权分散的招行：挥之不去的国资背影

（一）招行的股东持股情况

作为在上海和香港两地以A＋H股形式上市的公司，经过数次增资扩股之后，招行的股权结构较为分散。招行近几年的年报都明确说明"没有控股股东或实际控制人"。

按照公司法对股份有限公司的规定及招行现行公司章程（2013年修订版），董事长由公司的董事会选举产生，董事会又由股东大会选举产生。

根据公开资料，可以发现，作为A＋H股的上市公司，招行的股权结构较为分散。截至2013年3月31日，抛开代理持有H股的香港中央结算有限公司不计，招行的前9大股东，全部股份相加，只占到总股本的37.99%；第一大股东招商轮船持股仅为12.40%。招商轮船是国务院国资委所辖招商局集团的全资子公司。招商局集团通过间接持股的方式，总计在招行股份中，持股18.63%（如图3.1）。

在招行的股东中，国务院国资委所辖企业不少。持股6.22%的第二大股东中国远洋

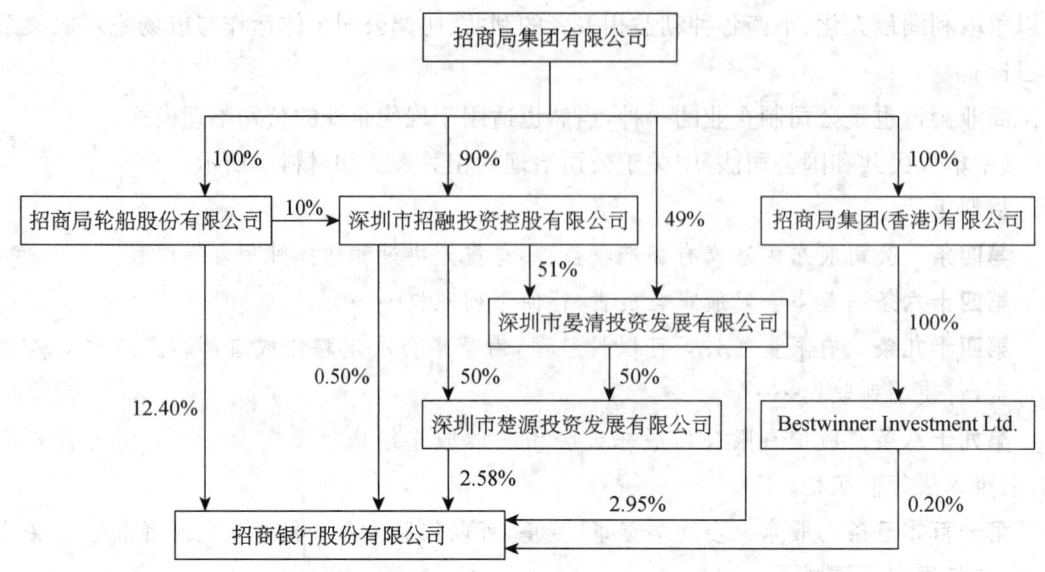

图 3.1 招商银行与第一大股东股权关系示意图

运输(集团)总公司(以下称"中远集团")、持股 2.93%的第五大股东广州海运(集团)有限公司(以下称"广海集团")、持股 1.78%的第八大股东中国交通建设股份有限公司(以下称"中国交建"),均是国务院国资委所辖央企。

不过,招行的年报和各类财报均明确表明该行"没有控股股东或实际控制人"。因为按照招行公司章程规定,控股股东为"此人单独或者与他人一致行动时,持有本行 30%以上的股份"。

在理论上,包括"散户"在内的其他非国资背景股东的占股比例超过 60%,看上去有左右招行的董事会及管理层人选的可能。但事实并非如此。

(二)国有股东牢牢控制董事会

股东董事的 9 个席位,全部被国务院国资委下辖企业所控制,这是招行董事会 18 个席位的一半。

在关键的董事及董事会产生规则上,招行其实做足了文章。在招行的公司章程中,独立董事和其他董事的提名机制、分配比例等并未明确界定,其模糊之处为国资股东控制董事会席位提供了保障。

招行公司章程规定,其董事长与行长分别设置,行长可以不是董事会成员,但其聘任或解聘的权力,属于公司董事会。董事会由 11～19 名董事组成,设董事长 1 名,副董事长 1～2 名。董事长和副董事长由该行董事担任,以全体董事的过半数选举产生和罢免。董事的产生程序分为两类。

其一是独立董事,占董事会成员的 1/3。董事会、监事会、单独或者合并持有招行已发行股份 1%以上的股东,可以提出独立董事候选人,并经股东大会选举决定。

截至 2013 年 3 月,招行的前十大股东,持股比例均超过了 1%,其中第十大股东上海

汽车集团股份有限公司,持股1.71%。即使考虑到十大股东之中的招商轮船、深圳市晏清投资发展有限公司和深圳市楚源投资发展有限公司同为招商局集团的子公司,也应有至少7个股东有权提名独立董事。但是,招行董事会提交给股东大会选举的独立董事候选人,只有6位,且是等额选举。这6位候选人的提名权,如何协调分配,外人不得而知。

其二是其他董事。对于其他的董事,公司章程规定,可以由上一届董事会提出建议名单;持有或合并持有3%以上股份的股东,也可以向董事会提出董事候选人。

截至2013年3月,招行的股东中,招商轮船、中远集团和生命人寿保险股份有限公司(以下称"生命人寿"),持股比例超过3%,此三者的董事提名比例如何分配,与上届董事会的建议又怎样协调,亦未有明文规定。2013年6月5日,《南方周末》记者就上述疑问,向招行的两位现任独立董事单伟建、潘英丽问询。他们均回应称,还不清楚其中的规则。单伟建亦是招行董事会提名委员会的主任委员,而潘英丽为提名委员会委员。

根据招商银行2013年修订的董事会议事规则,董事会提名委员会主要职责之一就包括"研究董事、高级管理人员的选择标准和程序"。不过从股东大会的资料和选举结果,外界至少可以看到非独立董事们的"背景"。

2013年5月31日,招行的股东大会选举,将其非独立董事的12个名额又分为两类进行选举:一类为股东董事,10名候选人,差额选举其中的9人;另一类为执行董事3人,等额选举。这样的分类,无论是在招行的公司章程,还是股东大会议事规则中,都找不到依据。

股东董事10位候选人中,总计持股18.63%的招商局集团5人,持股6.22%的中远集团2人,持股1.78%的第八大股东中国交建1人,持股2.76%的第六大股东安邦保险集团股份有限公司(以下简称"安邦保险")1人,以及持股2.93%第五大股东中海集团1人。

从以上信息可以看出,作为机构投资者,虽持有招行4.66%的股份,生命人寿未有股东候选人入列。同时,5月31日的最终选举结果是,来自第八大股东中国交建的傅俊元当选,而第六大股东安邦保险的董事候选人朱艺落选,她所在的安邦保险也属机构投资者。于是,尽管提名权协调分配的过程并不清楚,一些有提名权的股东并未提出候选人的原因外界也不得而知,但可见的现实结果是,股东董事的9个席位,全部被国务院国资委下辖企业所控制,这是招行董事会18人的一半。

按照招行的公司章程,该行董事会的决议,只需经全体董事的过半数通过即可。即使董事反对票与赞成票票数相等时,董事长还有权多投一票。

至于三位参与日常经营管理的执行董事:李浩,1997年5月即加入招行,2002年3月开始任副行长迄今;张光华,2007年4月起,担任招行副行长;另一位就是马蔚华的接班人田惠宇。5月9日,在招商银行的董事会上,田惠宇首次成为执行董事的候选人。

根据随后发布的公告,两位将等额选举的执行董事田惠宇和独立董事许善达,均为招商轮船所提议增补。另一位独董潘英丽，也对《南方周末》记者坦承，她是由中海集团提名的独董。

如此就意味着，共计占股 37.99% 的"国资背景"股东，至少提名并占有了招行董事会里的 12 个席位，完全足以控制董事会。

（三）国资控制的股东大会

当然，在程序上，所有的董事候选人，包括等额选举的独立董事、执行董事，还需要经过股东大会的投票表决；且需要获得至少 50% 的赞成票。

什么样的股东大会方是有效？

招行公司章程规定："根据股东大会召开前二十日收到的书面回复，计算拟出席会议的股东所代表的有表决权的股份数。拟出席会议的股东所代表的有表决权的股份数达到本行有表决权的股份总数二分之一以上的，本行可以召开股东大会；达不到的，本行应当在五日内将会议拟审议的事项、开会日期和地点以公告形式再次通知股东，经公告通知，本行可以召开股东大会。有关公告在符合有关规定的报刊上刊登。"

这意味着，不管出席大会的股东代表所持股份多少，只要完成公告形式，招行的股东大会，均可以有效召开。

2013 年 5 月 31 日，招行的股东大会，出席股东持股比例占总股份的 56.48%，略高于 50%。事实上，仅仅是国务院国资委背景下的四大公司——招商局集团、中远集团、中国交建和广海集团，总计就持有总股份的 29.56%，如果他们全部出席——就占到出席股东大会总股份的 52.34%。

唯一需要差额选举的股东董事，其投票方式是"直线投票制"（股东可将自己的选票平均地投给自己的候选人，即简单多数原则），而不是更能保护中小股东利益的"累积投票制"（即股东既可用所有的投票权集中投票选举一人，也可分散投票选举数人）。因为中国证监会出台的《上市公司治理准则》也只规定："控股股东控股比例在 30% 以上的上市公司，应当采用累积投票制。"

于是，所有的意外，几乎都不再可能发生了。

这也最终决定了，只有国务院国资委或者更上层政府机构认可的人，才可能成为招行的董事长；也只有得到国务院国资委或更上层的政府部门认可的人，才可能被董事会聘任为行长。招行的董事长，一直由招商局集团董事长兼任；而招商局集团属于国务院国资委所辖央企，其董事长的任命，实际由中组部考察，由国务院任命。

至于行长的人选，招商局集团和中国银监会拥有相当的发言权，因为行长的组织关系在银监会党委，银监会有对招行行长的干部管理权限。

2013 年 5 月 31 日，招行董事长傅育宁也在股东大会上证实，招行新行长人选的产生，前后经过了 1 年多的时间，特别是银监会反复要求以五大国有银行为主的商业银行推荐候选人，这才最终选择了来自建设银行的田惠宇。

四、商业银行公司治理的"他山之石"

让我们把视角转移到境外,看一下西方发达国家的公司,尤其是商业银行是如何设计公司治理结构的。公司治理在英美法系下和大陆法系下有较大区别,商业银行的公司治理也是如此,我们以美国的花旗银行和德国的德意志银行为例,详细介绍一下其公司治理的特点。

2013年年初,花旗集团董事会有13名成员,其中外部董事11人。外部董事来源于与本公司及其管理人员无实质利益关系的其他公司的高级管理人员,或经济学和金融学界资深学者,或者是政府监管部门的卸任高官。外部董事的作用是加强董事会对公司经理层的监督和制约,维护广大股东的利益。花旗集团董事会内部现设五个委员会,分别是审计委员会、提名、公司治理与公共事务委员会、执行委员会、雇员和薪酬委员会、风险管理和融资委员会。除执行委员会外,其他四个委员会的主席均是外部董事。这种制度安排较好地保证了董事会内部的制衡机制发挥作用,有利于董事会以股东利益为最终的依归。

管理层是以总经理(或首席执行官)为首的负责日常管理经营的人员,其中CEO由董事会任命,其他高管人员一般由CEO提名并报董事会批准。在美国,大多数公司的董事长和CEO由一人兼任,但花旗集团这两个职位是由两人分别担任的。为确保管理层追求股东利益而不是个人私利,一般是通过建立适当的薪酬结构和约束机制来实现。花旗集团公司治理结构如图3.2所示。

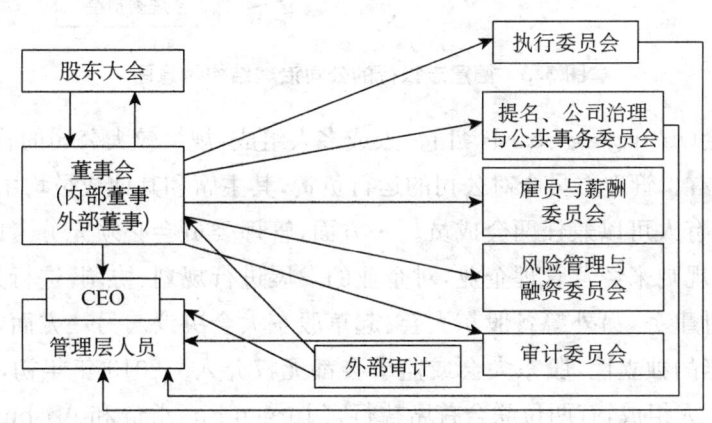

图3.2　花旗集团公司治理结构示意图

德国的商业银行的公司治理结构与美国商业银行的公司治理结构有很大的不同。德国《股份法》和《共同决策法案》规定了监事会(Supervisory Board,相当于美国公司中的董事会)由股东代表和职工代表共同组成,而"管理委员会"(相当于美国公司中的管理层或执行委员会)在运作过程当中也必须考虑职工的利益,因此股东利益是德国公司追求的目标但不是唯一目标,其他利益相关者,特别是雇员的利益也是重要的。德意志银行甚至强调,股东的权益只能在长期消费者得到满足、雇员获得奖励以及银行履行了其社会义务的前提下才能实现。

德国股份公司在内部治理结构上实行双层委员会制,即监事会和管理委员会并存的制度。监事会是控制实体,是公司股东和职工利益的代表机构和监督机构。在人员组成上,监事会主席一般由资方代表担任,其余名额由股东代表和职工代表各一半组成,股东代表由股东大会选举,职工代表则由职工会议选举。监事会的地位体现为在法律上对外代表公司整体利益,其权限包括任命和解聘管理委员会成员并监督管理委员会行使各项职能,查看、审核公司各种文件和年度财务报告等。监事会可视需要成立专业委员会,各专业委员会内部均有股东代表和职工代表,其根据分工承担监事会的部分职能。2013 年年初,德意志银行的监事会由 21 人组成,监事会下设六个专业委员会,分别是主席委员会、提名委员会、调解委员会、审计委员会、合规委员会和风险管理委员会①。图 3.3 是德意志银行内部治理结构的示意图。

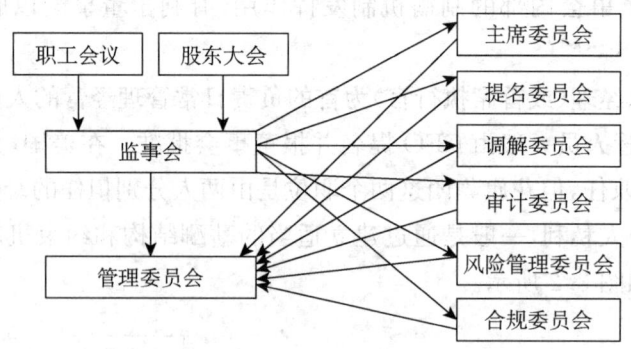

图 3.3 德意志银行的公司治理结构示意图

管理委员会(managing board)②由一人或多人组成,规模较大公司的管理委员会成员一般在 10 人左右。管理委员会对公司的运行负责,其主席和其他成员均由监事会任命并接受其监督,没有人可以兼任两会成员。一方面,管理委员会必须充分考虑股东、职工的利益,按照议事规则来经营管理企业,对企业的发展进行规划、协调,进行人员任免,负责公司的财务会计事务,另外筹备股东大会、起草股东大会决议。另一方面,管理委员会的工作也具有相当的独立性,股东大会或监事会都无权介入。2013 年年初,德意志银行的管理委员会由 7 人组成,有两位联合首席执行官 Jürgen Fitschen 和 Anshu Jain,其主要职责既包括执行监事会制定的公司战略、进行资源配置、风险管理等长远目标外,还负责集团五大核心业务的具体管理。德意志银行的管理委员会的机构下还有一下位机构"集团执行委员会"(Group executive committee),共 18 名成员,亦由 Jürgen Fitschen 和 Anshu

---

① 资料来源于:http://www.db.com/en/content/company/organizational_structure.htm。

② 有学者把"managing board"翻译为董事会,但该机构与美英国家的"董事会"在地位、权限、职能等方面均有很大不同,再根据该机构在德国公司治理结构中的主体表征,笔者认为翻译为"管理委员会"更为恰当。

Jain 两人领导,除管理委员会的 7 名成员之外,其他成员还包括德意志银行集团分部和地区分部的负责人。这两个机构并无明显的职能分工,因此笔者仍然合称两者为"管理委员会"。

在对管理委员会成员的激励问题上,监事会决定其薪酬的多少及结构,除了基本工资,奖金则与公司业绩挂钩,主要是按照利润率来支付。为了有利于对管理层的长期激励,德意志银行也设置了股权激励和延期付息股票计划,但与英美相比,其并不占据全部收入的主要份额。

五、中国银行业的公司治理与银行业体制改革

(一) 并非个案的空白地带

招商银行的公司章程,并没有违背公司法。招行的做法,也并非独家所有。即使在中国的银行业上市公司中,这样操作的也不是个案。

浦发银行合并后最大股东上海市国资委,实际持股 24.319%;华夏银行第一大股东首钢总公司持股 20.38%;兴业银行第一大股东福建省财政厅,持股比例仅为 17.86%;这些银行,基本都是通过类似的方式,实现第一大股东对公司的掌控。

北京银行更是一个非常有特色的案例。公司名义上的第一大股东是外资的荷兰国际集团(ING),持股 13.64%;北京市国资委所属的北京市国有资产经营有限责任公司,为第二大股东,持股 8.84%;第三大股东,北京市政府国有独资企业北京能源投资(集团)有限公司,持股 5.08%。第二、第三大股东相加的股份为 13.92%,略多于 ING。虽然公司法认为"国家控股的企业之间不仅因为同受国家控股而具有关联关系",但仍然实际控制了北京银行董事长人选。甚至在 2013 年 1 月,上述股东还违背公司章程,强力干预北京银行监事及监事长任免,引发舆论轩然大波。

一位专注公司法律业务多年的律师事务所主任坦言,在公司章程中,模糊董事提名机制,虚化股东大会制度,是一些持股比例低的第一大股东,特别是当第一大股东是国有资本时的普遍做法,其实质就是便于他们控制公司。

银监会官员对《南方周末》记者表示,作为监管机构,主要考量的是这些公司章程是否违背了公司法的要求,至于具体企业的董事和董事会产生程序,只要符合公司法的规定,监管机构不作干涉。这些银行的公司章程,并没有违背公司法。

(二) 中国银行业体制改革

中国银行体制改革千头万绪,所以抓住其顶层设计非常重要,唯此才能纲举目张。银行业改革的顶层设计在于深化产权制度改革。产权多元化是社会主义市场经济的基石,同样也是中国金融市场化改革的核心内容。

银行产权改革不能停,降低国有股占比,提高非国有法人股、机构投资者股和个人股占比,实现均衡的股权结构,从而巩固 10 多年来银行业改革与发展的辉煌成果,才能迈向银行业长治久荣之路。

自 2003 年以来,汇金公司、财政系统以及国资委系统为银行业改革做了大量卓有成效的工作,不仅使银行业资产负债表恢复健康,还与监管部门一起促使银行业初步建立起良好的银行公司治理结构和现代银行管理制度。当前仍处中国银行业的黄金年代,工行、建行、中行、交行四行股改后 4 年上缴的利润总额就超过了当初国家对它们的注资。

同样,国家投资者(财政部以及中央和地方各级国资委)需要"见好就收",不必留恋银行业股权,及早有序降低持股比例。实施新巴塞尔资本协议,提高资本金要求、提高拨备覆盖率、提高流动性比例要求,这些财务性的措施也重要,但其作用主要在于辅助宏观调控,银行产权多元化才是根本。

银行产权改革的总思路是大幅降低国家股比例,同时大幅提升法人股比例,形成由财政(汇金)、法人(国有、民营、外资)、机构投资者(基金和PE)以及个人均衡型的持股结构。

股权的高度分散和制衡,几乎已经成为大银行股权结构的通例。近些年来,一些国际大型银行如汇丰银行、德意志银行、美国银行、花旗银行等均为上市的公众公司,其最大单一股东的持股比例一般在 5% 以下。洛克菲勒家族曾是原大通银行长期的大股东,但其持股比例最高也仅为 4%。韩国大型集团对大型银行的交叉持股曾严重危及金融业健康,也妨碍实业间的公平竞争,以致韩国在 1982 年修订了银行法,严格限制产业资本在银行的持股比例。

银行业的公共性和敏感性,使它要避免一股独大,以利于保持银行业经营管理的独立性。银行业又是受到严格监管的行业,监管当局的严格监管可以在一定程度上替代股东的监督,使较为独立的银行管理层也不至于作出过于损害股东利益的事。

案例思考

1. 根据案例中的描述,招商银行当前的公司治理结构中,国有资本背景的股东在占有股权比例仅为 30% 的情况下却牢牢地控制了股东大会、董事会以及管理层的人选任命等重要事项,你认为这种状况是否合法?又是否合理?其带来的危害可能有哪些?造成这一现象的原因是什么?

2. 招商银行公司治理结构中,股权占比超过 60% 的中小"散户"股东能否对招商银行的经营、管理和发展等重大事项的决策形成制约?中小股东的利益应该如何保护?

3. 中国多数大中型商业银行的公司治理结构与招商银行类似,与西方发达国家相比,哪一种类型的公司治理结构更有利于保护全体股东,尤其是中小股东的权利和利益?查找相关文献资料,试对比中国和发达国家不同的公司治理结构。

4. 你认为公司治理结构的完善对中国银行业的体制改革能够起到什么作用?

案例 4　中国银行业的资本金困境

学习目标

1. 掌握商业银行不同版本"监管资本"概念的内涵及构成

2. 掌握资本充足率、核心一级资本充足率、一级资本充足率的概念及计算

3. 熟悉理论上关于商业银行资本金补充的方法,以及现实中资本金补充的不同方式及其不同效果

4. 了解中国银行业 20 世纪 90 年代以来进行商业化改革、股份制改革的背景和过程

5. 了解中国银行业在不同时期所面临资本金问题的不同表现和不同的解决方法

6. 了解"巴塞尔Ⅲ"体系、金融稳定理事会和中国银监会关于商业银行资本监管最新规定的内容

案例介绍

对于任何企业而言,从防范风险的角度来看,资本金最重要的功能就是吸纳可能产生的经营损失,以便于保持清偿能力。银行业界所使用的资本概念是"监管资本",与通行会计准则中的"所有者权益"(也可称为"会计资本"或"账面资本")不完全相同。监管资本是由银行监管当局所认可的资本,是能够满足监管要求和标准的资本。会计准则中的所有者权益项下的项目属于监管资本中的一级资本,而除一级资本之外,监管资本还包括二级资本。

可见,监管资本构成项目与会计资本不同,其范畴略大于会计资本。不过,不管是会计准则也好,还是银行监管部门也好,它们对资本构成项目的界定都是从对资本功能属性的认识出发的,在这点上他们是基本一致的。

商业银行是一种高负债经营的企业。在商业银行的总资产构成中,所有者权益所占的比例要大大低于普通的工商企业,正常经营银行的资产负债率一般至少在 90% 以上,部分甚至高达 95%。从商业银行所有者的角度来看,资本比率越低,财务杠杆就越高,那么在相同的资产收益率情况下,资本回报率就会更高。但是,从银行业监管机构的角度来看,更高的资本比率能够更好地抵御经营风险所带来的损失,能够更好地保证银行的安全经营和稳健运行,从而降低银行破产的概率,维护金融稳定。因此,银行需要保持多大的资本规模就是双方相互博弈的结果了。不过,两者在有一点上的看法是相同的,即资本是商业银行业务的基石,对商业银行的生存和发展至关重要。

对于以国有银行为主的中国银行业而言,大多数银行最初成立时的资本金完全是政

府投入的。但是,由于我国市场经济的体制机制还不成熟,各级政府对银行经营的干预还很多,大多数银行不是完全按照商业化、市场化的原则来进行经营和管理。20世纪90年代,国有银行在从事政策性业务时产生的亏损有时甚至超过了资本金数量,造成了事实上的资不抵债,但国有银行又不能倒闭破产,因此早期只能不断地依赖政府注资来补充资本金。21世纪初以来,随着商业银行的股份制改革和上市,资本金补充的问题变得更加多样化,也更复杂了。

一、2005年前中国银行业的资本金困境

20世纪90年代初到本世纪初,困扰中国银行业发展的一个最大问题就是居高不下的不良贷款比率。以四大国有商业银行为例,由于2000年之前国有商业银行不良贷款情况被视为机密,从未对外披露过,2000—2004年,银行监管当局和四大国有商业银行也没有系统披露过不良贷款情况,因此对中国银行业的不良贷款比率到底有多高,各方的说法不一。中国官方给出的统计数字是,1994年后的近10年内四大行的不良贷款比率平均在25%左右,而外国财经类媒体、境外投资银行和欧美评级公司等所作的估计在40%～70%。

表4.1是国内学者对四大行1994—2005年不良贷款比率所作的估计,是考虑了贷款分类方法变化和对不良贷款进行政策性剥离等因素之后对不良贷款率进行估算和"还原"所得的研究结果,其应该是相对客观的一项研究。

表4.1 1994—2005年四大国有商业银行不良贷款率

	1994	1995	1996	1997	1998	1999
账面不良贷款率	25.00%	27.00%	29.40%	32.00%	40.00%	44.00%
调整后不良贷款率	25.00%	27.00%	29.40%	32.00%	40.00%	44.00%
	2000	2001	2002	2003	2004	2005Q2[①]
账面不良贷款率	34.18%	30.37%	26.10%	19.74%	15.57%	10.12%
调整后不良贷款率	55.11%	49.29%	42.65%	35.79%	34.11%	35.89%

资料来源:施华强,《国有商业银行账面不良贷款、调整因素和严重程度:1994—2004》,《金融研究》2005第12期,第25—39页。

注释:①原文统计截至2005年第二季度。

表中显示,四大行在2000年时其不良贷款率最高曾经达到55.11%,到2005年时仍有35.89%。如此高的不良贷款率表明,从财务角度来分析,如果国家允许用盈利和资本金来冲抵不良贷款,那么四大国有商业银行早就已经资不抵债,技术上已经破产。为了解决不良贷款问题,促进银行业的长期稳健发展,国家曾经分两次对四大行的不良资产进行政策性剥离,见材料1和材料2。

材料1

1999—2000年,四家资产管理公司按照账面价值收购了四大银行和国家开发银行共计13 939亿元不良资产,而这些资产在四级分类中属于"呆滞"类和"呆账"类贷款,比例各占一半。当时,采取账面价值收购,主要是为尽快解决国有银行的不良贷款问题,但它属于非市场的做法……"谁生的孩子谁抱走"是当时的原则,华融、长城、东方、信达等资产管理公司分别收购工、农、中、建四大银行的不良贷款,然后进行处置……当时,为收购13 939亿元不良贷款,央行发放给国有银行的6 000亿元再贷款划转给资产管理公司,年利率为2.25%;同时,资产管理公司又向四大行定向发行了8 200亿元金融债券,该债券期限为10年,年利率为2.25%。

资料来源:《经济观察报》,2004年6月20日,有删节。

材料2

今天,中国银行、中国建设银行剥离近2 787亿元不良资产的协议在北京正式签署,这是国家在2004年年初对这两家银行注资450亿元之后,再次对它们的股份制改造施以援手。业内人士认为,这将是国家最后一次为两家银行的不良资产买单……与1999年的将14 000亿元银行不良资产剥离给四大国有资产管理公司不同的是,这次剥离是以招标的方式完成的。协议签署后,信达资产管理公司将分3年支付中国银行和中国建设银行总共约900亿元资金,也就是说这2 787亿元不良资产的回收率将超过30%,高于四大资产管理公司目前处置不良资产的平均回收率。据了解,这900亿元资金将由央行通过发行票据和信达公司自己出资共同解决。

资料来源:中央电视台《经济信息联播》,2004年6月30日。

此外,在2003年年底对中行和建行的外汇注资过程中,分别核销了其1 400亿元和569亿元的损失类贷款,2005年5月和6月,又把工行共计7 050亿元的不良贷款转让给四大资产管理公司。至此,对国有商业银行的第二次大规模剥离不良贷款行动结束,总共剥离出11 806亿元的不良贷款。

两次大规模剥离不良贷款行动的主要目的是促进商业银行的商业化、市场化运营和为股份制改革清障。鉴于四大行资本金极其短缺的状况,1998年财政部曾经发行了2 700亿元特别国债对其进行注资,2003年年底又使用外汇储备对中行和建行各自注资225亿美元,2005年4月对工行注资150亿美元。外汇储备注资完成后,三家银行的资本充足率均达到了15%左右,资本实力大大增强。但是仅靠国家财政的注资来提升国有商业银行的资本充足水平,一个问题是财政资金的频繁注资会助长国有商业银行的道德风险;另一问题是资金来源渠道受限,不能满足国有银行资产规模扩张的需求。因此,国有商业银行需要寻找市场化的资本补充方式。

二、资本金补充:为何青睐发行股票

我国的股份制商业银行最早在1986年就已出现,20世纪90年代新成立了数家全国

性的股份制商业银行,其运营绩效要明显好于国有商业银行。但总体来看,股份制商业银行的数量较少、资产规模也较小,对改善整个银行业运营模式的影响有限。到21世纪初,对国有商业银行进行股份制改革以拓宽资本来源渠道、增强资本实力的观点终于在学界、业界和政界达成基本共识,2004年后,国有商业银行通过实行引进国外战略投资者和股票发行上市等举措,资本金实力得到了较大补充。

在进行了注资和不良贷款剥离之后,国有商业银行的发展开始驶入正常轨道。2005年10月,建行在香港上市发行H股股票,共募集资本金715.78亿港元。2006年6月,中行在上海和香港实行A+H上市发行股票,共募集资本金约1 061亿港元;2006年10月,工行也实现了上海、香港两地同时上市,共募集资本金约1 732亿元。2007年9月,建行回归上海发行A股,共募集资本金571.19亿元。2010年7月,农行最后一个实现上市,在上海和香港两地共集资约221亿美元,号称是全球有史以来最大的IPO项目(见材料3)。

材料3

继全额行使H股超额配售选择权后,中国农业银行2010年8月15日发布公告称,农行首次公开发行A股超额配售选择权已于8月13日行使。

此前,农行H股联席簿记管理人已于7月29日全额行使H股超额配售选择权。至此,农行总融资规模达到221亿美元,创下全球IPO新纪录。中国工商银行于2006年首次公开发行集资约219亿美元,为此前全球规模最大的IPO。

资料来源:新华网,2010年8月15日消息。

四大行在开拓新的资本金补充渠道方面不约而同地选择了上市发行普通股的方式,不能否认这对于完善其股权结构、提高其资本充足率、加强资本实力支持未来业务规模扩张具有重要意义。但是,经过近几年来的高速发展之后,资本金不足的问题仍然继续困扰着包括四大行在内的中国银行业。

2005年之后,占据中国银行业主体地位的4家国有控股银行和13家股份制商业银行主要是通过发行普通股和可转换公司债券的方式来补充核心资本,间或通过发行长期次级债券的方式来补充附属资本。如果剔除中国银行业近些年来通过发行普通股募集的资本金数量,根据银监会公布的数据进行估算,中国银行业整体的资本充足率水平早就降到监管标准之下了。由此产生的一个问题是,为什么各种类型的商业银行都倾向于发行普通股筹资呢?除此之外还有其他资本筹集方式吗?

以上海浦东发展银行为例。浦发银行于1999年首次上市发行股票,募集资本金40亿元,其后在2003年和2006年,浦发银行又通过两次公开增发股票募集资本25亿元和59亿元。2009年9月,浦发银行通过向9家国内法人和自然人非公开发行股票的方式筹集资本148.26亿元。2010年3月,浦发银行发布公告称,准备向中国移动集团广东有限公司定向增发股票,筹集资本398亿元。2010年8月底,定向增发完成,中国移动广东公司成为仅次于上海国际集团的浦发银行第二大股东。无独有偶,2002年进行IPO的招商银行2004年11月在上海证券交易所发行65亿元可转换公司债券,2006年9月在香港联

交所发行 H 股筹资 205 亿元。2009 年 9 月，招商银行发布公告称，将对所有原股东实行 A＋H 配股融资，拟筹集不少于 180 亿元的资本金。2010 年 3 月底，配股完成，共募集资本净额 215 亿元。其他股份制商业银行的做法与这两家类似，已经上市的银行越来越频繁地通过股票市场融资，融资规模也越来越大，还未上市的银行则千方百计地申请上市。2010 年 8 月，经过两年多积极筹备和反复申请的中国光大银行终于成功登陆上海 A 股市场。

不仅仅是规模中等的股份制商业银行迫切地需要发行普通股筹集资本，就连年度净利润动辄上千亿的国有控股商业银行也把股票市场当成是随时满足资本需求的"自动提款机"，详见材料 4。

材料 4

工行、中行、建行、交行四家上市大行终于选择了同样的再融资模式：A＋H 配股。

2010 年 7 月 28 日，工商银行发布公告称，拟采取 A＋H 股配股方式，募集资金总额不超过人民币 450 亿元，扣除发行费用后，所募资金将全部用于补充资本金。

事实上，在中国银行本月初公布 A＋H 配股融资 600 亿元之后，市场就曾有消息称，工行亦将步中行后尘，选择 A＋H 股配股融资。而 28 日，工行公告证实了上述消息。

至此，此轮大行再融资终于尘埃落定。工行、建行、中行、交通银行四家大行公布的再融资规模总计达到 2 870 亿元。其中，中行 A＋H 配股融资 600 亿元，外加发行 400 亿元 A 股可转债，总计融资 1 000 亿元；工行 A＋H 配股融资 450 亿元，外加发行 250 亿元 A 股可转债，总计融资 700 亿元；建行 A＋H 配股融资 750 亿元；交行 A＋H 配股融资 420 亿元。

资料来源：《第一财经日报》，2010 年 7 月 29 日。

对于银行业而言，2010 年甚至可以称为是"配股年"。除前述工行、中行、建行、交行四家大行同时实行 A＋H 配股之外，兴业银行、招商银行、南京银行也在当年进行了配股融资。3 月，招商银行 A＋H 配股计划完成，共计募资 217.4 亿元；6 月，兴业银行 A 股配股成功，募集资金总额为 178.64 亿元；11 月，南京银行配股完成后共计募资 48.64 亿元。2011 年 6 月，中信银行也进行了配股，融资 175.61 亿元。

除上市融资外，为满足监管要求，大型商业银行在主要股东支持下也主动通过内部积累的方式为商业银行补充资本金。但效果究竟如何，市场人士仍然持有不同看法。见材料 5。

材料 5

2012 年 2 月 3 日，新浪财经经中央汇金公司官方网站获悉，中央汇金公司拟将工行、中行、建行三行 2011 年分红比例下调 5 个百分点至 35％，同时维持农行 35％ 的现金分红比例不变。

汇金公司表示，为提高大型银行通过自身积累支持可持续发展的能力，拟支持三行将2011 年分红比例继续下调 5 个百分点至 35％，农行维持 35％ 的现金分红比例不变。汇金

公司曾在 2009 年、2010 年连续两年推动工行、中行、建行三行降低现金分红比例 5 个百分点，2009 年汇金公司的原话是："支持三行将 2009 年的现金分红比例由 50% 降至 45%，以提高三行通过内部积累补充资本的能力。"至此，工行、中行、建行三大行现金分红比例已由 2009 年的 50% 降至现在的 35%。

有券商人士对新浪财经表示，银行的盈利能力模式如不改变，上述行为的效果有限。"少分红只是暂时增厚了资本金，但银行资本充足率年年都会出问题。"

资料来源：新浪财经，2012 年 2 月 3 日，有删改。

2015 年 3 月，全国两会期间，时任中国投资有限责任公司副总经理、中央汇金投资有限责任公司副董事长的汪建熙表示，从中央汇金公司的角度来看，支持银行适当降低分红比例，让其有更多的资金满足发展的需要。中央汇金公司控股参股的金融机构包括工行、农行、中行、建行四大国有商业银行，以及国开行、光大银行等。汪建熙表示，作为汇金公司，一方面希望银行仍然能提供合理的回报，另一方面，银行资本也要满足自身持续发展的需要。"银行仍然是中国资金配置的主渠道。在应对金融危机时，银行贷款增速比较快，这种情况下，银行资本金需要不断补充。"虽然此后并无汇金公司正式发文支持银行降低分红比例的相关报道，但从其控股参股银行之后实际的分红比例来看，已经"悄悄地"将分红比例降低到了 30% 以上。2015—2017 年三年间，工行、农行、中行、建行、交行五大行的现金分红比例均维持在等于或略高于 30% 的水平，如农业银行 2017 年的现金分红比例为 30.01%。

五大行的分红政策表现尚好，其他上市银行多数便等而下之了。由于是否分红以及分红多少是上市公司章程以及招股说明书等系列公告中与投资者自行约定的，监管部门一般不干涉分红政策。除招商银行仍能维持略高于 30% 的现金分红比例之外，其他股份制商业银行中分红比例更低，大多只有 10%～20%。实际上，银行分红表现与其资本充足率的状况有极大关联，经常是看其"脸色"行事。"分红率的调整，很大程度与其盈利水平、资本充足率的变化及公司发展的规划有关。"某券商的银行分析师如此表示。

三、后危机时代的资本监管和资本补充

2007 年的次贷危机和 2008 年的全球金融海啸暴露了商业银行体系及其监管制度的脆弱性，使对商业银行的资本监管进入了一个新的时代，各国结合金融危机中暴露出来的新问题而纷纷改革原有的资本监管体系。在国际清算银行巴塞尔委员会的主导下，巴塞尔协议的进一步修订加速进行，促使了"巴塞尔Ⅲ"系列监管新规的出台。与《巴塞尔协议Ⅱ》相比，2010 年年底出台的"巴塞尔Ⅲ"系列新规在资本定义、资本类型、监管标准等方面提出了更为严格的要求。"巴塞尔Ⅲ"中把监管资本分为一级资本和二级资本，其中一级资本又分为核心一级资本和其他一级资本。对资本充足率的监管，首先是对资本的要求包括最低资本要求、留存缓冲资本要求和逆周期缓冲资本要求三类。其中最低资本要求为，核心一级资本充足率不得低于 4.5%，一级资本充足率不得低于 6%，资本充足率不

得低于8%;留存缓冲资本要求为2.5%;逆周期资本要求为0～2.5%,由各国监管当局自行决定。对于系统重要性银行,还会有附加的资本要求。

与西方发达国家相比,中国的资本市场发展仍显滞后,市场广度和深度不够,资本工具种类不足,因此对银行业的资本监管和商业银行的资本充足性问题有所不同。如何借鉴国际银行业对资本监管的最新理论和方法制定出一套符合我国商业银行实际情况的监管办法,以及我国银行业如何应对新形势下的资本金补充问题,都需要业界和学界共同进行思考和应对。材料6为2012年6月银监会发布的《商业银行资本管理办法(试行)》中的部分条文,体现了后危机时代中国在借鉴国际经验基础上所作出的对商业银行资本监管的新要求。

材料6

第三条 商业银行资本应抵御其所面临的风险,包括个体风险和系统性风险。

第二十条 商业银行总资本包括核心一级资本、其他一级资本和二级资本。

第二十一条 商业银行风险加权资产包括信用风险加权资产、市场风险加权资产和操作风险加权资产。

第二十二条 商业银行资本充足率监管要求包括最低资本要求、储备资本和逆周期资本要求、系统重要性银行附加资本要求以及第二支柱资本要求。

第二十三条 商业银行各级资本充足率不得低于如下最低要求:

(一)核心一级资本充足率不得低于5%。

(二)一级资本充足率不得低于6%。

(三)资本充足率不得低于8%。

第二十四条 商业银行应当在最低资本要求的基础上计提储备资本。储备资本要求为风险加权资产的2.5%,由核心一级资本来满足。

特定情况下,商业银行应当在最低资本要求和储备资本要求之上计提逆周期资本。逆周期资本要求为风险加权资产的0～2.5%,由核心一级资本来满足。

第四十六条 商业银行可以采用权重法或内部评级法计量信用风险加权资产。

第一百二十五条 商业银行制定资本规划,应当综合考虑风险评估结果、未来资本需求、资本监管要求和资本可获得性,确保资本水平持续满足监管要求。资本规划应至少设定内部资本充足率三年目标。

第一百二十八条 商业银行应当优先考虑补充核心一级资本,增强内部资本积累能力,完善资本结构,提高资本质量。

资料来源:中国银行业监督管理委员会,《商业银行资本管理办法(试行)》(节选),2012年6月7日。

材料7是银监会对2012年所制定的新的资本管理办法的说明。

材料7

银监会国际部主任范文仲日前表示,银监会将积极推动商业银行拓宽资本补充渠道。一方面鼓励商业银行提高利润留存比例,扩大内源性资本补充;另一方面积极探索通过发行优先股、创新二级资本工具或开拓境外发行市场等方式筹集资本。

2012 年 6 月 8 日,广受关注的《商业银行资本管理办法(试行)》(以下简称《资本办法》)终于正式对外公布。

范文仲说:"与国外银行相比,中国银行业的资本结构相对简单,普通股占绝大多数。在《资本办法》起草过程中,很多商业银行以及相关部门均提出希望能加大资本工具创新力度,拓宽资本补充渠道。"范文仲认为,《资本办法》总体影响积极、正面,有助于提升商业银行风险管控能力,引导商业银行转变发展方式,促进商业银行支持实体经济发展。

本轮金融危机的突出教训之一,就是欧美银行资本工具的损失吸收能力严重弱化,相当一部分资本工具不能在危机时期用于吸收损失,从而扩大了危机的负面影响。为此,"巴塞尔协议Ⅲ"大幅度提高监管资本工具的质量要求,包括各类资本工具合格标准、资本扣除项目等。

范文仲介绍说,《资本办法》按照"巴塞尔Ⅲ"的最新要求,明确了各类资本工具的合格标准和资本调整项目,特别是强化了对各类资本工具的损失吸收能力的要求;同时适度放松了国内现行规则中比"巴塞尔Ⅲ"严格的资本扣除规定。

为缓解商业银行补充资本的压力,《资本办法》允许商业银行在并行期内将更多超额贷款损失准备计入二级资本,并对国内银行已发行的不合格资本工具给予 10 年过渡期。

资料来源:财经网,2012 年 6 月 11 日。

从材料 6 可以算出,如果按照新的资本管理办法来执行,一家普通商业银行的资本充足率要达到 10.5%～13%,核心一级资本充足率要达到 7.5%～10%,对于系统重要性银行,这个要求会更高。尽管新的监管标准设置了一段较长的过渡期,银行不用立即符合新要求,但更高的监管标准肯定会激发商业银行新的一轮补充资本金、尤其是核心一级资本的行动。本来就对资本金极度饥渴的各家银行,面对提高了监管标准,会采取何种方式来补充资本呢?

如范文仲所说,"中国银行业的资本结构较为简单,以普通股为主",监管部门又要求优先考虑补充核心一级资本,因此发行股票成为大多数银行的首要选择。在补充其他一级资本和二级资本上,监管部门在 2012 年之后也开始出台新规引导银行开拓多样化的资本补充方式。

2012 年之后,商业银行为了筹集到资本金,IPO、增发、配股等不同的股票发行方式轮番登场,普通股、优先股、可转债等不同的融资工具一起上阵。而且,除了在境内 A 股市场筹资之外,香港 H 股市场上也不乏中国银行业的身影。中国光大银行在 H 股的曲折上市之路就是一个明显的例子。

2010 年 8 月,光大银行 A 股上市时原本计划 A＋H 两地上市,但因国际金融危机导致全球股市低迷,光大银行 H 股上市计划不得不搁浅。2011 年 6 月,光大银行 H 股上市方案获得监管部门批准,但又遇欧债危机,不得不再次推迟。2012 年,光大银行第三次重启 H 股上市计划,6 月获得批准,这次由于市场持续低迷,为保护股东利益,光大银行主动

暂缓上市。2013年3月,有媒体报道光大银行准备第四次重启H股IPO之路,拟合计发行总规模不超过120亿股,筹资约386亿人民币。12月10日,光大银行公布H股招股说明书,13日确定最终发行价格,20日上市交易,从公开招股到上市只用了10天时间,赶在年底的会计核算前完成了H股首发筹资。此次H股IPO共计募集资本金净额248.52亿港元(约196亿人民币),全部用于补充核心一级资本。但与最初计划筹资金额相比,光大银行的H股IPO募资额遭遇腰斩。

号称是中国最大零售银行的中国邮政储蓄银行先是于2015年年底向有关战略投资者非公开发行116.04亿股,募集资本金共451.4亿元人民币。随后于2016年9月28日登陆香港股票市场,共发行H股124.27亿股,募集资本金共591.5亿港元。2017年8月29日,邮储银行发布公告称拟申请发行A股,发行数量不超过约51.72亿股,而这离其H股上市还不到1年时间。但截至2018年10月,邮储银行的A股上市计划还未成行。

除了大中型银行,位于中国银行业第三梯队的城市商业银行和农村商业银行也开始了上市筹资之路。2007年时只有宁波银行、南京银行、北京银行三家中小型银行在A股上市。9年之后的2016年8月,江苏银行的A股上市掀起一波城商行与农商行上市的热潮,上海银行、贵阳银行、杭州银行等也陆续登陆A股市场。但是,由于A股市场制度仍不健全,牛短熊长,股票首发上市和再融资仍实行审批制,证监会因而经常有意控制股票发行节奏以避免对市场造成"抽血"效应。高峰期有近千家公司排队等候上市,这造成了媒体所称的拟上市公司"堰塞湖"现象。一些等不及在A股上市的中小银行纷纷跑到香港发行H股,包括重庆农商银行、哈尔滨银行、浙商银行、徽商银行、郑州银行、青岛银行等。

除了上市发行普通股筹资,监管部门也有意引导银行开拓多样化的资本补充方式。2014年3月21日,证监会发布《优先股试点管理办法》,允许上市公司公开或非公开发行优先股筹资。《优先股试点管理办法》中的第二十二条、第二十八条、第三十三条等条款还对上市银行发行优先股做了更为灵活宽松的规定。4月3日,银监会、证监会联合发布了《关于商业银行发行优先股补充一级资本的指导意见》,文中明确提出商业银行有权取消优先股的股息支付且不构成违约,且未向优先股股东足额派发的股息不累积到下一计息年度,以及须设置将优先股强制转换为普通股的条款。优先股可以补充其他一级资本,提高一级资本充足率。

中国银行成为第一家发行优先股的银行,其中2014年10月香港市场非公开发行399.4亿元,股息率6.75%;11月和次年3月在上海证券交易所非公开发行优先股合计600亿元;三次发行累计筹集资金近1 000亿元。发行数量较多的还有中国农业银行,已发行优先股8亿股,募资800亿元。发行优先股数量最少的是宁波银行,发行0.485亿股,募资额为48.5亿。根据wind资讯统计,从2014年3月到2018年10月,A股市场上有17家银行共25次成功发行优先股,合计募资5 600亿元。此外,少数非公开上市的银行也通过新三板系统发行过优先股。优先股已经成为商业银行补充其他一级资本的重要方式,在当前中国资本市场工具不足的现状下,甚至可以说是唯一的工具。

材料 8

长江商报记者梳理发现,新近上市的江苏银行、杭州银行及浙商银行在挂牌交易不到半年,就"心急火燎"地操刀优先股发行,三家共拟募资 450 亿元。

事实上,A 股市场中这类既像股票又像债券的优先股,规模并不庞大。《长江商报》记者依据 Wind 数据统计,曾经的 16 家上市银行有 13 家发行过优先股。

2017 年 2 月 23 日,一家曾发行优先股的上市银行相关负责人向《长江商报》记者表示,优先股具有财务风险小、不影响普通股权益及控制权、类似于永续性借款等特点,发行优先股成为众多银行补充一级资本的主要途径。

提到优先股,部分上市银行颇有些"迫不及待"。

最"着急的"当属江苏银行。2016 年 8 月 2 日在 A 股挂牌交易的江苏银行,刚通过 IPO 募资 72.38 亿元,仅仅 3 个月后,其又提出拟非公开发行优先股。一家曾发行优先股的股份制上市银行人士告诉《长江商报》记者,江苏银行等急于发行优先股,或缘于其融资承压,补充资本较为迫切。江苏银行 2010 年递交 IPO 申请,2012 年出现在证监会首批公布的 14 家排队上市地方银行名单中,后因多种原因一拖再拖,直到 2016 年 8 月才得以成功。而从首发募资看,该行原本计划发行不超过 26 亿股,结果只发行 11.5 亿股,不到计划的一半。

除了江苏银行,杭州银行和浙商银行也对发行优先股之事也比较积极。

2016 年 10 月 27 日,杭州银行通过 IPO 登陆上交所,首发募资 37.67 亿元。时隔 3 个月的 2017 年 1 月,该行就提出发行优先股。其方案为拟发行优先股总额不超过 1 亿股,募集资金总额不超过人民币 100 亿元。同样,在 H 股挂牌的浙商银行披露发行优先股的计划距离其上市之日的间隔时间只有 5 个月。2016 年 3 月,浙商银行登陆港交所,8 月就披露了其优先股发行计划,拟在境外非公开发行总规模不超过 1.5 亿股优先股,募集资金不超过等值人民币 150 亿元。

上述三家银行均披露了发行优先股的目的,均为用于补充一级资本。而杭州银行在关于优先股发行方案中还重点提及原因。杭州银行称,本次优先股发行将进一步提升公司的资本充足率水平,满足各项业务持续稳健发展和资产规模适度扩张的资本需求,对提高公司资本质量和资本充足率水平,支持业务持续健康发展,提升竞争力水平、提高盈利能力,加快建设富有特色、具有核心竞争优势的一流商业银行具有重要意义。

杭州银行、无锡银行、江阴银行、常熟农商行等新上市银行,首发上市时实际发行股份及募资额均较计划大幅缩水。其中,无锡银行实际发行股份数量还不到原计划的 1/3。这些银行自然对继续补充资本金有着非常迫切的需求。

上述上市银行人士表示,近年来,不少银行布局规模扩张及业务转型,需要充足的资本做后盾,为支撑战略布局,多数银行谋求再融资。再看优先股,因其不上市流通,对二级市场影响很小,加上风险收益特征介于债权和普通股权之间,设计灵活,所以成为大多数银行再融资首选。

优先股发行尚在路上的还有民生银行等。目前,民生银行的优先股方案已获得银监会批准。而建设银行的优先股方案及宁波银行、民生银行的第二轮优先股发行方案已获得股东大会审议通过。

资料来源:《长江商报》,2017 年 2 月 27 日,有删改。

由于优先股具有非累积计息特点和触发条件下强制转换为普通股的条款,以及在破产清算时损失吸收义务上仅次于普通股的地位,因此在理论上应该有仅次于普通股的回报率。我国商业银行的普通股股本回报率常年维持在 15% 以上,近些年略有下滑,但是从已发行优先股来看,票面股息率远低于此。现行优先股多采取浮动利率,以 5 年为一个票面股息率调整期,实际的付息率自 2014 年之后基本呈下行趋势,最高者是中国银行 2014 年 11 月在香港发行的境外优先股,为 6.75%,最低者是 2016 年 11 月中信银行优先股,其票面股息率仅 3.8%。如此低的股息率与优先股在损失吸收能力上第二排序的地位以及优先股发行协议中针对投资者的众多不利条款的情形并不相符。有业界的研究指出,我国商业银行发行优先股的股息率与国外同类银行相比低 2%~3%;即使以国内 5 年期国债作为参考基准利率,充分考虑优先股的信用风险、流动性风险和期限风险溢价,则系统重要性银行的优先股股息率合理定价区间为 6.89%~9.01%。我国当前的优先股发行全是非公开发行,向既定的投资者配售,因此市场化程度低,流动性也差。因此,尽管上市银行发行优先股的需求迫切,但市场似乎并不买账。从 wind 资讯统计来看,优先股发行从董事会预案公告到成功上市发行,间隔的时间越来越长。2014 年时一般需要 6 个月至 10 个月,2017 年之后则至少在 1 年以上。

2018 年 8 月 30 日,工商银行董事会发布公告,拟在境内市场非公开发行优先股,募资总额不超过 1 000 亿元。10 月 29 日,中国银行发布公告,董事会会议通过了境内外非公开发行优先股方案,拟在境内外非公开发行总数不超过 12 亿股优先股,总金额不超过 1 200 亿元。其中,在境内市场发行额不超过人民币 1 000 亿元,境外市场发行额不超过等额人民币 400 亿元。两家"巨无霸"银行对发行优先股补充资本金的需求也如此迫切,方案一出即震惊市场。

一度在 2010 年前后大行其道的商业银行配股融资方式,由于市场形势的变化在此后鲜有出现,仅招商银行在 2013 年 9 月进行过一次 A＋H 配股,合计募资 338.26 亿元,其他银行均未通过配股方式筹集资本金。由于配股是向既有股东按比例摊派销售股份,在 A 股市场长期低迷的背景下很容易被市场质疑为"圈钱",监管层也有意抑制上市公司的配股行为。

发行可转换债券是另一种筹资方式,可转债的持有人可以在特定时间窗口内,将其购买的债券按约定的价格转换成该公司的普通股。在转股之前,其债底价值部分核算在负债,而剩余的小部分(即期权价值)核算在权益,并计入核心一级资本。我国上市银行发行可转债的目的不在于筹集普通债务资金,而在于投资者转股后补充核心一级资本,因此发行时票面利率极低,且在赎回条款、回售条款、股价向下修正条款等的设计上也倾向于督促投资者在转股期内进行转股。

但是,可转债开始转股至少要等待发行结束之后6个月,并满足条件触发相应条款方可开始转股,再加上前期发行核准的时间,从意愿发债到开始转股,一般至少需要两年时间。而且,我国可转债的最长期限为6年,实践中银行发行的可转债也均为最长期限,转股进程理论上是整个债券的存续期,因此要使全部可转债转股后计入核心一级资本,可能还需要更长的时间。从这两个原因来看,可转债比较适合资本充足状况无近忧,但有远虑的上市银行发行。对于资本金状况经常处于"饥渴"状态的我国银行而言,远水难解近渴,因而可转债可能不是一个理想的资本补充方式。事实上也是如此。工行、中行曾经在2010年发行过可转债,此后2013年民生银行、2017年光大银行两家股份制银行发行了可转债。2017年底至2018年8月,只有宁波银行、常熟农商银行、江阴农商银行、无锡农商银行、吴江农商银行5家小型银行发行了可转债。

以盈利补充资本金的内部积累方式如何呢?如前文所述,除五大行和招商银行之外,其他大多数银行的现金分红比例已经降到了10%,即使不分红,又能补充多少资本金呢?

综上所述,对于已经上市的大中型银行而言,优先股只能满足其他一级资本要求,配股和可转债方式已经式微,盈利转增资本的招数已经用老。似乎只有增发新股一条路了。但中国股票市场长期低迷,公开增发股票难度很大,投资者和监管层都不一定买账。那么,还有哪种方式能解决日益加重的资本补充压力呢?

四、定向增发:银行再融资补充资本的新宠

所谓定向增发,是指上市公司向符合条件的少数特定投资者非公开发行股份的行为。定向增发也可称为私募股权发行,中国证监会的监管文件中则称为"上市公司非公开发行股票"。在西方国家的资本市场,定向增发通常是发生企业并购、资产重组、引入战略投资者、重大资产收购等行为时采用的一种手段,其目的一般不是融资。在我国,定向增发成为上市公司在市场低迷时期向特定少数投资者非公开募集资本金的一种重要方式,其中银行类上市公司更是深谙此道。在这一过程中,由于增发对象、增发价格、增发条件等问题的频频出现,也引起了市场的一些质疑和批评。

对于定向增发筹集资本金,浦发银行是个中高手。除前文所提到的两次定向增发之外,2016年3月和2017年9月,浦发银行又进行了两次定向增发,共计募集资本金311.82亿元。2016年的增发对象是大股东和机构投资者,2017年的增发对象则是大股东及其关联方。而后一次增发因为定价问题还引起了中小股东的抗议,惹起一场风波。见材料9。

材料9

2017年3月,一位投资者的电话触动了《每日经济新闻》记者的神经末梢,这位投资者讲述了浦发银行拟以低于2016年年末每股净资产9.46%的价格向大股东及其子公司低价定增的事情。

《每日经济新闻》记者通过统计发现,9.46%的折价率这不仅创下银行板块的折价纪录,也创下了整个A股市场十多年现金定增历史的最高折价纪录。

若以3月21日最近20日均价计算,浦发的市场价为16.43元,增发的市价折价率也就高达13.82%,募集资金为148.3亿元,这意味着低价定增一旦实施,大股东将立刻获得23.77亿元的账面收益;同时,增发也会摊薄老股东的每股收益和每股净资产,那么无论是按照PE估值法还是PB估值法,都会拉低股价,老股东利益面临损失。

对于浦发的低价定增,监管部门没有沉默。

2017年2月22日,证监会要求浦发银行就其定向增发的几个问题作出回应。其中,证监会对于定增价格是否低于2016年每股净资产的提问格外引人关注。令人不解的是,对于证监会明确的每股净资产参照2016年期末数据,浦发银行的回复却为2015年期末数据。

6月5日,证监会继续向浦发银行发函问询"发行价是否低于发行前和2016年度每股净资产,是否落实保护投资者利益的要求?"6月28日,浦发银行回复证监会称,为了使发行价格更具有市场合理性,将定增的发行定价基准日修订为了股票发行期首日;经调整后的发行价格不会低于发行前最近一期末经审计的归属于母公司的普通股股东的每股净资产。至此,几经波折,浦发银行终于将增发价提高到不低于2016年每股净资产。

浦发银行的此次增发价格,从10.74元/股至少提高至11.88元/股,提高10.61%。此次增发也从净资产折价率创历史纪录的折价发行,变为平价发行或者溢价发行。从而避免每股净资产被摊薄,中小股东利益得以保护。《每日经济新闻》记者注意到,根据新的方案,发行股份数量也发生相应变化,将由不超过13.81亿股调整为不超过12.48亿股。同调整前相比,减少发行股份1.33亿股,中小股东股份也避免被低价增发过度稀释。

资料来源:《每日经济新闻》,2017年6月29日,有删改。

2017年9月6日,浦发银行发布公告称定增完成,发行12.48亿股,发行价格为每股人民币11.88元,共计募集资金148.3亿元。此前所有的银行股定向增发案例中无一例相对于每股净资产折价发行,溢价率从0至387%不等。由于近些年银行股价下行,部分银行市净率已经在1之下,浦发银行本欲开折价发行的先河,在中小投资者、媒体和监管层三方合力监督下终于未能成行。

2018年5月29日,农业银行发布公告称,其非公开发行A股股票的申请已获证监会审核通过,发行的股票数量不超过274.73亿股,募集资金总额不超过人民币1000亿元,用于补充银行资本金。非公开发行对象共7名,分别为汇金公司、财政部、中国烟草总公司、上海海烟投资管理有限公司等,认购均以现金方式进行。公告一发布即震惊市场,马上被媒体称之为"A股史上最大规模再融资"。7月3日,农行定增完成,募集资本净额999.89亿元,将全部用于补充核心一级资本。由于有浦发银行的前车之鉴,此次农行定增价格也是按照最近一期的每股净资产定价,该价格甚至要比增发日当天市场收盘价高14.7%,相当于参与增发的7家公司一买入就被套,因而被一些二级市场投资者戏称是

"人傻钱多""有钱任性"。

根据 wind 统计，自 2008 年 10 月至 2018 年 7 月的近 10 年间，共有 10 家银行进行了 20 次定向增发，募资合计 4 175 亿元。其中浦发银行和平安银行各 4 次，华夏银行、兴业银行、北京银行、宁波银行各 2 次，农业银行、交通银行、中信银行、南京银行各 1 次。然而，2018 年 7 月 30 日晚间，南京银行发布公告称，其第二次定向增发计划被证监会否决，原筹资 140 亿元的计划落空。随后有媒体刊文指出，定增未通过后，南京银行地方政府资产比重偏大、风险隐患较大的高资本消耗型运营模式亟待改变。

其实，要改变高资本消耗运营模式的，何止是南京银行一家。

五、银行业资本金补充：新监管、新工具、新任务

21 世纪初以来中国银行业的资本金困境可从内外两个层面来理解。从外部环境来看，中国经济的高成长以及产业结构的重工业化导致对资金的需求旺盛，在中国金融系统以商业银行为主导的条件下，社会的资金融通多数时候八成以上都要通过银行系统来完成，这给银行带来了较大的资产经营压力。内部经营体制上，在利率还没有实现市场化、银行业仍然存在较高垄断程度条件下，商业银行只要简单地进行存贷款业务"吃利差"就可以获得高额利润，服务意识不强，改革动力不足。2013 年之后，中国经济逐渐进入中低速增长的"新常态"，一些行业无序竞争导致的产能过剩、库存高企等现象开始蔓延，加上部分企业负债率过高导致经营效益下滑，都给银行业经营带来很大压力。而银行业准入的放松、利率市场化的完成、互联网金融的冲击等因素使银行业利润下滑、不良贷款上升，这些因素都在倒逼银行业进行经营转型。

中国银行业旧的发展模式属于资本消耗型，主要收入来自于存贷款利差，对资本补充的需求很大，而未来的发展方向，可以考虑向轻资产、服务型经营模式转型，以为客户创造价值为中心，大力发展低资本占用型业务，提高中间业务收入，降低对资本金补充的依赖。在这方面，招商银行的做法或许可为其他银行借鉴。近几年来，在宏观经济下行压力下，多数银行的营业收入和经营利润增速仅有个位数，甚至是负增长，而招商银行还能维持 10% 以上的净利润增速，这与其早就开始向轻资产、服务型模式的转型密切相关。近些年招商银行的定向增发、可转债发行等相对较少，但资本充足率仍然保持稳定，甚至还有所上升，这同样是其经营模式转型的结果。

银监会在 2012 年 6 月颁布的《商业银行资本管理办法（试行）》设置了 6 年过渡期安排，各商业银行的资本充足率最迟应该在 2018 年年底达到新的监管要求。具体监管标准包括，商业银行需要达到的核心一级资本充足率、一级资本充足率及资本充足率分别为 7.5%、8.5% 及 10.5%，国内系统重要性银行的资本要求则分别为 8.5%、9.5% 及 11.5%；对于被认定为具有全球系统重要性的银行，则所适用的附加资本要求不得低于巴塞尔委员会的统一规定。

2014 年 11 月，G20 框架的下设机构全球金融稳定理事会（FSB）向 G20 领导人峰会

提交了关于金融机构金融监管的最新建议,提出要全面提升全球系统重要性金融机构的"总体风险损失吸收能力"(Total Loss Absorbing Capacity,TLAC),防范"大而不倒"所带来的道德风险,这被称为 TLAC 资本监管标准。2015 年 11 月,G20 领导人土耳其峰会正式批准实施 TLAC 资本监管标准。TLAC 监管与"巴塞尔Ⅲ"资本要求存在一致性,TLAC 要求包含"巴塞尔协议Ⅲ"中 8% 的最低资本要求,但不包含"巴塞尔协议Ⅲ"的资本缓冲要求(2.5%)和全球系统重要性银行的附加资本要求(1%~3.5%)。根据最终方案,TLAC 给予了新兴市场国家的全球系统重要性银行过渡期安排,最晚应在 2025 年和 2028 年分别达到 16% 和 18% 的 TLAC 监管要求。有学者测算,对于系统重要性银行,TLAC 叠加"巴塞尔Ⅲ"之后的总资本要求需要达到风险加权资产的 19.5%~26.5%。

从中国银行业的资本结构与来源看,资本工具主要包括普通股、优先股、可转债和二级资本债券等,补充方式主要是 IPO、增发新股、发行优先股、发行可转债和二级资本债券等。当前国际上主流的资本补充工具——资本补充债券,我国仅有二级资本债券一种,品种单一且只涉及二级资本补充。与"巴塞尔Ⅲ"体系和 TLAC 监管规定中所提出的资本工具品种相比,我国银行业的资本补充工具品种非常有限,未来可开发的空间很大。

2018 年 3 月 12 日,银监会发布《关于进一步支持商业银行资本工具创新的意见》,要求积极支持商业银行资本工具创新的有益探索,拓宽资本工具发行渠道,增加资本工具种类,扩大投资主体范围,改进资本工具发行审批工作等。该文中要求"增加资本工具种类……研究完善配套规则,为商业银行发行无固定期限资本债券、转股型二级资本债券、含定期转股条款资本债券和总损失吸收能力债务工具等资本工具创造有利条件"。

对我国商业银行而言,旧的资本工具的开发和运用仍然存在诸如对少数工具依赖过多、工具发行交易市场化程度不高等问题,而创设新的资本工具实际上并不仅仅取决于银行自身,与中国整个资本市场发展的进程密切相关。未来,在日趋严格的内外部监管环境下,在中国宏观经济下行的压力下,中国银行业任重而道远,且行且努力吧。

案例思考

1. 查找资料,对比分析"会计资本"和"监管资本"两个概念的内涵,并指出其联系和区别。

2. 根据案例中所述,试思考我国的国有商业银行在 2005 年之前和 2005 年之后其所面临的资本金困境的主要原因各是什么?

3. 从理论上讲,发行普通股筹集资本会摊薄现有股东的股权,减少其未来预期收益,因此是银行代价最高的一种外源融资方式。但在我国,为何众多商业银行都倾向于通过发行股票筹集资本? 查阅相关研究和文献,试回答此问题。

4. 案例中对商业银行补充二级资本的内容涉及较少,请查找资料和数据,描述一下我国商业银行二级资本的类型和发行情况。

5. 任选一家上市银行,查找资料和数据,描述其从 21 世纪初以来的资本充足率变化情况和资本补充的过程。

6. 2008年9月的全球金融危机爆发之后，国际银行业的监管当局（巴塞尔委员会）于2010年底迅速推出了关于商业银行资本监管的新规定。查询了解相关国际监管法规和中国发布的新监管办法，试思考在新要求下商业银行应该如何补充资本金以满足监管规定。

7. 试思考中国资本市场和股票市场发展与商业银行资本补充之间的关系。

8. 查找近些年来中国商业银行进行定向增发筹集资本金的具体案例，全面分析该种融资方式引起的争议及存在的问题。

9. 查找文献，从监管思想、资本定义、监管标准、执行安排等方面对比巴塞尔委员会和金融稳定理事会对商业银行资本监管之间的异同点。

10. 查找相关数据和研究文献，深入思考近些年来我国银行业资本金缺乏的原因，并对改善其补充方式提出你的看法和建议。

案例5 《巴塞尔协议》的前世今生

学习目标

1. 掌握巴塞尔委员会对于商业银行资本监管的监管思想演变状况

2. 了解《巴塞尔协议Ⅰ》出台前后的历程、主要内容及实施情况

3. 了解《巴塞尔协议Ⅱ》出台前后的历程、主要内容及实施情况

4. 了解2008年全球金融危机对《巴塞尔协议Ⅱ》的实施所造成的影响,以及巴塞尔委员会对此的应对措施

5. 了解"巴塞尔Ⅲ"体系的主要构成及各监管文件的主要内容

案例介绍

一、巴塞尔委员会简介

提到银行监管,就不能不提到巴塞尔委员会。巴塞尔委员会是"巴塞尔银行监管委员会"的简称,是国际清算银行的一个下属机构,其办公地点设在国际清算银行的总部——瑞士的巴塞尔。国际清算银行成立于1930年5月,最初创办的目的是为了处理第一次世界大战后德国的赔偿支付及其有关的清算等业务问题,第二次世界大战后,它成为经济合作与发展组织(OECD)成员国之间的结算机构。当前,国际清算银行的宗旨定位于为各国中央银行追求货币和金融稳定提供服务,促进各国中央银行之间在这些领域内的合作。

巴塞尔委员会于1974年年底由十国集团中央银行行长倡议建立,是一个由各国中央银行或银行监管当局为成员的委员会,其主要职能是讨论有关银行监管的问题。巴塞尔委员会成立的最初目的是通过各成员国向委员会派驻代表、各国代表每年定期召开3~4次会议的方式,为各国金融监管者提供交流共享信息和观点的平台,通过签署各种合作协议达到促进银行监管国际合作、降低银行运作风险和维护全球金融稳定的目的。

巴塞尔委员会现在拥有近30个技术机构,每年定期举行4次会议,尽管它并不拥有超越各国主权的监管特权,其公布实施的各项协议文件也并不具备法律约束力,但是因该委员会成员均是全球主要发达国家和对全球经济金融发展具有较大影响力的国家,因此一般情况下世界各国都会采取立法规定或其他措施,并结合本国实际情况,逐步实施其所制定的监管标准与指导原则。在巴塞尔委员会成立至今的40多年里,其提倡的监管标准和指导原则在国际银行业中得到广泛应用,大大提高了各国商业银行的风险管理能力。中国于2009年3月加入巴塞尔委员会,2009年6月,巴塞尔委员会邀请二十国集团

（G20）中的非巴塞尔委员会成员、新加坡以及中国香港加入委员会，至此，巴塞尔委员会的成员扩展到 27 个主要国家和地区。

《巴塞尔协议》是巴塞尔委员会制定的一系列有关银行业国际监管的规定性文件的统称，截至 2013 年，具有广泛影响力的《巴塞尔协议》共有三版，分别是 1988 年 7 月通过的《巴塞尔协议Ⅰ》、2004 年 6 月通过的《巴塞尔协议Ⅱ》和 2010 年 12 月通过的《巴塞尔协议Ⅲ》。

二、《巴塞尔协议Ⅰ》诞生的前后事

1974 年时，前联邦德国赫斯塔特银行和美国富兰克林国民银行的倒闭引起了各国中央银行的关注，并直接促成了巴塞尔委员会的成立。两家银行的倒闭分别与跨境交易和境外分支有关，它们的倒闭使监管机构在惊愕之余开始全面审视拥有广泛国际业务银行的监管问题。1975 年 9 月，巴塞尔委员会成立之后发布了第一个报告出台——《对银行国外机构的监管报告》（以下简称《库克报告》）。《库克报告》是国际银行业监管组织第一次共同对国际银行实施监管，开创了巴塞尔委员会协调各国监管政策的先例。

《库克报告》针对国际银行监管主体缺位的现实，建立了各国监管当局对银行国外机构进行监管合作的若干准则，并提出了改进其有效性的方法。但《库克报告》的内容极为简单，核心只有两点，一是任何银行的国外机构都不能逃避监管；二是母国和东道国应共同承担监管职责。作为对 1975 年协议的补充和完善，1978 年 10 月，巴塞尔委员会又发布了《综合资产负债表原则》，提出要基于银行或银行集团在各地所从事的全部业务，全面考察风险暴露程度（包括风险集中度和资产质量）、资本充足率、流动性、清偿能力、外汇业务与头寸等。但是，在各国的监管实践中，由于监管标准存在较大差异，母国和东道国常对监管责任的划分产生分歧。因此，在综合了 1978 年协议的基础上，《对银行国外机构的监管原则》（以下简称《监管原则》）于 1983 年 5 月公布。

《监管原则》基本上是前一个协议的具体化，体现了两个基本原则，一是任何银行的海外机构不得逃避监管；二是监管应当是充分的。在具体内容上明确了母国和东道国的监管责任和监督权力，以及对分行、子行和合资银行的清偿能力、流动性、外汇活动及其头寸各由哪方负责等作出了规定，以体现"监督必须充分"的监管原则。《库克报告》和《监管原则》没有实质性差异，其总体思路都是"股权原则为主，市场原则为辅；母国综合监督为主，东道国个别监督为辅"；两者对清偿能力等监管内容也都只提出了抽象的监管原则和职责分配，未能提出具体可行的监管标准。因此，各国对国际银行业的监管仍然是各自为战，充分监管的原则也就无从体现。

鉴于 20 世纪 80 年代初发生的国际债务危机给银行业带来的重大损失，以及由于各国银行对资本要求的不统一所造成的竞争不公平，1988 年 7 月，巴塞尔委员会公布了《统一资本计量与资本标准的协议》（*International convergence of capital measurement and capital standards*，以下简称《巴塞尔协议Ⅰ》）。

《巴塞尔协议Ⅰ》从资本标准和资产风险两个方面对银行提出了明确的要求,确立了以资本充足率监管为核心的资本监管框架,对商业银行的资本管理思想产生了深刻的影响。资本充足率的详细计算方法和标准主要涉及四部分内容。一是确定了资本的构成,将商业银行的资本分为核心资本和附属资本两大类。核心资本主要包括实收资本和公开储备,附属资本主要包括未公开储备、重估储备、普通呆账准备金、混合债务工具、长期次级债券等。二是在表内风险加权资产的计算中,根据资产的风险大小,将资产分为四个不同的风险档次,每个档次分别赋予其不同的风险权重(0、20%、50%、100%)。三是关于表外业务,通过一定的转换系数,表外授信业务也需按照规定进行资本计提,这样就将其也纳入资本监管框架中。四是对商业银行资本充足率的具体指标设定了最低资本要求,其中资本充足率不得低于 8%,核心资本充足率不得低于 4%。概括而言,《巴塞尔协议Ⅰ》的核心内容是关于资本的定性(即如何分类)与资本的定量(资本充足率的计算)要求的。在资本充足率的计算上,《巴塞尔协议Ⅰ》既关注到了表内业务和表外业务同样具有风险,也关注到了不同类型的资产其风险不同,因此在资本要求上应该有所不同。

《巴塞尔协议Ⅰ》通过建立一套完整的、国际通用的、以加权方式衡量表内与表外风险的资本充足率标准,从实施的角度来看更具有可行性和可操作性,有助于银行更加有效地管理风险,从而维护存款人和债权人的正当利益,维持公众对银行业的信心。《巴塞尔协议Ⅰ》开创了基于风险的资本监管先河,这是其重大创新之处,代表了银行监管的新方向;同时,它还创立了银行监管统一的国际银行监管标准和方法,为国际银行间的竞争创造了一个相对公平的外部环境。因此,经过了 4 年多的过渡期安排,1992 年 12 月 31 日之后,不仅当时巴塞尔委员会的成员国均开始在本国内实施了该协议,而且有统计数据表明,1993 年时全世界就已经有 100 多个国家和地区接受和实施了《巴塞尔协议Ⅰ》。

三、从《巴塞尔协议Ⅰ》到《巴塞尔协议Ⅱ》

20 世纪 90 年代初期以后,随着经济金融全球化的进一步发展,银行业的国际竞争日趋激烈,商业银行的创新层出不穷,最为显著的便是金融衍生产品的大量使用,使银行业务趋于复杂化。银行在经营管理过程中所面临的风险也开始多样化,信用风险之外的其他风险逐步凸显,并诱发了多起影响巨大的银行倒闭和巨额亏损事件。此外,商业银行通过开展表外业务等方式来规避管制的水平和能力也不断提高,《巴塞尔协议Ⅰ》的内容和有效性开始落后于时代的要求,因此巴塞尔委员会开始着手对其进行修订。

1991 年 11 月,巴塞尔委员会认识到准备金对银行经营的重要性及其在不同条件下的性质差异后,重新详细定义了可计入银行资本用以计算资本充足率的普通准备金与坏账准备金,以确保用于弥补未来损失的准备金计入附属资本。

1994 年 7 月,巴塞尔委员会修改了《巴塞尔协议Ⅰ》中对所有 OECD 成员国其主权风险权重均为零这一极其简单化的衡量方法,重新规定了 OECD 成员国资产的风险权重,并调低了墨西哥、土耳其、韩国等国家的信用等级。

1995 年 4 月,巴塞尔委员会对银行某些表外业务的风险权重进行了调整,并将 OECD 成员国中非中央政府公共部门机构所发行的证券当作可抵押债权。

1996 年 1 月,巴塞尔委员会推出了《资本协议关于市场风险的补充规定》(以下简称《补充规定》),这一规定是从《巴塞尔协议Ⅰ》向《巴塞尔协议Ⅱ》过渡的过程中最为重要的一次修订。

《补充规定》针对银行所面临的与日俱增的市场风险,提出对应的资本金要求,以补充和完善《巴塞尔协议Ⅰ》的风险覆盖范围。《补充规定》主要由风险测量框架和资本要求两部分组成。在风险测量框架方面,商业银行必须以量化的方式,准确计量出自己所承受的市场风险,这既包括银行从事交易性债券、股票和相关表外科目时所承受的价格变动风险,也包括银行所承受的外汇买卖和商品(如贵金属)买卖风险,而所采用的量化模型包括标准计量法和内部模型法。标准计量法是将市场风险分解为利率风险、股票风险、外汇风险、商品风险和期权的价格风险,然后对各类风险分别进行计算并加总;内部模型法是基于银行内部 VaR(Value-at-Risk)模型的计量方法,是将借款人分为政府、银行、公司等多个类型,分别按照银行内部风险管理的计量模型来计算市场风险,然后根据风险权重的大小确定资本金的数量要求。在资本要求方面,增加了三级资本的概念,在资本充足率的计算中,将市场风险可能造成损失的预测值乘以 12.5,加入原协议中的风险加权资产中作为总的风险加权资产,分子则是一级、二级、三级资本的总和。

《补充规定》的创新之处一是在于在计算风险加权资产时不仅考虑表内和表外授信业务所产生的信用风险,还考虑了银行所面临的各种市场风险可能给银行带来的损失,从而增加了银行的最低资本金要求。创新之处是在于为市场风险的计量提出了标准法和内部模型法,尤其是内部模型法,尽管其更为复杂,但更加符合银行经营管理的实践要求,避免了提出过高的资本要求。

1995 年 2 月,巴林银行因为其新加坡分行的交易员尼克·里森违规从事股指期货交易而倒闭,到 9 月又爆出大和银行纽约分行的员工账外买卖美国联邦债券造成 11 亿美元巨额亏损的事件,这使人们认识到银行业存在的问题不仅仅是信用风险或市场风险等单一风险的问题,而是由信用风险、市场风险外加操作风险互相交织、共同作用造成的。1997 年 9 月,巴塞尔委员会推出了《有效银行监管的核心原则》(以下简称《核心原则》),共提出涉及银行监管 7 个方面的 25 条核心原则。尽管《核心原则》主要解决监管原则问题,未能提出更具操作性的监管办法和完整的计量模型,但它为此后巴塞尔协议的完善提供了一个具有实质性意义的监管框架,为新协议的全面深化留下了宽广的空间。2004 年通过的《巴塞尔协议Ⅱ》中所重磅推出并具有开创性内容的银行监管的"三大支柱"在《核心原则》中就已经形成了雏形。

在《核心原则》推出之后,巴塞尔委员会就开始着手对《巴塞尔协议Ⅰ》进行全面修订。从 1999 年 6 月巴塞尔委员会发布第一份征求意见稿开始,到 2003 年发布第三份征求意见稿,经过长达五年的反复讨论和修改,2004 年 6 月,巴塞尔委员会通过了《统一资本计量与资本

标准的国际协议：修订框架》(*International convergence of capital measurement and capital standards:a revised framework*，以下简称《巴塞尔协议Ⅱ》)。

《巴塞尔协议Ⅱ》的主要内容是其所宣称的有效资本监管的"三大支柱"：最低资本要求、监管当局的监督检查和市场约束。

"最低资本要求"延续了巴塞尔委员会以资本充足率为核心的监管思路，将其视为最重要的第一大支柱。与《巴塞尔协议Ⅰ》相比，《巴塞尔协议Ⅱ》中对资本充足性的要求有三方面的完善。其一，《巴塞尔协议Ⅱ》提出了更精确和更全面的评估信用风险的方法，风险管理能力弱的银行可以采用简单易行的标准法，而鼓励风险管理能力高的银行采用初级或高级内部评级法。其二，《巴塞尔协议Ⅱ》延续了 1996 年《补充规定》中关于交易账户市场利率风险的处理方法，并对银行账户的利率风险作了进一步调整。其三，《巴塞尔协议Ⅱ》考虑到与银行内部控制密切相关的操作风险，如道德风险、法律风险、技术风险等，并要求对操作风险计提单独的资本。除此之外，《巴塞尔协议Ⅱ》还扩大了资本约束范围，这体现为要求银行将投资于非银行机构的大额投资从其资本中扣除，以商业银行业务为主导的控股公司也需受到资本充足率的约束等。

作为《巴塞尔协议Ⅱ》的第二大支柱，外部监管明确要求各国监管当局应结合各国银行业的实际风险对银行进行灵活的监管，强化了各国金融监管当局的责任。监管部门的监督检查，是为了确保各银行建立起合理有效的内部评估程序，用于判断其面临的风险状况，并以此为基础对其资本是否充足作出评估。监管当局要对银行的风险管理和化解状况、不同风险间相互关系的处理情况、所处市场的性质、收益的有效性和可靠性等因素进行监督检查，以全面判断该银行的资本是否充足。外部监管应当遵循如下四项原则。其一，银行应当具备与其风险相适应的评估总量资本的一整套程序，以及维持资本水平的战略。其二，监管当局应当检查和评价银行内部资本充足率的评估情况及其战略，以及银行监测和确保满足监管资本比率的能力。其三，监管当局应有能力要求银行持有高于最低标准的资本。其四，监管当局应争取及早干预，从而避免银行的资本低于抵御风险所需的最低水平。

第三大支柱是市场约束。市场约束的核心是信息披露，其有效性直接取决于信息披露制度的健全程度。只有建立健全的银行业信息披露制度，各市场参与者才可能估计银行的风险管理状况和清偿能力。《巴塞尔协议Ⅱ》指出，市场约束具有强化资本监管、提高金融体系安全性和稳定性的潜在作用，并在应用范围、资本构成、风险披露的评估和管理过程以及资本充足率等四个方面提出了定性和定量的信息披露要求。对于一般银行，要求每半年进行一次信息披露；而对那些在金融市场上活跃的大型银行，要求它们每季度进行一次信息披露；对于市场风险和其他重大事件，在每次发生之后都要进行相关的信息披露。

显而易见，相比《巴塞尔协议Ⅰ》而言，《巴塞尔协议Ⅱ》在监管思想上更加完善，从单一信用风险监管到全面风险监管，从商业银行的被动风险管理到更加强调其主动风险管理,激励相容的监管理念能够更有效地降低单个银行的风险和银行业整体的系统风险。在监管框架上更加科学,从单一支柱转向三大支柱,从强调定量指标转向定量指标与定性指标相结合,以及进一步强调国际合作监管等都是巨大进步。在监管方法上,《巴塞尔协议Ⅱ》也提出了从简单到复杂、可操作性更强的一系列的计量方法来计算资本要求。

《巴塞尔协议Ⅱ》正式公布之后,经过两年多的缓冲期,从 2007 年 1 月 1 日开始首先在十国集团国家内开始实施,而风险评估中的高级法则从 2008 年开始实施。对新兴市场国家的要求相对宽松,各国可以根据自身实际情况自主制定实施时间。总体来看,由于《巴塞尔协议Ⅱ》的实施需要在银行制度、设备、技术、数据、人才等方面具备较为苛刻的条件,合规成本很高,到 2008 年年中时只有少数发达国家的大银行选择实施《巴塞尔协议Ⅱ》,而新兴市场国家银行由于自身先天条件不足,对《巴塞尔协议Ⅱ》的实施进程就更加缓慢。

四、从《巴塞尔协议Ⅱ》到"巴塞尔Ⅲ"体系[①]

(一) 金融危机所暴露《巴塞尔协议Ⅱ》之不足

《巴塞尔协议Ⅱ》的实施进程缓慢除了因其自身的复杂性太高而造成的普遍适用性下降的原因之外,2007 年起源于发达国家的全球金融危机也严重干扰了其实施步伐。金融危机中发达国家银行的主要精力都放在了应对危机上,监管当局在之前制定的实施计划难以执行。更为重要的是,金融危机的爆发暴露出了《巴塞尔协议Ⅱ》的诸多不足,巴塞尔委员会和各国监管当局开始考虑对其修订,这标志着开始进入"巴塞尔Ⅲ"的阶段。

"百年一遇"的金融危机暴露出《巴塞尔协议Ⅱ》的不足主要表现为四个方面。

第一,没有关注系统性风险。《巴塞尔协议Ⅱ》关注的重点是受其约束的银行的微观稳健,只强调风险从微观个体的转移,而没有关注风险本身的化解状况和转移之后对整个银行体系或金融体系的宏观影响。

第二,部分的因为资本定义的复杂化,使商业银行资本的质量和水平不足,从而抵御风险的可得性较差。比如,尽管资本充足率总体合规,但在资本的构成中,金融体系内相互持有的二级资本和更低级的抵御市场风险的三级资本所占据的比重过高,而抵御风险能力最高的核心资本(如普通股)比率持续降低,这造成了银行业资本充足率虚高的假象。

第三,原有的市场风险评估方法对交易账户的风险控制不足。比如,因金融工具交易结构安排的日益复杂,如果其不存在活跃的交易市场,则其市场定价和风险评估难度均会增加。

第四,既有监管规定加剧了顺周期性。比如,"公允价值"准则的引入、信用风险评估中"内部评级法"的使用等对资本充足程度的影响都具有顺周期性,即当经济繁荣时资产

---

① 巴塞尔委员会并没有发布一个可以称为《巴塞尔协议Ⅲ》的文件,而是发布了一系列以"Basel Ⅲ"为开头来命名的文件,因此作者将 2010 年年底之后巴塞尔委员会推出的系列监管新规称为是"巴塞尔Ⅲ"体系。

的市场价值高、违约风险低、抵押品价值较高等,这都会降低资本要求,使银行保持较低的资本比率。但市场形势一旦逆转,对资本需求的急剧升高使繁荣时期的较低资本水平更加难以满足抵御风险的需要。

2010年12月,巴塞尔委员会发布了《巴塞尔Ⅲ:一个更稳健的银行及银行体系的全球监管框架》(Basel Ⅲ: A Global regulatory framework for more resilient banks and banking systems,以下简称"巴塞尔Ⅲ-1")和《巴塞尔Ⅲ:流动性风险计量、标准和监测的国际框架》(Basel Ⅲ: International framework for liquidity risk measurement, standards and monitoring),两个文件共同构成了"巴塞尔Ⅲ"体系下的监管新框架。

(二)"巴塞尔Ⅲ"体系下的资本监管新规

"巴塞尔Ⅲ-1"的主要内容是对《巴塞尔协议Ⅱ》中提出的银行监管的第一大支柱——最低资本要求——进行了改善和扩充。"巴塞尔Ⅲ-1"的主要内容分为"引言"和"最低资本要求和超额资本"两大部分。"引言"部分介绍了加强全球资本监管框架的背景和作用,以及为何在全球银行监管中引入流动性标准这一新的监管方法等内容。"最低资本要求和超额资本"部分是"巴塞尔Ⅲ-1"的主体,包括资本定义、风险覆盖、留存缓冲资本、逆周期缓冲资本和杠杆率共5个部分。

资本定义部分介绍了监管资本的构成和最低资本要求。其中监管资本有"一级资本"和"二级资本"构成,而"一级资本"又分为"核心一级资本"和"其他一级资本"两类,这与以前两版协议相比有很大改变。"巴塞尔Ⅲ-1"对各级监管资本的定义也进行了详细的解释。最低资本要求方面,任何时候核心一级资本均不得低于风险加权资产的4.5%,一级资本不得低于6%,总资本不得低于8%。

风险覆盖部分,"巴塞尔Ⅲ-1"加强了对交易对手信用风险的资本监管要求,以全面覆盖《巴塞尔协议Ⅱ》框架中低估的表内外重大风险和衍生品风险。此外,还增加了降低对外部评级依赖、取消与风险缓释相关的某些"悬崖效应"、收紧外部评级合格标准的一系列条文。

留存缓冲资本(capital conservation buffer)的要求是指,除压力时期之外,银行应当持有高于最低监管标准之上的缓冲资本,以确保银行在非压力时期建立起用以吸收在压力时期可能出现损失的缓冲资本。留存缓冲资本的要求对所有银行均相同,其比率为2.5%,且应当由核心一级资本来满足。

逆周期缓冲资本(countercyclical buffer)旨在确保银行业资本要求要考虑到银行运营所面临的宏观金融环境。在经济繁荣时期,当各国监管当局认为信贷增长过快和系统性风险迅速累积时,应当对银行业提出增加缓冲资本的要求,其比率要求为0~2.5%,由各国监管当局根据对系统性风险累积程度的判断来实施。

杠杆率(leverage ratio)要求是指通过一个简单、透明和不基于风险的指标作为风险资本要求的一个可靠补充措施,以限制银行体系在繁荣时期杠杆率的过度累积和危机时期不稳定的去杠杆化过程对金融体系和实体经济的破坏作用。杠杆率被定义为一级资本

与表内外风险资产总额之比，在2013—2017年的过渡期内按照3％的最低要求进行测试。

对于在全球范围内业务规模大、业务复杂程度高、发生重大风险事件或经营失败会对整个银行体系带来系统性风险的"系统重要性金融机构（SIFIs）"，除要遵循所有银行都要执行的最低资本要求之外，"巴塞尔Ⅲ-1"还对其提出了额外的附加资本要求，根据其系统重要性程度可增加1％～2.5％的、必须由核心一级资本满足的资本要求。

（三）"巴塞尔Ⅲ"体系下的流动性监管新规

始于2007年的金融危机中，很多银行尽管资本水平充足，但因为流动性管理不善而陷入困境。因此，巴塞尔委员会将流动性风险纳入"巴塞尔Ⅲ"体系下的监管框架，并在独立于资本监管之外赋予其一套单独的监管标准。从2008年9月发布《流动性风险管理和监管的原则》开始，到2009年12月发布《流动性风险计量、标准和监管的国际框架（征求意见稿）》，再到2010年4月推出正式文稿，再到2013年1月公布经过修订之后的流动性监测框架——《巴塞尔Ⅲ：流动性覆盖比率和流动性风险监测工具》（Basel Ⅲ：Liquidity Coverage Ratio and liquidity risk monitoring tools），这一系列文件（以下简称"巴塞尔Ⅲ-2"）表明巴塞尔委员会对流动性风险的监管方法逐渐完善。

"巴塞尔Ⅲ-2"中对商业银行的流动性风险进行监管主要是通过两个量化指标来进行的，其中短期监管指标称为"流动性覆盖比率（liquidity coverage ratio，LCR）"，其比值设定为"优质流动性资产储备"与"未来30日内的现金净流出"。长期监管指标称为"净稳定资金比例（net stable funding ratio，NSFR）"，为"可用的稳定资金"与"业务所需稳定资金"之比。两个指标的监管标准均为100％，即要求在未来短期内（30日）和长期内（1年）银行均应该拥有足够的流动性资产或可用的稳定资金来应付可能发生的现金净流出或业务所需资金，从而能够确保在压力时期仍然能够应对流动性风险的冲击。对于LCR和NSFR两个指标的分子和分母可包括的内容，"巴塞尔Ⅲ-2"中也作了详细和严格的界定，如"优质流动性资产"又可分为"一级资产"和"二级资产"，其中一级资产仅包括现金、央行准备金和由主权国家、中央银行、其他公共机构及国际金融组织担保发行的债券等。

除了LCR和NSFR两个量化监管指标之外，"巴塞尔Ⅲ-2"中还设计了5个监测工具用以做连续的监测，包括"合同期限错配""融资集中度""可用的无变现障碍资产""以其他重要货币计算的LCR"和"与市场相关的监测工具"等5个工具。这些工具反映了银行业机构的现金流、资产负债表以及某些市场指标的具体信息，旨在进一步加强和提高全球流动性风险监管的一致性，实现对银行流动性风险暴露的持续监测。

（四）"巴塞尔Ⅲ"实施的过渡期安排

"巴塞尔Ⅲ"体系的实施将会对各国银行业的运营模式带来巨大影响。以资本监管要求而言，如果所有的监管要求立即执行的话，即使不计算目前仍不确定的、由各国监管当局自行决定的逆周期缓冲资本的要求，对于某些系统重要性银行而言，其资本充足率要求最高可达13％，其核心一级资本充足率要求可达9.5％，这将会给全球银行业带来巨大的

资本金筹集压力。因此,巴塞尔委员会为"巴塞尔Ⅲ"体系的实施制定了过渡期安排,表5.1列出了"巴塞尔Ⅲ"体系下包括资本要求和流动性要求在内的新监管规定和过渡期安排计划。

表 5.1 "巴塞尔Ⅲ"框架下的银行监管标准及过渡期安排

	实行时间	2013	2014	2015	2016	2017	2018	2019
资本	最低核心一级资本	3.5%	4.0%	4.5%				4.5%
	留存缓冲资本				0.625%	1.25%	1.875%	2.5%
	核心一级资本＋留存缓冲资本	3.5%	4.0%	4.5%	5.125%	5.75%	6.375%	7.0%
	核心一级资本中调整项目的逐渐扣减		20%	40%	60%	80%	100%	100%
	最低一级资本	4.5%	5.5%	6.0%				6.0%
	最低总资本	8.0%						8.0%
	最低总资本＋留存缓冲资本	8.0%			8.625%	9.25%	9.875%	10.5%
	不符合新标准的其他一级资本和二级资本的逐渐扣减	从 2013 年 1 月 1 日起在未来 10 年内每年扣减 10%						
	逆周期缓冲资本	0～2.5%(各国自行决定)						
流动性	流动性覆盖比率	观察期		60%	70%	80%	90%	100%
	净稳定资金比率	观察期					引入最低标准	

资料来源:巴塞尔银行监管委员会,http://www.bis.org/bcbs/basel3.htm。

在过渡期安排上,2011 年和 2012 年为观察期和商业银行的合规适应期,在此期间不会有任何监管新规实施。从 2013 年开始,陆续有新的监管规定可以实行,如最先开始实施的是最低核心一级资本要求(3.5%)和最低一级资本要求(4.5%),但两者都比最终要求的水平低,这体现了监管标准调整的渐进性。2013 年之后其他监管新规陆续执行,包括不符合监管新规标准的资本项目的逐渐扣除、逆周期缓冲资本的计提、留存缓冲资本的计提、流动性风险监管标准的逐渐实施等。最晚到 2019 年,现在所制定的监管新规将会全部执行。

"巴塞尔Ⅲ"体系是全球金融危机爆发之后巴塞尔委员会紧急应对的一系列协议,其目的是对《巴塞尔协议Ⅱ》进行完善而非替代。"巴塞尔Ⅲ"体系继续以资本充足率、监管检查、市场约束三大支柱为支撑,主要强化了第一大支柱的改革,继续以资本监管为主,并

引入流动性监管标准;继续以微观监管为主,并引入宏观审慎监管的概念。"巴塞尔Ⅲ"体系的进步意义体现在以下几方面:首先,"巴塞尔Ⅲ"体系初步构建起了多层次的资本监管框架,是为增强银行及银行系统对损失吸收能力而作出的一项重要革新。其次,流动性监管的框架和要求得以确立,通过优化银行的资金来源结构和资金运用方式,可以增强银行在压力时期的应对能力。再次,强化了对系统性风险的关注,试图降低银行的经营杠杆。最后,扩大了风险覆盖范围,加强了对交易账户风险的管理。

理论界针对"巴塞尔Ⅲ"体系也有一些争论。例如,第一,过高的资本充足要求能否达成促进银行稳健的目的,这是否会影响银行的资金经营效率?第二,"巴塞尔Ⅲ"体系与前相比更为复杂,其实施也有着更长的过渡期安排,其推进会否重蹈《巴塞尔协议Ⅱ》的覆辙?第三,由于各国监管当局仍然拥有较高的自主确定实施范围和实施进程的权力,那"巴塞尔Ⅲ"体系仍然不可能避免"监管套利",这样的话国际银行业竞争的环境仍然难言公平,监管新规的实施效力也会打折。对"巴塞尔Ⅲ"体系的实施和未来的继续完善,理论界和金融业界也一直进行着讨论和探索。

五、"巴塞尔Ⅲ"体系的进展及在全球主要经济体的实施

"巴塞尔Ⅲ"体系对全球系统重要性银行(G-SIB)和国内系统重要性银行(D-SIB)的资本监管框架分别于 2011 年和 2012 年发布;2013 年 7 月,巴塞尔委员会发布了对全球系统重要性银行更新后的评估方法和对其更高的损失吸收要求。在流动性风险监管方面,巴塞尔委员会于 2013 年 1 月提出了流动性覆盖率(LCR)指标及流动性风险监管要求;2014 年 10 月,巴塞尔委员会提出了净稳定资金比率(NSFR)及审慎监管要求。

除此之外,巴塞尔委员会积极推动"巴塞尔Ⅲ"体系其他关键指标的制定。2013 年 3 月颁布大额风险暴露监管框架;2014 年 1 月发布杠杆率监管框架和风险披露标准;2014 年 12 月修订资产证券化监管框架,并于 2016 年 7 月再度修订;2016 年 4 月发布银行账户利率市场风险监管规则。

对于杠杆率监管要求而言,按照巴塞尔委员会的实施计划表,自 2013 年 1 月 1 日至 2017 年 1 月 1 日为并行期,其中从 2015 年 1 月 1 日开始披露杠杆率及其要求,2018 年纳入第一支柱。

2017 年 12 月,巴塞尔委员会发布了《巴塞尔Ⅲ:后危机改革的最终方案》,进一步明确了未来银行资本监管的国际规则。该版最终方案主要内容是在信用风险资本计量上提高标准法的风险敏感性和可用性,降低对外部评级的依赖;在操作风险资本计量上,将原有的三种方法简化至一种;限制内部评级法的使用范围,设置参数底线;设置资本底线,减少监管套利;以及对全球系统重要性银行提出了更高的杠杆率要求等。

自 2012 年起,巴塞尔委员会启动了对成员的监管一致性评估(RCAP),以评估成员的监管规则同"巴塞尔Ⅲ"的监管一致性。2016 年 10 月,巴塞尔委员会发布了第十一次

评估结果,对截至 2016 年 9 月末的 28 个成员国/地区的监管体系架构进行了一致性评估①。评估报告显示,所有成员均建立起了风险资本监管规则、流动性覆盖率(LCR)监管标准和风险资本充足率约束。其中,26 个成员发布了逆周期监管的最终规则,25 个成员发布了国内系统重要性银行监管框架的最终或草案规则,18 个成员发布了非集中清算衍生品的保证金要求最终或草案规则。当前,各成员开始着手落实流动性覆盖率(LCR)、净稳定资金比率(NSFR)等监管标准。此外,部分成员在第三支柱框架、使用标准法测量交易对手方信用风险、中央交易对手方风险暴露的资本约束和股权投资的资本约束等方面,存在无法按期完成的压力。

其中,美国、欧盟、瑞士、中国香港在资本定义、缓冲资本、逆周期资本约束、杠杆率、系统重要性银行以及流动性覆盖率方面处于"4.有效的最后规则:国内法律和监管框架已经出版并由银行实施"阶段;在诸如中央交易对手信用风险、净稳定资金比率、资产证券化监管框架、大额风险暴露等方面,处于"2.公布的规章草案"和"3.公布的最终规则"阶段,未来银行将按计划予以实施;仅在第三支柱的信息披露等方面仍处于"1.条例草案未公布"阶段。整体而言,以上四个成员在"巴塞尔Ⅲ"的落实上处于领先的地位。

我国银监会在 2012 年 6 月颁布了根据"巴塞尔Ⅲ"体系的监管规则修订的《商业银行资本管理办法(试行)》,规定在 2013 年 1 月 1 日生效实施,由此拉开了中国银行业实施"巴塞尔Ⅲ"监管的序幕。银监会设置了 6 年过渡期,各商业银行的资本充足率最迟应该在 2018 年年底达到新的监管要求。

当前,《商业银行资本管理办法(试行)》的总体思想是结合"巴塞尔Ⅲ"的精神和中国实际,建立涵盖了最低资本要求、储备资本要求和逆周期资本要求、系统重要性银行等多层次的资本监管框架,同时整合《巴塞尔协议Ⅱ》和"巴塞尔Ⅲ"在风险加权资产计算方面核心要求,扩展风险覆盖范围,提高监管资本的风险敏感性。2015 年 2 月,《商业银行杠杆率管理办法》发布,在维持原有杠杆率计算方式的基础上,吸收了"巴塞尔Ⅲ"的框架,调整了对于杠杆率分母,即表内外资产计算的方法,同时明确了衍生品和证券融资交易等敞口的计算方法,并对杠杆率的信息披露提出了更明确的要求。

2014 年 1 月,银监会颁布了《商业银行流动性管理办法(试行)》,并在 2015 年 9 月进行了修订。该办法仅引入了流动性覆盖率(LCR),暂未引入净稳定资金比率。同时,该办法对流动性监管指标设定了差异化监管要求,如对于农村合作银行、村镇银行、农村信用社、外国银行分行和资产小于 2 000 亿元人民币的商业银行不适用 LCR 标准。同时,对于 LCR 的达标,该办法制定了过渡期,即 2014 年年底至 2017 年年底前,分别达到 60%、70%、80%、90%,在 2018 年年底前应达到 100%。

---

① 28 个成员国/地区包括:阿根廷、澳大利亚、巴西、加拿大、中国、中国香港、印度、印度尼西亚、日本、韩国、墨西哥、俄罗斯、沙特阿拉伯、新加坡、南非、瑞士、土耳其、美国、欧盟、比利时、法国、德国、意大利、卢森堡、荷兰、西班牙、瑞典、英国。

2018年3月12日,银监会发布《关于进一步支持商业银行资本工具创新的意见》,要求积极支持商业银行资本工具创新的有益探索,拓宽资本工具发行渠道,增加资本工具种类等。但是,创设新的资本工具实际上并不仅仅取决于银行自身,与中国整个资本市场发展的进程也密切相关,未来这一领域的推进难度也很大。

案例思考

1. 银行监管者进行监管的主要目的是维持银行稳定和金融稳定,防范系统性危机的发生,而银行经营者的主要目的是追求资金使用的效率以提高盈利,对稳定的需要处于相对次要地位。试思考金融稳定与金融效率之间的关系。对监管者而言,一味地提高监管要求是否可取? 若不可取,那如何维护金融稳定?

2. 登陆国际清算银行网站(www.bis.org),查找有关银行监管的规章、文件和新闻稿等,进一步了解关于《巴塞尔协议》,尤其是"巴塞尔Ⅲ"体系下系列文件的内容,试谈谈你对巴塞尔委员会监管思想和监管方法的看法。

3. 查找相关资料,了解中国银行业从20世纪末以来实施系列《巴塞尔协议》的安排,并谈谈你对此的看法。

4. 如果"巴塞尔Ⅲ"体系的系列监管规定在中国实施,你认为这将对中国银行业的经营模式带来什么样的影响?

5. 查找文献资料,介绍一下2011年后美国和欧盟对"巴塞尔Ⅲ"体系相关协议落实和实施的进程。

6. 详细介绍一下2017年12月发布的《巴塞尔Ⅲ:后危机改革的最终方案》的主要内容。

7. 查找2012年后中国银监会发布的关于银行资本监管的文件,梳理监管要求主要方面的内容,并探讨其实施进展的程度。

案例 6　中国银行业理财小史：从襁褓到巨婴

学习目标

1. 掌握商业银行理财业务的本质
2. 掌握商业银行理财业务和存款业务的实质性区别
3. 熟悉中国银行业理财业务从产生到发展至今的进程及其阶段性特征
4. 了解银行理财业务"资金池-资产池"模式内容和特征
5. 了解理财业务"非标"的定义及对其的争议
6. 了解 2013 年后理财业务发展的新特征
7. 了解 2018 年 9 月发布理财业务监管新规的主要内容及其监管取向

案例介绍

　　2004 年年初，中国银行业发行第一支理财产品时，人们肯定没有想到十几年后理财业务能够发展成为一个存量数 10 万亿元、年度流量超过 100 万亿元的大市场。中国银行业理财登记托管中心发布的《中国银行业理财市场报告（2017 年）》披露，截至 2017 年年底，全国共有 562 家银行业金融机构有存续的理财产品，理财产品数 9.35 万支，理财产品存续余额 29.54 万亿元。2017 年，银行业理财市场累计发行理财产品 25.77 万支，累计募集资金 173.59 万亿元。2017 年，理财产品累计为客户兑付收益 11 854.5 亿元，其中个人投资者获取收益 6 667.5 亿元。30 万亿元的理财产品余额约为 2017 年年底中国银行业金融机构存款余额的 1/5。作为一个只有十几年历史的新兴"类存款"业务，商业银行理财产品已经成为投资者资产配置的重要组成部分以及商业银行重要的业务类型，理财产品对传统存款业务的替代程度已经较高，对传统贷款、投资业务的改变程度也已很大，甚至也在一定程度上促进了商业银行内部组织架构和管理流程的再造。

　　那么，银行理财产品是如何从点点星火发展成为燎原大火呢？

一、银行理财市场发轫

　　2004 年 2 月 2～10 日，中国光大银行上海分行在中山东一路 29 号的营业部及其他网点发行了国内第一支面向零售客户的外币理财产品——中国光大银行阳光理财 A 计划产品，简称"阳光理财 A 计划"。该产品的发行拉开了银行理财"飞入寻常百姓家"的大幕。

　　阳光理财 A 计划分半年期、1 年期两种，认购起点分别为等值人民币 9 881 元/份和

9 727元/份,到期本息总计等值人民币1万元。换算下来,两支产品的年化收益率分别为2.42%和2.81%,明显高于当时的美元储蓄存款同期利率。2004年时1年期小额美元定期存款利率只有0.875 0%。因此该产品一经发售,立即引起客户争相认购。据传闻,当时光大银行西单支行发售阳光理财A计划时,附近一家银行支行的客户大量提现购买,使该网点还要向该行北京分行申请外汇头寸,调现钞备付。远超同期美元定存利率的产品预期收益率还引起了同行业对光大银行"高息揽储"的质疑。那么,光大银行这款新兴理财产品是如何做到如此高收益率的呢?

阳光理财A计划在外汇存款的基础上嵌入了一个衍生品交易,外汇存款本金不动,用其无风险收益去做利率互换、汇率期权等衍生品投资(后期也加入了一些奇异期权结构)。2004年前后美元正处于一个加息周期的中盘阶段,美元资产收益率显著高于国内,且其逐渐上行是一个大概率事件。当外汇市场上美元收益率如预期般上升后,阳光理财A计划理财产品获得更高收益率就水到渠成了。2004年前中国银行曾对拥有大额外汇存款的公司客户发售此类结构性外汇产品,光大银行在一定程度上只是将其小额化、零售化了而已。

中国银行业理财市场以外币理财产品开端看似偶然,实则是和光大银行当时的高管层以及研发人员有关。当时的光大银行行长、主管副行长和资金部总经理三人都是外汇交易员出身,曾长期在外汇管理局工作,熟悉外汇投资市场。实际操盘理财产品设计发行的张旭阳有英国留学背景,对国外金融市场熟悉,当时任资金部代客交易处处长。从市场需求角度来看,当时的外汇存款利率很低,很多客户愿意在本金无风险的情况下博取高收益。阳光理财A计划把大额的外币结构化存款零售化、小额化,向普通大众发售,从而开启了理财业务的先河。此外,光大银行高管层的出身背景也有助于其与银监、外管等监管层沟通和协调,也是外币理财产品率先推出的部分原因。

据说2003年年底光大银行在向银监会上报阳光理财A计划相关材料时,对该产品提供的名称有结构性存款、理财和财富管理三个。银监会分管副主席唐双宁觉得"理财"中的"理"字不仅可以理解为"打理、办理",还可以理解为"投资、管理"等,相对更科学,于是便勾选了"理财"一词。这一"勾",也给当前中国资产管理行业最大的子行业——银行理财业务——定好了名称,"理财"二字在此后十几年内逐渐变得家喻户晓,成为普通人剩余资金投资的一种重要方式。或许是巧合,唐双宁也于之后的2007年6月从银监会副主席任上转岗担任光大银行董事长,一干就是十年。

阳光理财A计划的成功点燃了光大银行的创新热情,随即就开始考虑能否在人民币产品上开展理财业务。2004年9月,光大银行推出中国第一款人民币理财产品——阳光理财B计划。阳光理财B计划也是面向普通零售客户发行,募集资金主要投向于国债、央行票据、政策性金融债等利率债品种,预期收益率也高于同期限定期存款。随后,其他股份制银行与国有大行纷纷跟进,人民币理财产品市场规模迅速扩大。

人民币理财产品成功发行背后的原因与外币理财不同。中国人民银行于2002年推出央行票据，2003 年 4 月开始将其作为货币政策日常操作的一项重要工具。为了回笼银行系统的多余资金，央行票据的发行成本要高于银行吸收存款的利率。阳光理财 B 计划推出时，1 年期定期存款利率为 2.25％，而央行票据的发行成本在 3.3％左右，银行间市场上的其他工具如国债、政策性金融债等几乎没有信用风险，其收益率与央行票据相比相同或者更高。但是，普通投资者不能进入银行间市场，这中间自然就产生了套利机会。只要将普通投资者的资金通过银行理财产品汇聚起来，投资到银行间市场的利率债，就可以获取无风险的利差。

理财业务为光大银行带来了立竿见影的业绩。截至 2004 年年末，光大共发行阳光理财 A 计划 13 期，累计发售额近 10 亿美元，发行阳光理财 B 计划 6 期，发售额近百亿元人民币，两者合计折合人民币 170 多亿元，在国内银行业中保持领先。在阳光理财系列产品的推动下，2004 年年末光大银行储蓄存款余额达 541 亿元，比年初增加 166 亿元，增速高达 44％。

继光大银行之后，其他银行的理财产品创新也层出不穷，多个行业"第一"开始出现。例如，招商银行的"人民币债券理财"计划是第一个可提前终止的理财产品，中信银行发行了第一个不需要配套储蓄的人民币理财产品，民生银行推出了第一个"按年付息、到期还本"新型还款方式的理财产品等。2004 年第四季度，银行理财产品如雨后春笋般诞生，市场开始了各种探索与创新。粗略数据显示，2004 年年底理财产品余额在 1 000 亿元左右。

由于最早的光大银行采取了预期收益率形式支付投资收益，其他银行纷纷沿用。在中国理财市场之后十几年的发展中，有人认为这是导致理财产品"刚性兑付"问题的主要原因，监管部门也一直有意引导其向净值型理财产品转型，但截至目前仍然收效甚微。

中国理财市场的初创时期还是显得有些混乱，也引起了一些质疑和争议。在起投门槛、产品条款设计、附加条件、收益支付方式等方面，各家银行的差异颇大。当前大家耳熟能详的 5 万元起投门槛，在当时并不统一。光大银行的人民币理财产品最低起投金额甚至只有 1 000 元，中信银行为 2 万元，招商银行为 5 万元。产品条款设计更是五花八门，附加条件也是各行不一。在收益支付方式上，有的银行按投资金额多少分档设置，有的则结合资金赎回条款设置按照期限长短分别规定不同收益率。对理财业务的质疑和争议主要有以下几个。其一，理财产品和存款有无区别，高收益理财产品是否是变相吸收存款？理财投资风险如何分配？其二，预期收益率是否能够到期完全兑付？其三，理财产品设计和销售中对投资者不利的种种条款设置，实际上摊薄了整体投资收益，那么理财产品是否只是一个"假"的金融创新？这些问题的回答显然不那么容易，我们必须在认清中国理财市场的整个发展过程之后再回来思考这些问题。

二、从期限错配、银信合作到"资金池-资产池"模式

2005 年年初之后，几乎所有的大中型银行以及部分城市商业银行都开始推出人民币理财业务，产品模式设计雷同，即以银行理财的名义将普通个人的资金汇集起来投向银行

间市场的无风险利率债,银行在扣除一定的管理费之后将剩余收益分配给投资者。随着市场规模的扩大,竞争日趋激烈,这使理财产品在收益率、投资门槛、期限品种、管理费等方面逐渐偏向于"示好"投资者。2005年第一季度,一家银行1年期人民币理财产品的收益率甚至达到3.80%的当时最高水平。2005年3月后,这类投资模式迎来转折点。

(一)期限错配打开"利差"空间

2005年3月17日,中国人民银行将超额存款准备金利率由1.62%下调到0.99%,货币政策环境开始变得宽松。银行间市场的央行票据、政策性金融债、国债等高等级债务工具的收益率水平也开始大幅跳水。其中央票的利率从2004年的3.3%以上一路下滑到2005年第二季度的1.6%左右,开始低于1年期定期存款利率。套利空间消失后,理财市场一度遇冷,未来何去何从成为银行理财从业人士必须面对的问题。

摆在正蓬勃兴起的银行理财业务面前有两条路。第一条路是做期限错配。即资产期限更长,如投资央票、国债的期限为1年,但发售理财产品的期限更短,如半年期、一季度甚至一个月,以此打开期限利差空间。在此之前,理财产品期限和投资资产期限基本上是对应的,投资者不能提前赎回理财资金,资产到期后银行将获取的收益在扣除一定管理费之后分配给投资者。

期限错配使得银行承担了流动性风险,并一定程度上改变了理财产品"受人之托,代人理财"的业务本质。当时,某国有大行资产管理部副总经理表示,期限错配需要银行理财产品滚动发行。例如,如果资产期限为1年而理财产品期限只有一个月,那么就须在每期产品到期时接续发行下一期,总计滚动发行12期。如果后期资金面紧张,后续资金无法跟上,就必须向银行自营资金借钱,而这会引发理财资金和自营资金混同,将理财业务和存贷款业务混同,而两者的业务本质是完全不同的。

第二条路就是寻找新的投资资产和开发新的投资渠道。2005年5月,银行间市场上推出了非金融企业短期融资券,之后中期票据和其他债务工具也开始出现。尽管这些债务工具存在一定程度的信用风险,不如国债、央票等无风险的利率债更优,但起码丰富了理财投资选择。但是,投资资产范围扩大的程度远不及理财市场规模扩大的程度,而且在激烈的同业竞争面前,以"利差"形式表现的管理费收入也渐趋微薄,日益不能满足银行对利润的追求。真正的出路还是在于开发新的投资渠道。于是,银信合作模式开始粉墨登场。

(二)疯狂的银信合作

2006年3月,光大银行再次开风气之先,发行了第一支银信合作理财产品——阳光理财T计划。光大银行与新华信托公司合作,将理财产品募集资金投向了由国家开发银行推荐并提供担保的项目。产品分1年期和2年期两款,预期收益率分别为3%和3.3%。阳光理财T计划推出之后的市场反响很好,民生银行开始仿效。2006年5月,民生银行发行"民生非凡人民币理财T1计划(12个月)"产品,与平安信托公司合作,募集资金投向吉林江晖高速公路项目贷款资金信托计划,民生银行代表理财产品所有投资者,为

该信托计划的单一委托客户，对信托计划受托人以及高速公路项目进行监控。国家开发银行在贷款到期后履行发放后续贷款义务，为借款人提供充足还款资金，同时负责贷后监控和管理，在借款人违约时按照合同约定有权直接扣收还款资金以保证理财资金安全。

有了光大银行和民生银行在前面探路，银信合作的"潘多拉魔盒"被打开了。为何非得经由信托公司投向信贷资产？主要原因是理财业务的法律主体地位不明确，无法以自身名义直接投资。在此之前的 2005 年 9 月，光大银行已经和国家开发银行利用 CDS（信用违约掉期）合作推出过阳光理财 C 计划，未与信托公司合作，但这种合作方式被监管叫停。因此，银行一直希望能有一个"通道"打开理财业务投资的空间。当时，已经升任光大银行资产管理部总经理的张旭阳介绍说："'通道'有两种选择。一种模式是委托贷款，但是由于央行规定委托贷款只能一个客户对接一个贷款项目，而银行理财是向很多投资者募集资金，于是就选择了另一种合作模式——银信合作。"信托业的投资范围最广，而且法律关系明晰，因而成为银行理财合作对象的首选。

与银行间市场上标准化的债务工具相比，信贷资产的一大优势是其收益率更高，但其劣势在于期限较长，变现慢，因而流动性差。不过此时银行理财行业已经对"期限错配"手段运用纯熟，只要后续短期理财产品发行接续得上，流动性不是问题。大多数银行银信合作的模式最初均"简单粗暴"，即先由信托公司设立一只信托计划，向借款人发放贷款，然后银行理财资金去认购信托计划。随着各家银行的大力"创新"，银信合作的投资标的迅速多样化，只要有信托计划出面，诸如股票一级市场（俗称"打新股"）、股票二级市场（炒股）、另类投资等投资模式迅速流行开来。

2006 年下半年起，中国 A 股市场终于告别 5 年多的漫漫"熊"途，上证综合指数从 1 月 4 日的 1 163 点起步，几乎一路单边上升，直到年底 2 699 点的新高，沪深两市的全年涨幅均超过 130%。涨势在 2007 年还在持续，10 月 16 日上证综指最高达到 6 124 点，这样的历史高位在此后 11 年间一直未能突破。与股市的迅猛上涨相伴的是新股发行数量和金额的暴增。在中国股票市场的发行制度下，新股上市一般至少会有数个涨停板，何况在大市如此火爆的环境中。在居民储蓄存款每月以上千亿元速度从银行向证券市场转移的背景下，银行"保存款"的压力巨大。前有暴利的诱惑，后有存款流失的压力，让银行老老实实地做它的存贷款业务，实在是勉为其难。于是，投资股票一级市场的银行理财产品开始出现并呈蔓延式增长。

这次的始作俑者是中信银行。2006 年年底中信银行以个人为发售对象的"新股申购计划 1 号"理财产品的销量达 118 亿元，是银行理财市场有史以来第一支销量超百亿的产品。这次承担通道任务的还是自家人中信信托。集资"打新股"的优势巨大，大大提高了中签率，投资者的高收益能够保证。"新股申购计划 1 号"及之后推出的"新股申购计划 2 号"产品给出的预期收益率是 3.5%～15%，后期清算时实际收益率甚至还略高于最高预期收益率。2006 年中信银行理财业务规模攀升至行业第一，其中"打新股"产品功不可没。

其他商业银行当然不愿意看到存款和客户流向证券市场，更不可能坐看存款和客户流向中信银行。很快，民生银行在2007年年初推出"非凡理财·好运套餐"系列，华夏银行推出"华夏理财——人民币创盈"系列，交通银行推出"得利宝·新股随心打"系列，招商银行推出"金葵花"新股申购人民币资金信托计划……一夜之间，打新股的理财产品突然就铺天盖地，比比皆是。

打新股理财产品也确实给出了不菲的业绩。根据新浪网对2007年当年发行并到期的26款新股申购理财产品的统计，平均年化收益率为23.78%，到期收益率最高的是工商银行2007年第23期"人民币理财产品——新股申购型进取型"产品，两个半月时间内的年化收益率高达132.39%。当然，打新股产品也存在问题，最大问题就是银行让客户承担理财产品投资风险，但并没有让渡与风险相匹配收益出去。银行不但赚取手续费和管理费，还要收取高比例的业绩报酬，业内称之为超额留存。对于超出最高预期收益率部分的收益，银行一般收取30%的超额留存，个别银行高达50%。这种"赚了钱我拿大头，亏了钱你来承担"的逻辑让人恼火。不过，2007年年底之后，随着股票市场的降温，打新股理财产品陆续退出了市场。

除了"打新股"类理财产品，也有银行把理财业务募集资金通过FOF产品（借助母信托计划的通道投资公募证券投资基金）间接投资股票二级市场，但其规模不如"打新股"产品为大。2009年7月，银监会下发《关于进一步规范商业银行个人理财业务投资管理有关问题的通知》，明确规定除对私人银行客户发售的理财产品之外，禁止其他理财资金投资二级市场股票或与其相关的证券投资基金，以及未上市企业股权和上市公司非公开发行或交易的股份。至此，银行理财资金进入股票市场"炒股"之路基本断绝。

相对而言，面向高净值客户发售的、以阳光私募投资基金、私募股权投资为主要投资模式的银行理财产品反而更多。光大银行又是第一个吃螃蟹的，其2009年8月发行的"阳光私募基金宝"理财产品是与国内五家知名私募投资基金联手打造的，产品主要投向境内A股市场，投资范围包括A股股票、债券及债券回购、权证、开放式基金、封闭式基金、指数型LOF与ETF等。起投门槛50万元，在产品成立满3个月之后的每月15日为产品开放日。与此案例类似的是交通银行于2009年11月推出"得利宝·至尊5号（重阳5期）"私募理财产品，交通银行为产品管理人，上海重阳投资管理公司为投资顾问，起投门槛也为50万元。2010年之后，工商银行、民生银行、招商银行等都为自己的高端客户提供了阳光私募理财产品。此类产品的整体表现比公募基金更优，但也存在因私募基金业绩差而引起的投资者与银行之间纠纷的众多案例。

中信银行还将私募股权投资引入到理财产品中来。2007年4月中信银行向高净值客户推出"中信理财之锦绣1号"产品的资金投向是"锦绣1号股权投资基金信托计划"。作为国内首个投资股权（PE）的信托计划，该计划是封闭式、优先劣后结构的集合信托计划，总计募资10.3亿元，信托期限5年，投资范围约定为金融企业股权、银行存款、货币市场基金、新股申购等。2012年5月该产品到期，投资者扣费后累计收益率为60.05%，年

化收益率 9.86%，收官情况尚算良好。但作为一支"高冷"的产品，难免曲高和寡，总体市场规模狭小。

除此之外，也有理财产品投向非常小众的另类投资，如民生银行推出过以艺术品为主要投资标的的理财产品，工商银行推出过可选择实物行权的理财产品等。但此类理财产品仅是昙花一现，到期之后就不再续作，未引起太多关注。

更需要关注的还是银信合作。经过投资股票市场的洗礼，银信合作的内涵越来越广，被赋予的功能越来越多。银信合作的初衷是拓宽银行理财资金的投资方向，但 2008 年之后开始转变成为规避央行货币政策实施的一项重要工具。2008 年上半年货币政策偏紧，信贷类银信合作产品发行量逐月攀升；10 月以后货币政策由紧转松，发行节奏就明显减缓。2009 年"4 万亿"大宽松背景下银行信贷投放创下历史记录，银信合作理财产品同比大幅下滑。2010 年新一轮宏观调控又开始了，监管部门开始限制银行向地方政府融资平台、房地产、"两高一剩"等领域放贷，银信合作理财市场规模又开始攀升，源源不断地向受管制的项目输送资金。2010 年 7 月，有业界人士预测，当时 2.9 万亿元银信合作产品中至少有 5 000 亿元进入房地产领域，而房地产恰恰是 2010 年最重要的紧缩调控对象。银信合作理财产品成了银行规避管制、腾挪贷款额度空间、调节资产负债表规模的一项重要手段。

银信合作理财业务的问题不仅仅是规避管制问题，另一大问题是资产业务风险可能失控，且在各方之间配置不合理。信托公司实际上只是理财业务的一个通道，资产只是虚假出表，银行仍然实质承担信贷资产风险。一方面，银行通过信托平台将信贷资产出表，除可以扩大信贷额度规模和少计提甚至不计提资产风险准备和资本金之外，仍然要负责后续的贷款服务、收息、贷后管理等。有的银行甚至与信托公司签订回购协议，适时回购贷款。另一方面，由于理财业务模式的不合理，"刚性兑付"一直未能打破，投资者总是能够获得几乎固定的收益，理财资金投资风险并没有转嫁出去。两方面因素使风险仍然积聚在银行体系，而且难以被监管监测，一旦爆发，后果堪忧。

2008 年 12 月至 2011 年 7 月，银监会连续下发 10 个文件规范银信合作业务，被业内称为"十道令牌"。10 个文件的主要思想有二：一是要求银行真实、整体转让信贷、票据等资产，按法律法规要求办理转让和抵质押变更手续，不得安排任何形式的显性或隐性回购；二是信托公司应坚持自主管理原则，严格履行项目选择、尽职调查、投资决策、后续管理等主要职责，不得开展通道类业务。"十道令牌"在账务处理、投资方向、期限配置、拨备和资本计提等方面也做了相应规定。"十道令牌"如果被严格执行，理财业务资产全部回表，估计很多银行的监管指标会"爆表"。上有政策，下有对策，既然不允许信托公司充当理财资金投向的通道，银行的对策是不再直接投资信托计划，转而购买信托计划受（收）益权，从而绕过监管。在监管层与银行之间猫鼠游戏中，"十道令牌"的效果大打折扣。

（三）银行理财的"资金池-资产池"模式

如前所述，理财市场发展的初期，理财产品期限和资产期限是一一对应的，但高等级

债券收益率的下降和对理财产品需求的快速增长使得银行逐渐打起了期限错配和银信合作的主意。期限错配和银信合作经常是交叉混合进行的,这就逐渐形成了后来被业界和理论界所总结的理财业务的"资金池-资产池"模式。

图6.1为"资金池-资产池"模式运作示意图。

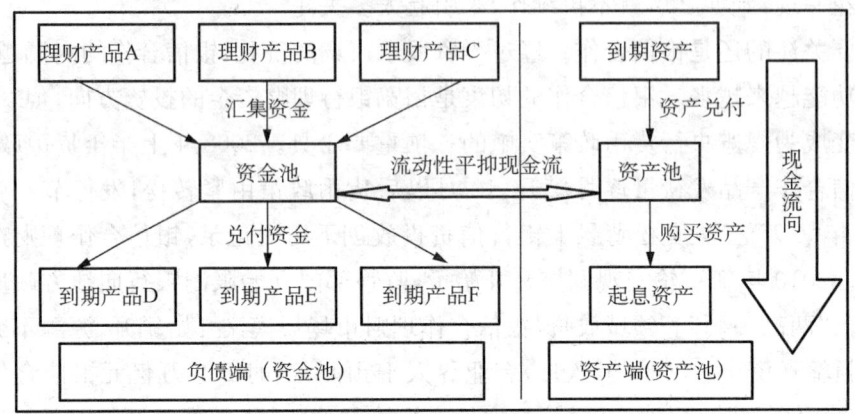

图6.1 "资金池-资产池"模式运作示意图

资料来源:苏薪铭:《银行理财业务机制研究》,中国社会科学院博士学位论文,2014。

在期限匹配的理财业务中,银行赚取的是以管理费名义收取的资产收益率和理财产品付息率之间的"利差"。渐渐地,银行觉察到市场对理财产品的需求竟然源源不断,资金总能被收入囊中,并且总有一部分资金对收益率不那么敏感。于是,银行便开始打算对资金链断裂风险可能性较小的负债端动动手脚,将理财产品的期限拆得更短,等到期时再发行新一期同样规模的产品续接。资产端的收益率不变,但负债端的付息率却可以降低。这样的话,银行不仅把理财规模做大了,而且"利差"收入还提高了。一些激进的银行甚至会发行12期1月期理财产品来对接一年期的资产业务,"利差"收入大大提高。于是,"资金池"模式首先出现了。"资金池"模式把理财业务资产和负债之间的关系由原来的"一对一"变成了"一对多",每笔理财资金和其投向之间的关系开始混乱。

此后,精于算计的银行发现不仅可以通过拆分负债来赚钱,配合着叠加资产赚的更多。也就是说,将不同期限、不同品种的各种资产打成一个大包(资产池),这个大资产包对应着不同期限、不同成本乃至不同客户群体的各式各样的负债端理财产品。"资金池-资产池"模式正式出现了,如图6.1所示。在该模式中,新发理财产品和到期资产兑付是现金流入,到期理财产品和起息资产购买是现金流出,银行居中进行平衡调节。资产池核算总收益,资金池核算总成本,收益与成本之差即为银行利润。

"资金池-资产池"模式除了能够增加银行收入之外,另一个好处是便于管理,节省人力成本和其他成本。据媒体报道,直到2011年,也只有工商银行实现了对理财业务的系统化、自动化管理,其他中小银行大多依靠人工手动管理。2011年前后,一家中等规模的银行,其理财产品余额一般在2 000亿~3 000亿元,存续产品数量超过1 000支,资产项

目少则数百个，多则上千个，因此"资金池-资产池"模式可以大大节省管理成本。

但是，"资金池-资产池"模式中资产和负债之间的关系进一步变成了"多对多"，每笔理财资金及其投向之间的关系更加混乱。每支理财产品的预期收益究竟来自哪几项资产是无法辨识的，一旦其中一项或几项资产发生信用风险无法还款时，银行无法将资产端出现的风险对应到负债端具体的产品中去，这就为产品的到期兑付带来问题。

商业银行传统的存贷款业务实质上就是一个更大的"资金池-资产池"，每一笔存款及其他负债汇聚成为资金池，与每一笔贷款和其他资产业务汇集成的资产池之间并无具体的一一对应关系，银行是基于承担信用风险、流动性风险和进行信息生产工作而获得相应回报。但理财业务的本质是"受人之托，代人理财"，是资产管理业务，与存贷款业务的商业逻辑和收入合法性来源完全不同。

中国银行业理财市场发展至今已有十几年，"资金池-资产池"模式具体何时出现已经难以考证，或许从第一笔期限错配理财产品出现时就注定了这一结局。商业银行把本属资产管理行业的理财业务硬生生地做成了自己最熟悉的存贷款业务，并由此引发了诸多争议和问题。其中，最大的非议就是批评理财业务实质上转变成了规避监管、集聚风险的"影子银行"。

三、业界传说"8号文"

"十道令牌"压缩了银信合作的空间，商业银行不得不另谋他法。2012年5月，券商创新大会的召开给理财业务送来了"神助攻"。创新大会后，券商资管、基金及其子公司、期货公司资管等都被允许充当理财业务通道，操作流程和信托一样。2013年，保监会也发文放行保险系资管公司充当理财业务通道。于是，银行理财又开始和这些新对象眉来眼去，然后就热火朝天地去进行"金融创新"了。银监会最后发现，自己的"十道令牌"几乎全变成了废纸，理财业务继续在模式变异和积聚风险的道路上"蒙眼狂奔"。

监管部门既然管不住将信贷资产变相出表的通道业务，干脆直接规定此类业务的总量占比。于是，业界传说"8号文"出台了。

如果评选中国银行业理财市场发展历史上目前为止影响最大的一个监管文件，不管是业界从业人士，还是媒体新闻界人士，多数人都会把这一票投给中国银监会于2013年3月25日发布的"8号文"①。"8号文"是银行业界对《中国银监会关于规范商业银行理财业务投资运作有关问题的通知》（银监发〔2013〕8号）的简称，其主要内容是关于规范理财产品投资"非标准化债权资产"（业界简称"非标"）的各项规定和要求。"8号文"很短，正文还不到1 200字，而且其中第九条内容空泛，第十条重申了监管要求，第十一条明确了各级监管机构责任，第十二条公告了生效日期；真正实质性的、可操作的监管规定只是第

---

① 2018年9月28日银保监会发布了《商业银行理财业务监督管理办法》，这是一个综合性监管文件，其推出后前期发布的大多数理财业务监管规定同时废止，因此其重要性当然要高于前期文件。该文件对银行理财市场的改革力度很大，但其后续影响还有待观察。

一至第八条。但是，"8号文"对商业银行理财业务的影响却非常巨大。"8号文"公告后的第一个交易日，股票市场银行股价格开始了"跳水表演"，银行股指数全天暴跌6.5%，足见市场对监管新规的恐惧。

"8号文"第一条定义了"非标准化债权资产"，它是指未在银行间市场及证券交易所市场交易的债权性资产，包括但不限于信贷资产、信托贷款、委托债权、承兑汇票、信用证、应收账款、各类受（收）益权、带回购条款的股权性融资等。监管层认为没有正规的二级市场的或虽有二级市场但流动性不充分、信息不透明的资产属于"非标"。对银行业界来说，这一类资产的主要表现形式是通过各种通道所投资的各类信贷资产及其受（收）益权等。

"8号文"第二条要求"商业银行应实现每个理财产品与所投资资产（标的物）的对应，做到每个产品单独管理、建账和核算……确保每个理财产品都有资产负债表、利润表、现金流量表等财务报表"。这对把"资金池-资产池"模式玩得风生水起的银行理财业务来说不啻于是当头一棒，不仅工作量和管理成本大大上升，更重要的是这直接宣判了原理财业务模式的死刑。第二条还要求，对于达不到单独管理、建账和核算的非标资产，应该比照自营贷款要求计提风险准备和资本。第四条对此也规定，非标资产应比照自营贷款管理流程进行投资前调查、风险审查和投后风险管理。商业银行理财开展非标业务的目的之一就是监管套利，比照自营贷款管理流程后也就部分失去了业务开展动力。

不过，从后来的实际发展情况来看，第二条并未被严格执行。由于银行理财市场已经过于庞大，且极度依赖"资金池"模式，各家银行以"同一系列不同期数的理财产品实为同一个理财产品"为理由，规避"不得开展资金池业务"的监管规定。对于监管部门而言，对"资金池"模式实行一刀切式停止实在是杀伤力太大，也不愿意严格执行。因此，事实上这一条的监管效果大打折扣了。

"8号文"第三条要求加强非标资产信息的充分披露。以往的非标资产信息披露不充分，出了风险谁来承担不清楚，获得收益应该分配给谁也不清楚。在"资金池-资产池"模式下，理财业务更是一笔"肉烂在锅里"的糊涂账。银行为实现理财产品的预期收益率会对出险资产进行内部消化，经常将非标资产在不同的理财产品之间进行转让，甚至与自营业务资产进行交易，存在违反公平交易原则的交易行为和利益输送问题。信息的充分披露有助于解决这一问题。

"8号文"第五条要求"商业银行应当合理控制理财资金投资非标准化债权资产的总额，理财资金投资非标准化债权资产的余额在任何时点均以理财产品余额的35%与商业银行上一年度审计报告披露总资产的4%之间孰低者为上限"。35%和4%两个指标直接限制了非标业务开展的总量。大银行容易超出35%的指标限制，小银行则容易超出4%。据媒体报道，当时一些大中银行的非标资产占理财余额比率基本上都超过了35%，最高的甚至达到60%左右。理财业务中出现的几乎所有问题都能体现在非标资产身上，因此可以认为，把非标资产的巨大规模逐步降低到受限水平是"8号文"的主要监管诉求。

"8号文"第六条要求商业银行加强理财投资合作机构名单制管理。所谓合作机构即

业界所称的承担通道任务的其他金融机构。现行的理财业务模式下,银行实质承担资金投向风险,合作的其他金融机构仅仅充当通道而已,所做业务基本没有技术含量,却层层"剥皮"抬高了融资成本。通道机构甚至会叠加杠杆,造成风险放大,在出现风险时也容易造成权责不清和多行业交叉感染,危及整个金融系统的稳定。有研究指出,银行理财层层嵌套的原因在于理财业务缺乏独立主体地位,不能有效进行风险隔离,投资范围也受到限制,因此未来的改革应该从明晰理财业务的主体地位上着手。

"8号文"第七条要求"商业银行代销代理其他机构发行的产品投资于非标准化债权资产或股权性资产的,必须由商业银行总行审核批准"。代销他行理财产品的主要是中小银行和非银行金融机构,此条的目的主要在于加强理财产品销售的风险审查,防止代销机构套用发行机构信用以及尽可能杜绝"飞单"等操作风险案件。

"8号文"第八条要求"商业银行不得为非标准化债权资产或股权性资产融资提供任何直接或间接、显性或隐性的担保或回购承诺"。该条实际上仍然是督促商业银行所投资的非标资产要真实出表,风险要真正转移,同时也暗含着要求其他合作金融机构要加强风险审查与义务承担,避免仅仅充当理财业务的通道。

四、后"8号文"时代的银行理财

"8号文"规定"本通知自印发之日起实施",这犹如投下的一枚"深水炸弹",把整个银行理财市场搅动得一片混乱。

(一)"非标转标"和理财信息登记

"8号文"的重点是非标资产,而非标资产的主要特征在于不能"在银行间市场及证券交易所市场交易",也即缺乏充分的流动性。因此,银行开始发明了各种"非标转标"的方法来满足监管要求。"8号文"下发不久,部分银行开始将非标项目下委托债权的收益权在金融资产交易所挂牌,然后由理财资金去摘牌,从而形式上促成了"非标转标"。还有银行推出过一款"信用挂钩总收益互换(Total Return Swap)"的产品,将理财资金投资于低风险的定期存款,同时该存款为银行通过各种通道投资的专项资产管理产品(实质是银行自营资金向客户的贷款)提供质押担保,然后两者之间进行收益互换。这两种做法很快被监管部门叫停。还有的银行在开展通道类理财业务时,与合作的通道机构同时签订同业协议和抽屉协议,以并不公开的抽屉协议来隐藏非标资产。这种做法尽管很难被监管部门发现,但当非标资产的风险暴露时,抽屉协议是否会被遵守具有不确定性,很容易引起机构间的法律纠纷,近些年屡次爆发的"萝卜章"事件就很能说明问题。

银行理财市场在2013年的另一件大事当属9月由银监会创新监管部牵头和十几家大行共同推出的银行理财资产管理计划和理财直接融资工具业务试点了。其中,理财直接融资工具处于资产端,解决基础资产如何从非标准化变成标准化产品的问题;理财资产管理计划处于资金端,理论上要使银行理财与自营业务进行风险隔离,不再有刚性兑付性质,变成真正的代客业务。首批有11家银行获得试点资格,首只产品于10月16日由工

行发行,名称为"理财管理计划 A 款"。与常规理财产品不同,处于资产端的理财直接融资工具可以在中央国债登记结算公司的理财直接融资工具综合业务平台上进行报价交易。但是,由于非标资产本属各家银行自行形成的资产,客户和交易相关信息不愿公开或公开不充分,这就很难有一个相对公允的估值。因此,这种人为创造的非标资产二级市场自成立以后的交易一直不活跃,主要以银行间的互持、代持等形式为主。2014 年之后,理财直接融资工具的说法已经很少被监管部门提及,也鲜见于媒体报道了。

针对理财产品信息披露不充分以及理财销售中"飞单"等风险事件的频发现象,2013年 6 月银监会主导推出了理财产品登记系统,所有理财产品的发行、筹资和投资等信息均必须在中国理财网进行登记。首期系统共有 71 个元数据,11 月二期系统上线后元数据增加到 196 个。理财产品信息登记政策为监管层规范理财市场发展提供了第一手资料,也为银行理财市场的健康发展打下了基础。

(二)"35 号文"和事业部制改革

2014 年 7 月,《中国银监会关于完善银行理财业务组织管理体系有关事项的通知(银监发〔2014〕35 号)》(以下简称"35 号文")一文发布。"35 号文"第一条就提出"银行应按照单独核算、风险隔离、行为规范、归口管理等要求开展理财业务事业部制改革,设立专门的理财业务经营部门,负责集中统一经营管理全行理财业务"。"35 号文"的重点显然是督促商业银行成立理财业务事业部。那么,为何理财业务非得要以事业部的形式来开展呢?

理财业务必须独立经营的根本性原因在于,理财业务和传统的银行存贷款业务是两类不同性质的业务。如前所述,传统存贷款业务是在一个大的"资金池-资产池"基础上由银行居中协调平衡,银行基于承担信用风险、流动性风险和进行信息生产工作来获得收入和利润。而理财业务是资产管理业务的一种。资产管理业务是指投资人将资金托付给资产管理人,委托其为自己从事投资的业务。资产管理业务中,资产管理人按照事先约定的方式收取管理费(可以是管理资产的固定比例,也可以是投资收益的分成),然后把扣除管理费后的投资收益交还给投资人。资产管理人以自己的专业能力,勤勉地为投资人提供资产管理服务,但投资结果由投资人自行承担,不保证收益。因此,资产管理业务不应该有资金池,每项资产管理产品(可以有多个投资人)的资金来源与运用是清晰的,不会和其他产品的资金混在一起使用,这样才能算得清投资人的收益。

但是,此前的理财业务不仅与银行自营业务混在一起,而且与不同理财产品也混在一起。业务上前台后台不分,机构上总行分行不分,产品设计和资金运作多头进行,层层代理外部产品,分支机构自立门户直接进入货币市场拆借资金,多头办理同业业务等。诸多乱象导致了理财业务的内部不公平交易、调节收益、"飞单"频出、风险分配权责不清等问题。可以这样认为,旧的业务模式是理财产品刚性兑付的主要原因。事业部制的改革在一定程度上可以解决上述问题。

在"35 号文"出台前的 2014 年 1 月份,时任银监会副主席的周慕冰表示,理财业务改革的关键,从根本上讲,是按照国际通行原则,建立风险防范隔离墙,实现理财业务和存贷款业务在机构和运营上的彻底分离(监管层将其称为"栅栏"原则)。具体来讲,要对理财业务进行条线事业部制改革,由总行设立事业部,统一设计产品、核算成本、控制风险,而其他部门和分支行只负责产品销售,不能开发产品。"35 号文"第六条也列出了理财事业部应该具有的特征,包括在经营管理上有较强自主性,有单独明晰的风险识别、计量、分类、评估、缓释和条线管理制度体系,拥有一定的人、财、物资源支配权,以及建立相对独立的人员考核机制及激励机制等。

早在 2009 年 7 月,中国工商银行在国内银行业中率先成立资产管理部一级部门,将理财业务和表内资金业务进行业务管理、会计核算、人员等方面的有效隔离,梳理和分离前台(产品开发与资金交易)、中台(估值验证与风险管理)、后台(资金清算与系统保障)管理职能和业务流程。2013 年 5 月,光大银行成为第二家设立资产管理部的银行。2013 年年底,交通银行最早宣布将进行银行理财事业部制改革。"35 号文"第十三条要求银行在2014 年 9 月底前完成理财业务事业部制改革,从发文到完成改制仅有两个多月时间,足见监管层改革心情之迫切。

但是,理财事业部的人、财、物权只是相对独立,其仍在银行内部,在业务运营、激励机制、风险防范机制等方面仍难以实现与自营业务的真正切割。因此,要实现理财业务和自营业务的真正隔离,事业部制只能是一个过渡。光大银行资产管理部总经理张旭阳认为,真正要从制度层面上解决业务和风险的隔离,只有把银行资产管理业务注册成为独立的法人机构,独立子公司形式才是未来的发展方向。

(三)新的牛市,新的形式

2013 年 6 月末的"钱荒"危机之后,市场的资金面趋紧态势一直持续到 2014 年第一季度,理财产品预期年化收益率一度达到 6％以上的高位。但第一季度之后,资金面开始趋于宽松。

2014 年之后,中国经济增长下行趋势愈加明显,实体经济风险逐渐开始暴露,企业融资难、融资贵的问题又再次突出。在此背景下,货币政策开始转向宽松。2014 年 4 月和 6月,中国人民银行两次实行定向降准,11 月 22 日又下调金融机构贷款和存款基准利率0.25％,同时放宽利率浮动区间。此外,这一时期央行还创设了多种新型货币政策工具向市场释放流动性,如常备借贷便利、中期借贷便利、抵押补充贷款等。在货币政策宽松的大背景下,债券市场和货币市场的整体收益率呈现快速下滑趋势,银行理财的投资收益也受到影响。于是,拓宽投资渠道,寻找更高收益资产,成为银行理财纷纷探索的新方向。

随着 2014 年 3 月证监会《优先股试点管理办法》的发布,上市公司可以发行优先股筹资,同时国有企业混合所有制改革试点也开始推进,银行理财在这两个领域都开始"尝一口鲜"。11 月农行发行 400 亿元优先股,其中宁波银行通过理财资金直接认购 15 亿元,交行、工行、中行、光大等银行理财资金也间接购买了农行优先股。农行优先股的优势在于收益稳定,基本无信用风险,但其收益率并不算高,前 5 年的股息率仅 6％,而且流动性

差,触发转股条款概率低,相对于产品期限较短的银行理财,并不是一个好的投资标的。之后其他银行发行优先股的股息率进一步走低,对理财资金的吸引力大降。

2014年9月,中石化销售公司的混合所有制改革中,包括工行、农行、交行、招行、光大等多家银行的数十亿元资金也纷纷加入进来。其中,工行发行一款面向私人银行客户的、名为"博股通金"的结构化理财产品募资20亿元,通过工银瑞信基金公司的专项资产管理计划投资中石化销售公司的非上市股权。在流动性安排上,"博股通金"产品也投资了一部分债券和货币类资产,保证投资者可以每年开放赎回一次。受限于监管要求,其他银行也只能通过基金公司的通道参与混改。但是,不管是优先股还是非上市股权,由于其期限长,流动性差,而且市场规模不大,对于当时余额已达15万亿元的银行理财资金而言,友情参与一下尚可,不可能成为其主力投资方向。

2014年上半年股市走势还很平淡,但下半年开始迅速走出了一波牛市行情。尤其是11月底之后,上证综合指数周K线连收9根阳线,两个月时间指数上涨约900点,涨幅约36%。2015年6月12日,上证指数最高达5 178点。在这一过程中单日成交额也屡创新高,最高突破一万亿元,与此同时融资融券余额也连续攀升至高位。"杠杆牛"是此轮牛市的重要特征之一,那么,加杠杆的资金来自哪里?银行理财似乎是其中一个重要"金主"。而理财资金入市,这一次借助的通道主要是融资融券机制、伞形信托和各种资产管理计划。

融资融券交易在2010年3月正式进入市场操作阶段,2015年时绝大部分证券公司均可向投资者开展融资融券业务。在牛市中,投资者的交易主要是融资买券,其中证券公司的配资主要来源于银行,又以理财资金为主。

所谓伞形信托,是指通过在同一个母信托账户之下设立多个子信托账户,由证券公司、信托公司、银行等三方合作,为投资者开展二级市场的投融资服务。银行发行理财产品募集资金认购子信托计划的优先级份额,获取优先固定收益;其他客户认购劣后受益权,根据证券投资信托投资表现,剔除各项支出后获取剩余收益。之所以称为"伞形",是因需要借助信托子账户进行股票投资,一个信托母账户一般可拆分为20个左右子账户,主要操作均由子账户完成,从结构上看类似"伞"形。伞形结构信托的实质,就是其他客户支付一定比例的费用,并担保银行资金安全,借银行理财资金加杠杆后去炒股。子信托账户的杠杆倍数从1:1到1:5不等,不同杠杆下会设置不同的单位净值预警线和平仓线,以保证优先级资金的权益。

2015年2月,证监会发文禁止券商代销伞形信托。为了规避对伞形信托的监管,银行与券商、期货公司、基金公司等金融机构合作,由该类公司负责发行资管计划产品,并提供账户、融资方资格审查及后续管理服务,银行则发行理财产品,以受让收益权名义,主要通过夹层基金形式对接各种资管计划,借道进入股市。夹层基金产品结构一般分为劣后级、中间层、优先级三层,银行理财作为优先级资金进行配资。

2015年年中时华泰证券的调查数据显示,银行理财资金流入市场内的两融融资和场外配资总额估计在 1.6 万亿元左右,占股市 3.3 万亿元融资规模的 50% 左右。场内融资约 1 万亿元,其中两融融资 8 000 亿元,收益互换 2 000 亿元;场外融资约 6 000 亿元。另外,股票质押项目吸收的银行理财资金约 5 000 亿元,不属于配资。总体看,与股市融资相关的银行理财规模总额估计在 2.1 万亿元左右,相当于银行理财总规模的 10% 左右。

理财资金入市成为推动股市快速上涨的一股重要力量。然而,一旦上涨趋势反转,持仓股票市值下跌逼近预警线或平仓线,劣后级或中间层资金若不能及时追加保证金引起强制平仓,银行理财资金的优先权益也可能受到损害。2015 年 6 月后,股市中"千股跌停""千股停牌"等罕见事件还导致了极大的流动性风险,理财资金即使要退出也面临着很大困难。牛市过后,理财资金逐渐退出了股票二级市场。

(四)"同业理财—委外投资"模式兴起

作为资产管理行业中的"巨无霸",银行理财被一些学者形象地称之为是"影子银行之王"①。又根据王喆、张明、刘士达(2017)的总结,中国影子银行的发展经历了两个阶段,第一阶段是 2008—2013 年,以"理财产品—通道业务—非标资产"的模式为主;第二阶段是 2013—2016 年,以"同业业务—委外投资—标准化资产"为主流模式②。第二阶段中所称的同业业务,并非同业拆借、同业存款、同业借款等传统业务,而是各种形式的同业理财业务。

所谓同业理财,是指理财产品的购买方是银行业、证券业、保险业、信托业、财务公司等同业机构。在实践中,同业理财产品的购买方主要是商业银行。2016 年下半年是同业理财市场发展的顶峰期,其时约 80%～90% 的资金来源于商业银行,主要是银行的自营资金,也有少量理财资金绕道资管计划进入同业理财,构成理财买理财的同业循环。

同业理财业务最早应该隐藏于 2013 年前后的买入返售(卖出回购)业务中。"8 号文"颁布后,为解决非标资产存量问题,早期为规避监管而发明的理财业务信托受益权模式开始成为买入返售业务的主要标的资产。尽管这一时期买入返售业务在各银行的同业业务中大行其道,占比约一半,但其中的同业理财业务的规模有限,2013 年年底余额为 3 390 亿元,占全部理财的 3.32%③。2014 年 5 月,人民银行、银监会等五部委联合发布第 127 号文——《关于规范金融机构同业业务的通知》(以下简称"127 号文")。此后,除票据以外的信托受益权等买入返售业务被叫停,通过买入返售业务投资非标资产的途径受到限制。2014 年 6 月底,16 家上市银行的买入返售资产达到 6.45 万亿元的峰值,占到同业资产的 53.8%④,但同期的同业理财业务余额仅为 5 100 亿元,约占买入返售资产的 8%。

①　谭松珩、李奇霖、梁路平:《银行理财蓝宝书》,上海财经大学出版社 2017 年版,第 16 页。

②　王喆、张明、刘士达:《从"通道"到"同业"——中国影子银行体系的演进历程、潜在风险与发展方向》,《国际经济评论》,2017 年第 4 期:第 128～148 页。

③　数据来源于《中国银行业理财市场年度报告(2013 年)》。以下章节所引数据中未作说明者均来自历年的《中国银行业理财市场年度报告》。

④　数据转引自:王喆、张明、刘士达:《从"通道"到"同业"——中国影子银行体系的演进历程、潜在风险与发展方向》,《国际经济评论》,2017 年第 4 期,第 139 页。

"127号文"的发布导致买入返售资产规模不断收缩,银行不得不继续开辟新的同业渠道,同业理财业务也不得不另寻托庇之处。于是,同业科目中的应收款项类投资方式出现了。

应收款项类投资是指银行利用自有资金持有的具有固定或可确定偿付金额,但没有公开市场报价的债权投资形式,标的资产既包括标准化资产,也包括非标准化资产。同业理财通过应收款项类投资科目所投资标的主要是非标资产。但此时开展同业理财业务的主要目的是通过会计科目的腾挪来规避对非标资产的监管,各家银行是被动为之。一个证据是,2014年年底同业理财余额也仅为4 882亿元,占比3.25%,甚至比2013年还有所下降。

2015年之后,同业理财市场迎来大爆发,到该年年底余额暴增到3.0万亿元,短短1年时间剧增5倍有余,占全部理财市场余额比重也上升到12.77%。2016年年底,同业理财余额进一步上升到5.99万亿元,占比20.61%。原因为何?主要原因有二,一是从资金供给方来看,众多中小银行发现了"同业存单—同业理财"链条的套利机制;二是从资金需求方来看,大中型银行出于解决流动性需求和扩张理财规模赚取"息差"的渴求也乐于发行同业理财产品。

2013年12月,中国人民银行发布《同业存单管理暂行办法》,标志着同业领域中的大额可转让定期存单重启。自2014年下半年开始,同业存单规模快速增长。2016年,同业存单总计发行量为13万亿元,较2015年增加145%。股份制银行和城商行是同业存单的发行主力军,2016年年底,股份制银行和城商行发行的未到期同业存单存量为6.22万亿元,占比达到98%。[1] 同业存单的购买方(投资方)包括各类金融同业机构,甚至也包括大中型银行。同业存单期限多数较短,其中固定利率存单以3个月和6个月期限为主,浮动利率存单在1年以上。同业存单的发行利率普遍低于理财产品的发行利率,通过发行同业存单并将相应资金投资于同业理财,既能规避准备金缴纳,又能获得稳定的利差收益。也有银行用短期同业存单募集资金去投资更长期限的理财产品来获得期限利差。因此,同业存单、同业理财形成的同业套利链条在2015年以来获得快速发展。

作为同业理财产品发行方的大中型银行,自从2014年7月"35号文"发布以后,"栅栏"原则理论上隔断了银行自营业务和理财业务,因此期限错配的、长久期的理财产品无法再向自营业务寻求流动性补偿。当理财产品需要流动性时,只能发行新的理财产品来解决。2015年时,中国理财市场发展已经狂飙突进了10年,理财产品余额已经突破20万亿元,传统上针对个人客户和单位机构客户的理财市场基本上已经饱和,"存款搬家"的行动也接近尾声,因此该领域的市场空间较为狭小。此时,中小银行的同业存单所吸收来的流动性正好没有太好的出路,同业理财产品成了双方一拍即合的选择。与一般理财相比,同业理财特点有二:一是带有机构间批量购买的性质,募集效率要高得多,适合发行银行在短时期内"冲量";二是它是主动管理,利用金融同业间的关系发行和募集,流动性管

---

① 张继强、陈健恒等:《同业存单潜在影响? 牵一发动全身》,中金固定收益研究报告,2017年1月。

理效率更高。

同业理财产品的投资方向与 2013 年前相比也有了变化。2013 年后，中国经济增速放缓，信贷类基础资产的收益率逐渐走低。此外，"8 号文"之后理财资金投向非标资产的监管也日趋严格。在 2014 年下半年至 2015 年上半年，股票市场迎来牛市，银行理财等资金通过各种伞形信托、结构化证券产品投向股市。之后的股市震荡又导致理财资金向债券市场转移。债券市场从 2014 年第一季度开始经历了一个长达近 3 年的牛市，一直持续到 2016 年 10 月。从资产配置情况来看，债券、存款、货币市场工具等标准化资产是理财产品主要配置的三大类资产。2016 年底，三类资产余额占比 73.52%，其中，债券资产配置比例为 43.76%。而非标资产仅占 17.49%。

同业理财市场和委外投资业务几乎是同时呈现快速扩张的，发展过程中两者交织在一起。所谓委外投资，是指委托人（以银行为主）将理财和自营资金委托给外部机构管理人，由外部机构管理人按照约定的范围进行主动管理的投资业务模式。委外投资从 2015 年开始出现快速扩张，最初是由于许多中小银行不具备资产管理能力，缺少高收益资产标的，只能将资金委托外部专业机构进行管理。随着同业理财市场规模的飙涨，资金开始流向股票、债券等市场，一些大中型银行的投资管理能力也无法与规模增长匹配。而证券、基金、保险、私募投资等公司拥有更加专业化的人才、团队、投资经验和运营机制，成为银行委外投资的合作对象。大银行一般只会把部分理财资金交由委外机构运作，而中小银行可能会把部分自营资金和大部分理财资金交给委外机构。实践中委外投资有产品模式和投资顾问模式两种，委外机构通常会对委托方提供一个业绩比较基准，而为了提高投资收益率，投资过程中通常会加杠杆。

"同业理财—委外投资"模式的出现是和当时金融市场大宽松的环境密不可分的。2014 年第一季度后，由于经济下行趋势更加明显，实体经济面临困难，货币政策开始转向宽松。2015 年共进行了 5 次降准或降息，2016 年 2 月又进行一次降准，市场上流动性供给充裕，价格便宜。在套利的动力下，资金经过各金融机构运作后链条越来越长，各机构为追求利差和高收益，层层加杠杆、加久期、加风险，最后会导致风险的不断累积和放大。有业界人士把此一时期的理财业务总结为三大失控，即规模失控、投向失控和杠杆失控。三大失控下，同业理财实际上是靠攫取整个金融市场的流动性来提高收益性，并以此倒逼央行继续释放流动性，这一链条的脆弱性程度很高。一旦流动性供给形势逆转或资产端违约事件爆发，风险集中释放的后果不可想象。

这种剪不断、理还乱的金融同业游戏必须进行清理。

五、2017 年后的理财：不忘初心，回归本源

2016 年 11 月 23 日，银监会发布《商业银行表外业务风险管理指引（修订征求意见稿）》，其中第二十五条规定，商业银行应当按照实质重于形式的原则，对担保承诺类以及实质承担信用风险的投融资服务类及中介服务类表外业务计提减值准备，并按规定审慎

计算风险加权资产,并计提资本。这一条对银行理财的影响十分巨大。有学者估算,如果把所有预期收益型表外理财全部认定为银行承担风险,这将会引起巨大的金融海啸。这些表外理财一旦回表,银行不光要承担高额的资本成本,还得进行拨备,这对理财利差提出了很高要求,可能需要增加 150~200 个基点。如果监管层铁心用这种方式监管,那么市场肯定会"死给他看"。① 用词虽然激烈,其含义却是很明确的。

早在 2016 年 10 月 25 日,市场就流传央行有意将表外理财纳入广义信贷测算。传闻一出,作为理财产品资产配置重头的债券市场随即大跌。2016 年年末,在金融去杠杆的监管收紧预期下,资金市场三大品种货币基金、同业存单和同业理财的价格开始暴跌,收益率迅速上升,各机构纷纷"吐血续命",卖出流动性最好的债券来回笼资金,引发了被业界人士所称的"债灾"。前期在理财市场上作风激进的某些银行,此时出现巨大流动性缺口,在市场上遍寻资金而不得。

2016 年年底的中央经济工作会议将防范金融风险放在未来监管工作的重要位置。2017 年 3 月末开始,银监会密集出台 8 个监管文件,并开展"三违反"(违法、违规、违章)、"三套利"(监管套利、空转套利、关联套利)、"四不当"(不当创新、不当交易、不当激励、不当收费)专项治理。央行持续强化宏观审慎评估(MPA)考核,将表外理财纳入银行广义信贷考核口径,强化对商业银行同业资产盲目扩张的约束。7 月 14~15 日全国金融工作会议提出金融工作四项原则:回归本源、优化结构、强化监管、市场导向,要把服务实体经济作为根本目的,把防范化解系统性风险作为核心目标。这些监管政策和中央治理金融风险的坚决态度对银行理财的供给、需求、价格产生了重大影响,促使其回归"代客理财"的本源,更好地服务于实体经济的发展。

对银行同业理财的严格监管收到了一定效果。2017 年年底,金融同业类理财产品余额为 3.25 万亿元,同比下降 3.40 万亿元,降幅 51.1%。2018 年后,同业理财市场规模继续萎缩,理财产品转型初见成效。2018 年 4 月 28 日,央行、银保监会、证监会、外管局四部委联合发布《关于规范金融机构资产管理业务的指导意见》(以下简称"资管新规"),涉及银行、信托、证券、基金、期货、保险等资管领域。"资管新规"第二条给出了资产管理业务的定义,并强调金融机构应为委托人利益履行勤勉尽责义务并收取相应管理费用,但委托人须自担投资风险并获得收益。"资管新规"以"破刚兑、控分级、降杠杆、提门槛、禁资金池、除嵌套、去通道"为七大核心关键词,体现了新时代对资管业务的监管思想。9 月 28日,银保监会发布《商业银行理财业务监督管理办法》(银监发〔2018〕6 号文,以下简称"6号文"),延续了 4 月份资管新规的监管思想,文件内容也基本承袭前文,只是在理财业务的具体操作上作了细化规定。10 月 19 日,银保监会发布《商业银行理财子公司管理办法(征求意见稿)》,开始向公众公开征求意见。

长久以来,银行理财业务的监管都是靠着 2005 年 9 月银监会发布的《商业银行个人

---

① 谭松珩、李奇霖、梁路平:《银行理财蓝宝书》,上海财经大学出版社 2017 年版,第 178 页。

理财业务管理暂行办法》和一大堆在各个时期发布的补丁式通知、办法、意见、指引等来规范着，其在"暂行"了13年之后终于被"6号文"所取代。"6号文"本身的出台也历尽波折，曾经在2014年12月和2016年7月两次公开征求意见，但随后都没有及时推出正式文件，可见各方博弈之激烈。"6号文"从内容上看既是综合性的，也是革命性的。譬如，七个核心监管思想中，随便哪个都是对银行理财以前运营模式的颠覆。新规的监管思想是明确的，就是要让理财业务回归资产管理业务的初心，回归其运营模式的本源。

中国银行业理财业务从诞生之日的襁褓婴儿算起，到今天已经成长为一个粗壮少年，虽然体型庞大，但仍像是心智不成熟的巨婴，时不时地惹祸滋事，经常需要"家长"出面训斥。这个巨婴在告别昨天之后，将会迎来一个什么样的明天呢？让我们拭目以待吧。

案例思考

1. 银行理财业务的本质是什么？

2. 根据不同的分类标准，银行理财产品可以分为几种类型？任选数家大中型银行，描述其理财产品具体分类以及其间的异同。

3. 对于理财业务曾经盛行的"资金池-资产池"业务模式，有学者将其特点总结为"滚动发售、集合运作、期限错配、分离定价"。试阐述该四个特点的具体涵义。

4. 梳理一下2013年之后银行理财投资非标资产业务的发展和演变情况。

5. 查找资料，详细分析2015年股票市场牛市中银行理财资金入市及其后退出过程中的具体情况。

6. 中国的银行理财业务的运营长期以来偏离其资产管理业务的属性，请你总结一下其带来的问题有哪些？

7. 中国银行理财业务的发展过程中有多少积极的影响？

8. 查阅数据库，从量化的、结构的视角总结一下中国理财业务从诞生到发展至今的过程中所体现出来的不同特征。

9. 2018年4月央行等四部委联合发布了《关于规范金融机构资产管理业务的指导意见》，案例中所提该规定七个核心关键词的具体含义是什么？

10. 查阅《商业银行理财业务监督管理办法》（银监发〔2018〕6号文）的具体内容，谈谈你对其的看法，并推测一下其对银行理财业务未来发展的影响。

案例7　中国银行业："脱媒"来了吗

学习目标

1. 掌握"脱媒"的含义及西方国家银行业"脱媒"的过程

2. 了解中国银行业的利率市场化与金融"脱媒"之间的关系

3. 了解"脱媒"压力下中国的商业银行进行高息揽存的大致情况，以及其与金融风险和中国金融体制之间的关系

案例介绍

一、西方国家的金融创新与"脱媒"

从20世纪60年代后期开始，西方发达国家的金融市场上掀起了一场持续不断的金融创新浪潮，当前我们很多耳熟能详的金融机构和金融工具实际上在当时还不存在，如货币市场互助基金、付息支票账户（NOW账户）、商业票据和垃圾债券等。

20世纪六七十年代变动不居且持续向上的市场利率是金融创新产生的时代背景。学者们对金融创新进行的经济分析表明，它产生的原因主要有三，即顺应市场需求的变化、顺应市场供给条件的变化和规避当局的管制。金融创新的重要后果之一就是，商业银行不再是金融市场上"一家独大"的金融机构了，证券市场的大发展和其他类型金融中介机构的兴起使社会上的剩余资金不再是没有选择余地地只能存入银行体系。对商业银行而言，资金"脱媒"现象从60年代开始出现并逐渐变得越来越严重，货币市场互助基金即是明显一例。

"脱媒"（disintermediation）一般是指在进行交易时跳过中间人而直接在供需双方间进行。在金融领域，脱媒是指"金融非中介化"，因为存款人可以从投资基金和证券市场寻求更高回报的机会，而公司借款人可通过向机构投资者或社会公众直接出售证券获得低成本的资金，双方的直接交易削弱了商业银行的金融中介作用。

第一家货币市场互助基金是由华尔街的两名离经叛道者布鲁斯·本特和亨利·布朗于1971年创设的，它是为规避存款利率限制而出现的一种金融机构。货币市场互助基金发行一种主要投资于货币市场的股份，这种股份可按固定价格（通常为1美元）以开支票的方式兑现。例如，如果你花1万美元购买了1万股基金股份，货币市场互助基金就会利用这些资金投资于可向你提供利息的短期货币市场证券（国库券、存款单、商业票据等）。此外，你还能对你在货币市场互助基金中以股份形式持有的1万美元签发支票，因此从这

点来看它实际上是有利息的支票账户。但在法律意义上,货币市场互助基金并不是存款,因此不受法定准备要求和禁止付息的管理法规所限制。由于货币市场互助基金主要投资于利率变化频繁的货币市场,因此它可以按照市场利率向投资者付息,相对于僵化的银行存款利率而言,这明显对资金剩余者有更大的吸引力。商业银行寻找资金来源的压力逐渐变得越来越大。

商业票据是大型工商企业发行的短期债务证券。与从银行获取短期贷款相比,大型工商企业发行商业票据筹资的成本更低、操作更灵活。从1970年以来,商业票据市场有了长足的发展。垃圾债券是指那些信用评级较低或未得到信用评级的不知名公司发行的长期债务证券,它于1977年开始出现,最早是一名叫作米奇尔·米尔肯的"不良"交易员开始做的。在20世纪80年代后期,美国垃圾债券市场的规模达到了2 000亿美元之巨,也吸引了很多愿意承担较高风险的投资者的参与。商业票据市场和垃圾债券市场的出现,使商业银行的大客户和中小客户都找到了直接从金融市场融资的方式,从而绕过了银行,这在一定程度上降低了银行在整个金融体系中的重要性。

为应对"脱媒"现象,商业银行也找到了一些办法,如付息支票账户(NOW账户和ATS制度等)、发行大额可转让存单、回购协议、借入欧洲美元等,尽管在一定程度上改善了商业银行的资金来源状况,但总体效果仍然不甚明显。

二、中国银行业的利率市场化和金融"脱媒"

利率是资金的价格,而资金是对社会资源的配置权和使用权,拥有资金的一方就能按照自己意愿和判断去调动各种资源,或是满足自己的消费需求,或是将其投入生产以赚取未来更大的收益。对拥有剩余资金的人——一般为个人和家庭——来讲,利率就是其剩余资金的收益率,而对于短缺资金的人——一般为企业和政府——来说,利率就是其使用其他人资金的成本。利率市场化是指在金融市场上,资金的价格完全由市场供求双方的力量来决定,而不受官方行政力量的干预。利率市场化的好处在于能够更好地反映资金的稀缺或过剩程度,更快地发现资金的真实价格,从而更为有效地配置社会资源。

长久以来,金融市场上的存贷款利率以及债券发行利率等都受到监管当局的严格管制,总体来看利率水平被低估,在一个经济成长率长期达到10%的经济体内部,存款人能够获得的回报通常不到3%。更为严重的是,2000年之后存款利率长时间的低于通货膨胀率,从而使存款人的利益受到进一步的侵害。利率的低估还导致了投资的低效率。对生产企业和投资人来讲,利率是其成本率,较低的成本率则意味着较低的投资回报率或生产回报率也是有利可图的,从而可能带来重复投资和产能过剩,而有较高回报率的、真正能满足社会需求的项目被排挤在外而得不到资金的支持。一个真实的利率水平既不会有意抬高资金盈余方的收益率,也不会人为降低资金需求方的成本支付率,对双方来讲都是一个最为公平和公正的利率水平。

2012年6月,中国人民银行在降息的同时宣布将金融机构存款利率浮动区间的上限

调整为基准利率的1.1倍,这一措施被视为我国金融行业利率市场化的重大举措。而实际上,我国利率市场化的最后堡垒,也是最为关键一步的存款利率市场化还没有真正实现。

在存款利率受到管制的银行业市场上,出于追求更高收益的目的,资金必然会四处游动,从而可能在各家银行之间上演"乾坤大挪移",也有可能流出银行体系之外。如果监管不到位的话,也有可能滋生各种违规违法事件。

材料1

中行、农行、工行、建行、交行五大行2011年第三季度业绩报告日前相继出炉。从公布的数据来看,前三季度工行和交行存款余额分别较上半年分别增加了970.9亿元和55.53亿元,但除了这两大行之外,中行、农行、建行三大行在第三季度存款都出现负增长。其中中行较上半年减少1 256亿元,减少1.55%;建行较上半年减少1 565亿元,减少1.58%。就连分支机构和网点数量居全国第一的农行,其客户存款余额也较上半年减少了27.6亿元。这意味着,第三季度三家国有大行存款外流金额达2 849亿元。

国信证券银行业分析师邱志承认为,存款流失限制了银行贷款规模的增长,由此导致银行贷款规模增速继续放缓,虽然2011年银行业绩仍有息差提升因素进行以价补量,但给银行业绩增长带来的压力仍会在中长期显现。

按照一般惯例,商业银行全年信贷投放节奏基本为3∶3∶2∶2,因此,第三季度银行均会缩减信贷规模。但从银行第三季度业绩报告数据来看,信贷规模压缩最为明显的是中行,该行2011年前三季度新增贷款为5 877亿元,由于第一季度和第二季度单季度新增贷款额均超过2 500亿元,因此,中行在第三季度猛"刹车",新增贷款仅为318亿元。另外,其他四大行也均缩减了信贷投放量。

资料来源:《经济参考报》2011年10月31日,有删改。

材料2

中国银行体系过去12天竞相上调存款利率的积极举措,并没有阻止2012年6月这个季末的关键时点存款仍源源不断流失的态势。6月前两周,工行、建行、中行、农行四大国有银行各项存款较月初大幅下降4 600亿元人民币,存款继续流失的态势也加剧了月末季末大规模冲刺的难度。

受存款流失的影响,四大行贷款增长依旧乏力。6月前两周,四大行新增贷款仅为250亿元,存贷款月度波动呈现的"前低后冲"模式尚没有根本的改观。

2012年6月7日,中国人民银行42个月来首次宣布降息,并将金融机构存款利率浮动区间的上限调整为基准利率的1.1倍;贷款利率浮动区间的下限调整为基准利率的0.8倍。此举被视为利率市场化的重大举措,此后短短12天内,中国银行体系掀起了一波存款利率上浮潮。

据记者了解,央行提高存款利率上限之后,各家商业银行已对此次降息和利率市场化冲击作出相应评估。其中,工行、农行、中行、建行、交行五大行态度相对"保守",而股份制

银行则更为积极,短短 12 天内,1 年期存款利率分别由 6 月 8 日的 3.25% 上调至 3.5%,此后又上浮到顶至 3.575%。

不过,存款利率的小幅上调尚未带来明显的拉升效应。借用一位股份制高层的话说:"相比居民储蓄存款,对公存款的黏度要更大一些;今年以来存款不振的情形受到了金融'脱媒'趋势的影响,尤其是大企业金融'脱媒'趋势愈来愈明显。"

这也恰是信贷增长乏力的一个原因。近两周来,银行间债券市场频频传出利好消息。先是超短期融资券①的发行主体范围大幅度扩充至一般中央 AAA 级企业及其 AAA 级核心子公司,后是中期票据②、短期融资券的可发行额度被允许成倍增长。"央企一般都是银行的核心战略客户,现在一发债动辄 200 亿～300 亿元,贷款的替代度太高了。"上述股份制高层坦言。

民生银行管理层 5 月底接受机构调研时也坦陈,银行吸存压力的确存在,该行主要采取的措施是,进一步增设营业网点,以及发行一定量的理财产品。6 月末,恰是月末、季末、年中三大考核节点,银行体系存款未来 10 天预期将会得到大幅度回流。不过,商业银行依靠结构性理财产品月末存款"撑杆跳"的难度会越来越大。

四大行 6 月前两周仅 250 亿元的信贷投放折射出存款压力下资产业务的被动收缩,但来源于监管层和政府的"稳增长"压力也让银行感到了左右为难。

本报记者获悉,在监管机构 5 月底召开的一次内部讨论会上,监管人士认为,银行体系应该将"稳增长"摆在重要位置,要保证国家发改委已批项目的贷款需求;同时,铁路、公路等基本建设贷款,允许超过贷款集中度要求,对其周转贷款银行要继续放贷。此前一直严控的房地产和地方政府平台贷款,监管机构允许"政府融资性平台贷款,在总量控制、分类管理、区别对待、缓释风险的原则下,对自身能还本付息、项目建成还未形成现金流的平台贷款,收回后可以再贷"。

尽管商业银行人士反映,近期地方政府对商业银行尤其国有大行总行游说的力度加大,但从贷款上,银行体系还没做好充分的放松准备。

"不是想放就能放的,银行也要考虑风险和收益匹配,再来一轮刺激计划,谁都受不了。"6 月 20 日,某股份制银行公司部负责人对记者如是说。在他看来,利率市场化冲击之下,定价能力比规模扩张显然更重要。据该人士透露,2012 年 1 季度,该行大、中型对公客户的贷款利率上浮程度不降反升,而对小型企业的贷款上浮程度虽然略有下降,但降幅也不大,且 4 月份的贷款收益率比 3 月份还有提高。

"这一次利率市场化都是预料之中的,我们认为这只是其中第一步,估计今年或者明

---

① 短期融资券是指具有法人资格的非金融企业,在银行间债券市场发行并约定在 1 年以下的期限内还本付息的有价证券。短期融资券于 2005 年推出之后,在资信等级较好企业的资金筹集渠道中的地位日益重要。

② 中国于 2008 年 4 月推出的中期票据是指具有法人资格的非金融企业在银行间债券市场按照计划分期发行的,约定在一定期限还本付息的债务融资工具。中期票据推出后,一些资信等级较高的企业开始通过此种方式进行直接融资,从而绕开了商业银行,对银行的中期贷款业务有较大的冲击。

年还会走第二步和第三步。最终利率市场化,息差空间肯定会压得更小。"上述股份行高层说。

资料来源:《21世纪经济报道》2012年6月21日,有删改。

材料3

受国内经济增速进一步放缓,信贷规模管控、利率市场化改革重启和银行监管加强等因素影响,2012年银行资金来源有限,议价能力下降,资金成本上升,银行对存款的竞争更为激烈。2012年年末,中国银行业负债总额达125万亿,同比增长18.9万亿,增速为17.8%,同比略有下降,呈现进一步回归常态的趋势。以上市银行为例,2012年年末大型商业银行活期存款占比为50.2%,比2011年年末下降1.15个百分点。2012年,我国针对个人发行的银行理财产品数量达28 239款,较2011年上涨25.84%,而发行规模更是达到24.71万亿元人民币,较2011年增长45.44%,发行数量和发行规模已经达到了历史新高。

2013年,银行负债业务规模将稳步提升,增速继续下降,低于2012年水平。存款"理财化"趋势凸显,资金流向趋于多元化;存款"定期化"趋势进一步增强,主动负债加快增长;同业负债占比快速提升,负债资金来源更趋多样化。银行业将着力夯实存款业务基础,寻求负债业务新型增长点,持续推动负债业务和服务模式创新,实施差异化存款定价策略,建立客户分层和精细化管理机制,进一步推进资金来源多元化,不断优化同业业务结构,提升负债业务全面风险管理能力,重点防范同业业务利率风险和交易对手集中度风险,确保同业负债稳健发展。

资料来源:节选自中国银行业协会编《中国银行业发展报告(2012—2013)》。

如果说应对利率市场化和金融"脱媒"的压力,国有大银行还能够暂时抵挡一阵的话,对分支机构和网点稀少、客户群体数量有限的中小股份制商业银行而言,存款之战早就到了白热化阶段,甚至不惜违规高息揽存。

三、齐鲁银行金融诈骗案

2010年12月6日,齐鲁银行在受理业务咨询过程中发现一存款单位所持"存款证实书"系伪造,具体为上海全福投资管理有限公司董事长兼总经理刘济源涉嫌贷款诈骗罪、金融凭证诈骗罪、票据诈骗罪等,其中涉嫌诈骗银行100亿元,涉嫌诈骗企业1.3亿元。由于牵涉多家银行及多个国企高管,又因涉及齐鲁银行的诈骗金额最多,逾70亿元,因此,刘济源案又被称为"齐鲁银行案"。

案件发生后,济南市公安局已将嫌疑人刘济源及其他犯罪嫌疑人抓获。

2011年1月4日,齐鲁银行总行营业部经理赵连成被司法调查,涉案金额预计在10亿~15亿元之间。

2013年1月29日、2月1日,济南市历下区人民法院开庭审理肖洁涉嫌诈骗1亿元的案件。检方指控肖洁"冒充中信银行工作人员坐在柜台后面,用刘济源(另案处理)私刻

的中信银行业务章,办理了在进账单等资料上加盖假印章的业务",涉嫌诈骗罪。

检方指出,在诸城公司的财务人员到中信银行办理活期转定期业务前,刘济源对济南中信广场830房间紧急装修,装修模仿银行格局,有"银行柜台"和客人排队的"等候区",有中信银行的宣传资料、档案袋、信封和有银行标识的纸杯。这个房间变成中信银行的"大户室",其公司几名员工穿上类似中信银行制服的服装,进行了两次紧急"彩排"。

肖洁在庭审中表示,刘济源曾告诉她,他和中信银行在830房间合作建一个"大户室",专门接待银行的VIP客户。在该房间为她引见了叫"王健"的中信银行"行长"。"王健"的出现,以及"大户室"里中信银行标识,让她对"大户室"之说"深信不疑"。对于"伪造银行大户室",刘济源供述,"已和企业领导和银行领导谈好了"。据刘济源供词,他装修"大户室",银行高层是知情的,另据王健供述,刘济源帮银行拉存款,所以他帮刘济源装修"大户室",事后也获刘济源3 000多万元好处费。中信银行济南分行证实,王健确系该行员工,但并非"行长",已因违规离职。

原定于2012年12月25日开庭审理的刘济源案,因没有律师到庭而未能进行,检方共指控刘济源20项涉嫌犯罪事实,其中涉案金额最多的达40亿元,被刘济源涉嫌诈骗的企业包括阳光财险、阳光人寿、生命人寿、正德人寿等金融机构,亦包括枣庄矿业集团、淄博矿业集团等大型国有企业。

四、"脱媒"压力下的高息揽存

齐鲁银行案为特大伪造金融票证案,与高息揽存密切相关。我国当前的利率制度是由央行制定存款利率,商业银行按照央行规定的存款利率上下限,确定存款利率。高息揽存就是商业银行为了吸收存款擅自提高或变相提高存款利率,这是违反当前法规的行为。

高息揽存由来已久,为了打压这种行为,早在1998年央行就曾颁布过《关于坚决制止和严肃查处高息揽存的紧急通知》,严厉叫停高息揽存。2010年9月,银监会更是痛下杀手,对六家银行开出了罚单。时至今日,高息揽存仍是屡查屡犯,禁而不止,似乎已然成为某些银行之间的潜规则。纵观一些银行高息揽存的手段,可谓花样繁多,高招不断:返点、回赠有之,有奖储蓄、报销费用有之,更有甚者竟出现了"存款送金条"。

材料4

据银监会2010年9月17日通报,因利用不正当手段吸收存款,广发银行、华夏银行、渤海银行、光大银行、平安银行、农业银行等6家银行的多地分行被银监部门查处。

银监会通报称,2010年以来,少数银行业金融机构利用不正当手段吸收存款的行为有所抬头,银监会及其派出机构充分利用非现场监测、信访举报、媒体披露等渠道,加大对各类违规揽存行为的明察暗访,严肃查处了一批存在违规揽储问题的商业银行机构和个人。

在2010年4月份就已经有媒体陆续曝光银行违规揽储的行为。

援引《重庆商报》4月6日消息,不少商业银行下达的揽储任务陡增,最高的贴息已经

上浮20%。揽储人员完不成任务可能"被辞职"。银行揽储争夺战甚至也催生了专职为银行拉存款的中介。而我国目前实行的是存贷款基准利率管理制度，人民币存款利率不能上浮，监管部门禁止商业银行高息揽储。

另据《中华工商时报》4月23日消息，各银行的"揽储大战"不断升级，已从送米、送油升级至送数码相机、手机、笔记本电脑甚至大额现金。究其原因，2009年的放贷潮导致各大行今年信贷吃紧，而央行两次上调存款准备金更是收紧了货币流动性，进而引发银行间存贷比接近甚至超过75%的监管红线。推出各项优惠来加大对客户储蓄存款的吸收力度成为一些中小银行的共同选择。

根据央行金融统计数据报告显示，2010年上半年，人民币存款增加7.63万亿元，同比少增2.35万亿元。人民币存款余额67.41万亿元，同比增长19%。此外，6月末人民币贷款余额44.61万亿元，同比增长18.2%。

银监会指出，违规揽储行为大致有以下几类：一是擅自提高利率；二是采取暗记高息、上套利率档次、有奖储蓄、减免或报销其他业务手续费、赠送实物或现金（包括提货卡、有价证券等）、提供境内旅游、支付客户子女入学费、安排亲属就业等方式变相提高利率；三是向存款中介支付吸储费、协储费、手续费等不当费用；四是借办信用卡、购买理财产品、第三方存管等业务名义向客户返现金、送礼品或购物卡。

资料来源：《南方周末》2011年11月5日。

银行高息揽存频发的原因来自贷存比考核的压力。所谓贷存比，是指银行资产负债表中的贷款资产与存款负债的比率。商业银行的经营原则为盈利性、流动性与安全性，从盈利性角度出发，贷存比越高说明资金使用越有效率且利润也多。但从流动性及安全性角度出发，贷存比必须规定在一定的范围内，否则银行对存款人的偿付就会出现问题，所以银监会规定的贷存比"红线"为75%。

据各行公布的年报，2010年年末，中国银行、深发展、民生银行、兴业银行的贷存比都已经超过70%，其中民生银行的人民币贷存比为72.74%，距离75%的监管红线仅有一步之遥，深发展贷存比也高达72.61%，且其2009年的贷存比为79.14%，已超过监管标准。故而在贷存比的高压下，各银行对资金的需求愿望非常强烈。

诚然，如此高的贷存比与近两年的信贷扩张是分不开的，2009年、2010年分别投放了9.5万亿和7.9万亿的大量新增贷款，而大量信贷的投放必然导致贷存比上升压力增大。如果银行本身放贷过猛过快，则可能出现无钱可贷的局面。央行关于整个金融行业的人民币信贷数据显示，2011年前两月，存款新增7 780亿元，贷款新增9 675亿元，明显可以看出存款已经相当吃紧。

与此同时，随着2010年内三次调高存款准备金率（已经达到了史无前例的20%），加之公开市场业务对流动性的回收，市场资金面趋紧，银行间拆借利率显著上扬，银行机构流动性管理压力大增，故各银行千方百计揽存，以期扩大总体资金规模，争夺市场份额。随着这几年M2的高速增长和宽松的信贷政策，2010年和2011年我国一直处于负利率

的状态。2011年第一季度,CPI指数达5.0%,尽管在两次提高利率后,一年期存款利率已经达到3.25%,但仍然低于通胀率,从而存款对公众不具有吸引力。

连续的负利率状况导致商业银行居民储蓄存款外流,在招揽新增存款缺乏足够吸引力的同时,存量存款也面临流失的风险。另外,随着资本市场和债券市场融资功能进一步增强,投资渠道多样化,以及其他高回报产品如银信合作等理财产品的推出,使社会资金更加分散,这给银行流动性管理带来了进一步的挑战。从某种程度上说,银行正面临着严重的存款不足,所以各种高息揽存的出现也就不为奇了。

在银行资本金的高压下,不合理的激励机制和内部考核机制也是导致银行存款业务出现违规的另一诱因。在现行的银行内部管理体系中,为了突出市场份额和系统内贡献度,时点指标仍然是各银行内部考核的主要依据,并且采取存款考核指标与职工个人工资、奖励、福利、行政职务安排等挂钩。为了完成总行下达的月末、季末等时点存款指标,各下属机构不得不"冲时点""冲规模"。对于各网点来说,存款多,业绩好看,考核就能过关,而且支行分配给网点的贷款额度也就越多,自然盈利就越多。所以,除了日常业务外,有些支行几乎发动所有员工去拉存款,而且拉得多奖励也多。而员工一旦完不成指标,就得降级,甚至面临下岗的风险。过大的存款考核压力,使各基层银行倍感压力,再加上内部控制上法制观念的淡薄,从而出现种种高息揽存的现象。

五、高息揽存与金融风险

由于高息揽存人为地抬高了存款成本,为给高息的资金找出路,各银行不得不以高息再贷出去,高息贷款很可能进入高风险行业,使出现不良贷款的几率大增,进而影响贷款的偿还能力。一些银行频繁发生的违规拆借、违规投资、违规贷款及账外经营等行为,其根源就是高息揽储。与此同时,面对高息,储户不可能无动于衷,于是资金挪来挪去,甚至在时点考核时刻出现"存款一日游"的现象,进而加大了客户资金的安全隐患。

为了高息揽存,各银行各用其谋,争夺客户、抢占市场,导致恶性竞争。如各种贴息、现金奖励、赠送物品等高息揽存的行为,使家底不厚的银行"明知山有虎,偏向虎山行"。甚至,高息揽存使银行的工作重心集中于价格竞争,从而忽视优质服务和产品创新,这样不利于银行的长期发展。

屡禁不止的高息揽存也容易滋生违法违规行为,同时为不法分子非法盗取银行资金提供了可乘之机。例如,2010年查处的广东发展银行上海分行的违规行为,其对某家企业存款违规使用会计科目,并向该企业手工补计利息,进而套取不同账户间利息差。另外,盛行的存款与手续费挂钩、存款直接返点等现象,都是违规违法的操作。值得重视的是,随着储户理财意识和投资意识的增加,容易被诱惑的概率也随之增加,不法分子利用各式各样的高息揽存进行诈骗的活动也就越多。

高息揽存是违反国家利率政策的一种不正当竞争行为,对社会及金融秩序的稳定造成很大扰乱。但为何屡禁不止,对于其产生的原因,以及如何有效地解决,还需要金融业界和监管当局更为深入的思考。

我们不希望良田上长出野草,对于已经长出的野草,直接割掉虽能够换来一时的安宁,但一块不断长出野草的田地,我们是否应该考虑一下土壤的问题?

案例思考

1. 阅读案例,总结近些年来我国银行业负债业务发展的特征是什么?你怎么判断负债业务未来的发展趋势?

2. 查找相关研究和资料,思考我国银行业"脱媒"现象产生的原因有哪些?

3. "高息揽存"作为银行业在"脱媒"压力下的应对政策之一,你认为其出现是否合理?为什么?

4. 为应对"脱媒"压力,你认为我国银行业在未来应该采取哪些应对措施?

案例 8   中国商业银行的中小企业贷款业务创新

学习目标

1. 掌握商业银行贷款业务的基本类型以及企业贷款的基本种类
2. 了解中国商业银行为中小企业融资所推出的创新贷款业务类型

案例介绍

中小企业是我国国民经济的重要组成部分和有生力量,在国民经济中具有大企业无法替代的作用。有关资料显示,我国中小企业占企业总数 90％以上,在全国工业总产值和实现利税中的比重分别约为六成和四成,并为社会提供了约 75％的城镇就业机会。然而长期以来,中小企业的融资问题——银行贷款难、上市筹资难、资金供需严重脱节等,已经成为制约其健康发展的重要因素。

中小企业贷款金额小、频率高、时间急等特点,使银行贷款管理成本相对较高。在中小企业贷款方面,民间金融一直比较活跃。尤其是从 2008 年开始,在缓解中小企业融资难、增加就业机会等方面,政府各个部门采取多种措施。一方面规范民间金融市场,通过鼓励民间资本参与组建小额信贷公司;另一方面也纷纷组建政府主导的担保公司,落实小企业担保能力不足、贷款申请不达标等难题。

但是,各种调查渠道显示,民间金融机构所做的努力还不能充分满足市场需求。银行作为经济运行中的主体,如不主动地参与进来,其他部门和机构的努力,也是杯水车薪,远水解不了近渴。鉴于此,中国民生银行、招商银行、中国农业银行等大中型银行也专门推出一系列的创新型中小企业贷款产品,如"商贷通""小贷通"等。这些新型贷款产品专为中小商户提供快速融通资金、安全管理资金、提高资金效率等的金融服务产品业务,解决中小商户融资难问题,帮助中小商户把握瞬间变化的生意场和稍纵即逝的商机。

一、民生银行"商贷通"

中国民生银行更关注中小商户的需求,一直致力于找到一个突破口为商户们解决融资难的问题。

民生银行在 2008 年 6 月开展了在北京、深圳、杭州等城市相关市场调研,调研涉及 16个类型 30 多个目标商圈。调研结果显示,商户融资需求量较大,其中亲友或民间借贷占比 83％;融资金额 100 万元以内被认为是多数商户希望的借款金额区间,占比 67％;商户融资多以短期资金周转为主,1 年期以下占比 86％;而中小商户向银行提出融资需求时最

担心三个事情：一怕不认识银行的朋友，求贷无门；二怕手续繁琐，银行对申贷资料要求高，自己无法提供；三怕等待时间长，审批效率低而影响生意。

针对中小商户这"三怕"，中国民生银行董事长董文标明确提出，主动贴近市场，要帮助小企业、工商户、私营个体打消贷款申请难的顾虑，提出"只要有需求、一切好商量"的新经营理念，开放营销渠道，全面受理这样的申请，并通过标准化的设计帮助客户了解银行信贷产品的流程，实现商户融资的"化繁为简"。

为了解决这一难题，民生银行专门成立了项目小组，通过考察印尼金融银行、泰隆商业银行等的运作模式，进行大胆创新，推出了"商贷通"产品，其主要特色是将国内银行通常在企业贷款部门办理的中小企业贷款业务，定义为商户融资产品，转移到个人部门办理，审批重点为个人资信。担保方式包含了抵押、保证、联保、应收账款质押、信用等多达11种方式，并且通过引入信贷评分卡、集中处理中心等方式，建立了"信贷工厂"作业模式。通过审批流程的再造，使贷款流程从申请到放款，效率提高了一倍，从原来的15天缩短到现在的7天时间，效率提高了一倍。

材料1 民生银行昆山支行的"一圈两链"案例

民生银行昆山支行推出的信贷产品"商贷通"，按照"一圈两链"定位，以集群授信方式加强对中小企业的信贷支持。据了解，通过这种"批发"贷款方式，民生银行昆山支行在不到两个月时间内审批贷款5亿元。

民生银行昆山支行零售银行相关负责同志谈道，"一圈两链"中的一圈是指商圈，如千灯线路板行业、周市装备制造业以及各基层（行业）商会组织；两链是指核心企业上游的供应链、下游的销售链。按照民生银行昆山支行"一圈两链"的定义，千灯线路板行业得到了该行的支持。华涛电子有限公司总经理魏礼波谈道："我们属于线路板行业这个圈的一个产业链，按照民生银行昆山支行推出的'商贷通'产品'一圈两链'定位，公司成为受益者，得到了该行的大力支持。我们把贷到的资金主要用来储备原材料，还购买了一些设备，使企业能够在金融危机下抢占先机，也为下一步发展打下了基础。"东奥钢材市场是一个商户集中的商圈，自然也被列入"一圈两链"行列。民生银行昆山支行对东奥钢材市场进行了2亿元的授信，这意味着市场内的所有商户只要达到贷款条件，提出申请后就可在短时间内实现融资。

核心企业一头连着上游供应链、一头连着下游销售链，是民生银行昆山支行重点支持对象。值得一提的是，了解到许多中小企业缺少抵押物的实际情况，民生银行昆山支行推出了联保担保方式，受到了企业欢迎。该行负责人谈道："不需要企业提供抵押物，只要找到能够相互信任的合作伙伴或者行业企业，进行相互之间的担保，就可以获得我们银行贷款。"

资料来源：《昆山日报》2009年6月30日。

民生银行推出的"商贷通"具有如下几个特点。

第一是用款方便。"商贷通"可以给予客户一个授信额度，在授信限额和有效期内，客

户可以循环支用贷款,大幅度降低客户本金的占用和贷款时间的占用,实现随借随还。使用"商贷通"后用完款后可以随时还款,并且额度循环使用。经过模拟计算,灵活的还款方式为商户节省的利息最高可达80%以上,极大地降低了资金使用成本。审批发放循环额度后,通过电子渠道可自行放款使用。

第二是担保灵活。依据商户的实际情况,除传统的房产抵押、质押、担保形式之外,还可以采用自然人联合担保、市场开发商(或管理者)保证、产业链的核心企业法人保证、商铺承租权质押、应收账款质押、共同担保方式等共11种担保方式。

第三是贷款金额不受额度限制。根据借款人家庭和所控制企业资产规模、正常生产经营投资活动所需资金的合理范围、现金流情况、借款人的还款能力、担保方式等方面综合确定贷款额度,原则上不设置上限额度。贷款期限最长可达10年。

第四是可享有众多增值服务。凡在民生银行办理"商贷通"业务的客户均可享受多项专属服务,如贷款利率优惠、评估费优惠、积分换利率等服务,此外还有机会成为民生银行的贵宾客户,享受尊贵的礼遇。

第五是贷款流程简便。民生银行专为"商贷通"客户设立简便、高效、快捷的发放贷款流程,有专业化的信贷销售经理为客户短时间内解决资金需求提供服务。

中国民生银行相关负责人表示,"商贷通"产品最大特色是依据客户不同情况,进行产品与服务的整合。例如,通过为其量身定制的"商户卡",帮助他们合理地利用银行结算管理工具,并提供多种优惠结算服务,进行一体化账户管理,并将客户的结算账户与今后贷款申请、融资利率进行挂钩,就显得非常具有"生意"味道。在担保方式上,民生银行并不是一味地只做房产抵押类的产品,而是视客户情况,增加互保、联保、应收账款质押等多种方式的担保组合,最大限度地帮助客户满足融资需求。在贷款的使用上,民生银行提供的自助循环方式,非常贴近商户资金使用的特点,可以做到随借随还,帮助客户节省财务成本。

材料2　"商贷通"成功案例

1. 赵女士,服装行业10年从业经验,自有资金500万元。

愿景:希望能在生意旺季得到银行的资金支持,帮助她做强做大生意,资金高峰时需要贷款300万元。根据生意的周期,1年内她有春节、春秋换季和"十一"长假共计4次这样的资金需求。以往,她需要全年贷款300万元,按当时银行1年期贷款利率上浮10%后的5.841%计算,她1年的贷款成本是17.52万元。

用了"商贷通"之后,通过有效的资金运用,减少不必要的资金占用时间,从而降低贷款的财务支出。全年365天,她却只在最需要资金的4个月使用贷款资金,利率仍按5.841%计算,她现在1年的贷款成本是5.35万元,节约利息支出12.17万元。

2. 梁先生,22岁,未婚,外地户籍。因扩大门店需要资金周转,而借款人又无任何房产能够提供抵押,且不愿意拿名下存款质押在银行,仅提供了与商城签订的2年租约及3个月的租金交付证明。

经过审批,银行给予借款人30万元、期限6个月的短期贷款,贷款利率为5.346%,及时解决了客户需要资金扩大经营规模的需求。6个月贷款利息总计8 019元,且借款人可随时提前还款,不收任何违约金和手续费,不限制还款次数。

3. "百荣世贸商城"是北京规模最大的现代化商品批发及物流中心,并被确定为北京市重点商业建设项目。商城一、二期总建筑面积70万平方米,市场可容纳商家近一万户,经营品种近10万种,投资总额约31亿元。商城现有经营范围包括男女各类服装、小商品、高档箱包、皮具、鞋类、小百货等,已经成为华北最大的服装、小商品批发中心。

授信方案:给予北京"百荣世贸商城"的商户批量授信额度5 000万元,由北京百荣易成担保有限公司提供全程连带责任保证,商户单笔授信额度不超过100万元,授信期最长2年,单笔贷款期限最长1年,要求客户在商城经营需2年以上。

资料来源:中国民生银行网站。

民生银行"商贷通"旨在最大限度地为企业主和中小商户降低财务成本,并通过服务流程的再造,适应市场的需求,满足客户的需求。"商贷通"的到来无疑为中小企业注射了一针兴奋剂,它为中小企业、民营企业、个体工商户带来了新的变化和体验,得到了企业主的广泛青睐。

截至2012年年末,民生银行的小微企业贷款(商贷通)余额达3 170亿元,占全行贷款的比重达到23.07%,而由于小微企业贷款业务快速发展,个人贷款和垫款利息收入在各项贷款利息收入中的占比达到30.86%,比2011年提高2.64个百分点。客户数量及客户等级也均有提高,小微客户总数达到99.23万户,其中贵宾客户较上年末增加6万余户,客户结构得到持续优化。在贷款收益率方面,报告期内新发放贷款的利率结构保持较高水平,新发放贷款平均上浮比例达到30%以上,产品盈利能力持续增强。

二、招商银行"小贷通"

"小贷通"是招商银行为小企业量身定制的全方位金融服务的系列贷款产品的统称。目前,"小贷通"产品体系包括"自主贷""订单贷""置业贷""收款易""担保贷"和"集群贷"六大系列、30多种产品,贷款额度从几十万元到3 000万元不等,基本可以满足不同小企业的融资需求。"小贷通"不仅可以无抵押担保,而且还可以提供应收账款质押、租金质押、个人担保、政府再担保基金、联保、知识产权质押或专业担保公司担保等多种途径。现在,小企业主办理"小贷通",最高循环授信额度可达3 000万元人民币。

"自主贷"产品适用于拥有物业抵押物,要求灵活、便利获得融资的客户。其产品特征包括网上随借随还,资金利用效率高;抵押成数高;快速审批,快速放款,授信额度最长可达3年,一次抵押,多次放款,可大幅降低客户成本等。

"订单贷"适用于大型企业的上游企业,有稳定的贸易关系,已获得订单的客户。其产品特征包括,获取订单就可即刻融资;解决生产备货资金需求;一次放款,分期还款,减轻还款压力等。

"置业贷"适用于拥有或购买物业的、有中长期资金需求的客户。其产品特征包括,贷款期限最长可达 10 年;分期还款,减轻还款压力;抵押成数高,最高超过七成;快速审批,快速放款;适用范围广,新旧物业皆可抵押融资等。

"收款易"产品适用于有稳定应收账款的客户。其产品特征包括,多元化的担保方式,信用增级,轻松获得银行贷款;招商银行能联合近千家担保机构,为客户提供方便快捷的融资平台等。

"担保贷"适用于缺少抵押物和合格担保人的客户。其产品特征包括,贷款期限最长可达 10 年;分期还款,减轻还款压力;分期还款,减轻还款压力;抵押成数高,最高超过七成;快速审批,快速放款等。

"集群贷"适用于特定产业链和集群模式下的客户群体。其产品特征包括,个性化服务,批量化融资;跨区域统一服务;专业化团队打造专属服务;主动授信,集群客户分享融资便利等。

材料 3 　招商银行兰州分行"小贷通"产品实践

招商银行兰州分行根据小企业的特征和诉求,量身定制专业、创新的融资解决方案和融资产品"小贷通"系列创新产品,助力兰州中小企业突破发展过程中资金瓶颈,快速成长。

在风险管理体制上,招商银行兰州分行遵循零售贷款风险管理的"大数法则",坚持"选择群体、排斥个体"的基本原则;运营流程上,以标准化产品为主体,采取"信贷工厂"式的模板化操作流程,进一步提升作业效率,强化风险管理,降低运营成本;客户经营上,变"放贷款"为"综合经营客户",以贷款融资为核心,从客户实际需求出发为其提供多种金融服务。另外,在发展小企业业务时,招商银行兰州分行以重点区域为主,围绕产业链、物流链、专业市场选择客户,在调查审批过程中充分考虑非财务因素对小企业风险管理的积极作用,更好地实现了信贷政策的本地化运用。

业务营销上,以产品推介会作为营销和推广小业务的重要突破口,有针对性地对目标客户进行营销。2011—2012 年间,招商银行兰州分行就针对不同行业、不同区域的小企业举办了多次推介会,推介会主要就市场贷、POS 贷、配套贷、信用经营贷、订单贷、经营性物业抵押贷款、承兑汇票质押等特色业务进行讲解。恰当的融资案例讲演、全新的融资方式也使众多小企业客户成为了招商银行兰州分行的忠实客户。

为了更好地为小企业提供金融服务,招商银行兰州分行设立了分行小企业金融部,全权负责小企业各项业务事宜,独立推动全行小企业信贷业务工作,同时,针对本地小企业实际情况,将贷款金额 500 万元以下、以个体工商户和小企业法人代表或实际控制人为借款人的贷款,纳至分行零售条线统一运营,极大地提高了小贷款办理效率。

资料来源:窦虹艳:《招商银行"小贷通",智慧金融"贷"动未来》(有删节),和讯网,2013 年 5 月 22 日。

三、中国农业银行的小企业贷款

中国农业银行(以下简称"农行")是中国主要的综合性金融服务提供商之一,多年来一直致力于建设面向"三农"、城乡联动、融入国际、服务多元的一流现代商业银行。农行的业务组合全面、分销网络庞大、技术平台领先,面向最广大客户提供各种公司银行和零售银行产品和服务。

在小微企业融资方面,近年来农行不断做实专营机构,形成了覆盖全国、遍及城乡的小微企业金融服务专业化组织体系。农行采取的措施包括有,对小微企业单列信贷计划;单独制定信贷管理制度、信用评级规则和风险定价方法;扩大小微企业信贷授权,缩短小微企业信贷流程,努力实现小微企业信贷业务"一站式"审批;加强产品研发,在巩固"简式贷""智动贷""厂房贷"等传统优势产品的基础上,推出"票据置换""在线申请"等新的业务品种,支持中小企业通过发行集合票据等方式进行直接融资等。农行小微企业服务的对象被界定为于单户授信总额在 3 000 万元以下以及资产规模 5 000 万元以下或年销售额8 000 万元以下的企业客户。

(一)农行小企业特色融资产品简介

1. 厂房贷

厂房贷全称为"小企业工业厂房按揭贷款",是指农业银行向购买园区内工业厂房的小企业客户发放的,以其购买的工业厂房作为抵押,以借款人的经营收入和其他收入作为还款来源的贷款业务。工业厂房是指在园区内按照国家标准和行业要求进行统一的规划、设计、建设,由开发商建造,配套齐全,企业可直接入驻进行生产经营的场所。

厂房贷产品主要满足小企业客户购买生产经营类用房的需求,缓解客户因一次性大额支出而造成的资金周转困难。厂房贷的按揭成数最高可达七成,最高授信额度可达2 000万元,贷款期限最长可达 10 年,而分期还款的方式也有助于减轻贷款客户的资金压力。

2. 简式贷

简式贷全称为"小企业简式快速信贷业务",是指依据客户所提供的有效抵(质)押物价值或保证人的担保能力,直接进行客户授信和办理各类贷款、贸易融资、票据承兑、贴现、保函、信用证等表内外融资业务的信贷产品。该产品主要满足小企业客户生产经营过程中的周转性、季节性、临时性流动资金需要。简式贷的贷款期限原则在 1 年以内,一般最长不超过 3 年,既可采取一次性还款方式,也可分期偿还。

简式贷的产品特点包括如下几点:第一,融资额度灵活。融资额度可根据小企业的资金需求以及担保情况灵活确定,最高可达 3 000 万元。第二,担保方式多样。小企业可采用国有土地使用权、房地产、存单、国债、银行票据全额抵(质)押或优质大中型法人客户和担保公司担保。第三,业务流程便捷。该产品采用快捷的符合小企业特点的客户评级方式,评级、授信和用信同时审批,手续简便、放款迅速。

3. 智动贷

智动贷的全称为"小企业自助可循环贷款",是指农行在统一授信额度内,为客户核定一个可撤销的贷款额度,在此额度内客户可以通过营业柜台、网上银行、银企通平台等渠道自主、循环使用贷款的人民币贷款产品。智动贷主要满足小企业客户正常生产经营过程中周转性流动资金需要。智动贷的单笔贷款最低起点为 5 万元,贷款期限原则上不超过 1 年,最长不超过 3 年。

智动贷的产品特点包括:第一,贷款额度一次核定、循环使用。第二,借助网络科技手段,小企业客户可以通过电子渠道在客户终端实现自助式提款、还款。第三,随借随还,节省融资费用。

(二)农行各分行小企业特色融资产品创新

1. 河南分行的"小企业多户联保"

小企业多户联保是指多个小企业客户自发组成联保小组,对小组成员向农行申请信用共同承担连带责任保证担保的担保方式。多户联保信贷业务主要用于解决小企业客户生产、经营过程中周转性、季节性、临时性的流动资金需要,只能办理期限不超过 1 年的短期信贷业务。

2. 广东分行的知识产权质押贷款

知识产权质押贷款是指借款人以其自有、第三方所有或与第三方共有的符合农行要求的知识产权提供质押担保,农行向其发放的用于满足借款人正常生产经营过程中周转性流动资金需要的人民币流动资金贷款,是农行专门为中小企业客户设计的短期融资产品。

该产品以拥有自主知识产权的科技成长型中小企业客户为主要服务对象,改变传统的抵(质)押担保方式,创新推出知识产权质押担保,促进了企业将知识产权转化为资本产权,最终可缓解中小企业融资难、担保难的问题。

3. 江苏分行的金科通

金科通产品是指以农行依托科技支行服务平台,向科技型中小企业客户提供的贷款、贸易融资、票据承兑、贴现、保理、贷款承诺、信用证、保函等表内外授信和融资业务。

金科通的产品特点包括:第一,专门面向科技型中小企业。第二,评级、分类、授信、用信一次审批,业务办理方便、快捷。第三,担保方式灵活,接受知识产权、非上市公司股权进行质押,也可由自然人股东单独提供保证担保,满足条件可以信用方式。

4. 云南分行的小企业"四方一体"信贷产品

小企业"四方一体"信贷产品是指银行、小企业、专业市场管理方和担保公司共同合作,由担保公司提供担保,市场管理方进行有效监管,银行为小企业客户提供短期流动资金贷款、贸易融资、票据承兑、贴现、保函、信用证等服务的金融产品。

"四方一体"信贷产品的特点包括:第一,批量为园区、专业市场等商圈内的小企业客户提供多种金融服务。第二,由担保公司为商圈内的小企业客户批量提供担保,小企业客户享受担保费率优惠。第三,增加商圈招商引资吸引力,并发挥商圈管理方实时监管作用。第四,四方共同努力,致力解决小企业融资、结算等金融需求,共建诚信小企业融资环境。

5. 苏州分行的账贷通

账贷通的全称为"应收账款质押融资"业务,是指农行以处于稳定供应链上的企业与其提供商品或劳务配套服务的企事业单位签订的有效合同而产生的应收账款来设定质押,向其提供的各类短期信贷业务,包括短期流动资金贷款、开立银行承兑汇票、贸易融资等。

账贷通产品可以拓宽中小企业融资渠道,促进供应链金融业务发展,进一步加大农行对中小企业金融支持力度。

截至 2012 年年末,农行的小微企业贷款客户数 43 497 户,贷款余额 5 998 亿元,比上年末增加 25.3%,高于全行各项贷款增速 11.2 个百分点。

案例思考

1. 中小企业融资难问题的提出已经有十几年的时间,但我国的金融市场一直没有很好解决这个问题,你认为其中的原因在哪里?

2. 对比民生银行和招商银行的"商贷通"和"小贷通"两款中小企业贷款产品,总结其相似之处和不同之处。

3. 查找相关资料,找出几例国内其他商业银行推出的中小企业贷款新产品。

4. 你认为当前中国的商业银行推出的特色产品在解决中小企业融资难问题能够发挥多大作用? 未来可以拓展哪些新型业务?

案例 9　美国银行业贷款业务的发展及特征

学习目标

1. 了解第二次世界大战后美国银行业资产业务发展的主要特征
2. 了解当前美国商业银行贷款业务的主要类型和特征
3. 了解美国不同规模、不同业务集中度的商业银行的贷款业务的不同特征

案例介绍

对于全球绝大多数国家的商业银行而言,发放贷款都是它们最主要的资产业务,贷款业务在经营收益中所占份额也最大。即使是在全世界范围内证券市场最为发达的美国,商业银行仍然占据着金融体系的主导地位。与此同时,美国银行业的经营领域里,贷款业务所占地位在最近几十年来也发生了较大变化。

一、第二次世界大战后美国银行业资产业务发展概述[①]

第二次世界大战结束后到 20 世纪 80 年代初期,美国银行业的贷款占总资产的比重经历了数十年的持续上升过程,由第二次世界大战结束时的 20% 上升到 60%。同期内与此趋势正好相反的是,证券投资占总资产的比重经历了一个持续下降过程,从 60% 下降到 20%。究其原因,一方面,由于第二次世界大战中美国银行业积累了大量的以美国政府债券为主的证券类资产,这类资产在战后的数十年里逐渐到期终止,使得证券资产的比重趋于下降;另一方面,更为重要的是,在战后经济恢复重建和此后数十年的经济发展过程中,银行贷款仍然是一个国家和地区的发展最为重要的资金融通方式。

在美国,商业银行、储蓄银行、信用合作社、金融公司和投资银行等金融机构之间的激烈竞争导致了商业银行放贷政策和贷款组合发生变化。第二次世界大战结束后到 20 世纪 70 年代,商业银行控制了美国的工商业贷款。为追求更高的盈利,商业银行常常通过向新的借款人发放贷款来提高贷款占总资产的比重,并期望获得更高收益。随之而来的必然是日益增加的损失,从而导致大量银行破产。20 世纪 80 年代到 90 年代初期,美国银行业的信贷环境表现为过多高风险贷款、高贷款损失率和定价的恶性竞争,这就形成了风险调整后的低回报率。毫不奇怪的是,银行进而从整体上减少了贷款组合的规模,代之以变现性高的证券资产。

---

① 如无特别说明,本案例中的数据均来自美国联邦存款保险公司的银行业统计。

从 20 世纪 80 年代中期到 2007 年,美国银行业的资产构成中,贷款所占比重基本稳定在 60% 左右,不过仍然随着经济周期的波动而有所变化。在经济繁荣时期其比重会上升,而衰退时期则会有所下降。到 2008 年的全球金融危机之后,贷款业务的重要性开始持续下滑,到 2013 年 6 月底其比率已经下降到 53.66%。证券资产在商业银行中的地位同样受到经济周期的影响,其变化趋势的特征正好与贷款业务相反。从 80 年代后期到 2007 年,银行业证券类资产的比重螺旋式下降到不足 15%,此后开始回升,到 2013 年 6 月底时为 20.44%。

此外,随着竞争压力的加剧促使某些银行降低流动性以获取额外利润,以及银行更为有效地管理法定准备金,现金资产在总资产的比重在第二次世界大战后到本世纪初的近 60 年中持续下降,到 2006 年时已经降到不足 4%。2007 年的次贷危机和 2008 年的金融危机爆发后,现金资产的比重又开始上升,截至 2013 年 6 月底时已经恢复到 10%以上。

二、2012 年美国银行业贷款业务的状况及特征

对于大部分企业和家庭(个人)来讲,银行信用是可获得的债务融资的首要来源,而商业银行会出于不同目的向不同类型的借款人发放信贷,放贷策略也会不同。在美国,有些银行可能会将贷款集中在几个业务领域,在这些领域内银行会限制新增贷款进入到它们拥有专业经验的市场。有些大型银行会偏向于证券承销、投资银行和贷款发放业务,但又通过向其他投资者出售贷款将贷款转移出资产负债表,并从中获取服务费收入。

商业银行贷款业务承担的最为突出的风险是信用风险,许多因素可能会致使贷款违约。能源、高新科技、农业和房地产等行业可能会由于整体经济形势的衰退而出现下滑,公司的问题可能来自科技进步、罢工、消费偏好转变或管理不善,个人借款者的偿付能力则与经济周期引起的个人收入的升降紧密相关。利率风险也会影响贷款的收益和风险,贷款期限、定价方式和本息偿付方式等都会受到市场利率变化的影响,一般而言,长期贷款、固定利率计价贷款和本息分期偿付的贷款所面临的利率风险较高。因此,贷款在银行业资产中的损失率最大,银行通常会对预期损失留出足额的准备金。

截至 2012 年年底,美国的存款机构中参加了联邦存款保险公司的机构数量共 7 083 家,其中商业银行 6 096 家,储蓄机构① 987 家。这 7 000 多家机构基本能够代表美国银行业的状况。2012 年年底,美国存款机构的资产总额为 14.45 万亿美元,其中商业银行总资产 13.39 万亿美元,约占所有存款机构总资产的 92.7%,储蓄机构总资产 1.06 万亿美元,占 7.3%;所有机构的总资产中,贷款和租赁总额为 7.70 万亿美元,约占总资产的 53.3%。

---

① 在美国,以吸收存款为主要资金来源的储蓄机构包括储蓄贷款协会、互助储蓄银行和信用社,它们开展资产业务的对象和业务类型与商业银行有较大不同。

（一）按规模划分美国银行业贷款业务的内容和特征

美国的商业银行的贷款构成会因银行规模、地理位置、交易区域和放贷技术的不同而有显著差异。表 9.1 是按照商业银行资产规模的大小来划分类别，并考察了 2012 年年底各类银行贷款业务的具体内容。

表 9.1　2012 年年底美国存款机构的贷款占总资产比例

	全部机构	商业银行（按资产规模划分）					全部储蓄机构
		全部商业银行	小于1亿美元	1亿～10亿美元	10亿～100亿美元	大于100亿美元	
报告机构数量（家）	7 083	6 096	1 953	3 608	446	89	987
贷款和租赁净额	52.13%	51.50%	54.57%	60.67%	61.67%	49.50%	60.20%
加：贷款损失准备	1.12%	1.14%	1.00%	1.13%	1.21%	1.13%	0.93%
加：预收收益	0.01%	0.01%	0.02%	0.03%	0.03%	0.01%	0.04%
贷款和租赁毛额	53.27%	52.64%	55.59%	61.82%	62.90%	50.64%	61.17%
所有房地产贷款	28.31%	26.96%	36.85%	46.33%	42.68%	23.34%	45.35%
国内机构房地产贷款	27.90%	26.52%	36.85%	46.33%	42.67%	22.79%	45.35%
建筑和土地开发	1.41%	1.41%	2.27%	4.13%	3.75%	0.89%	1.40%
商业房地产	7.42%	7.30%	11.90%	20.25%	19.35%	4.73%	9.00%
复合家庭住宅房地产	1.62%	1.34%	1.10%	2.21%	2.70%	1.11%	5.16%
"1～4 类"家庭住宅	16.93%	15.93%	15.10%	16.27%	15.64%	15.93%	29.62%
农场	0.51%	0.54%	6.48%	3.47%	1.24%	0.12%	0.17%
外国分支房地产贷款	0.42%	0.45%	N/A	0.00%	0.01%	0.54%	0.00%
农业贷款	0.46%	0.48%	6.47%	2.59%	0.92%	0.17%	0.23%
工商业贷款	10.43%	10.84%	7.60%	8.86%	11.16%	11.03%	5.31%
对非美国受款人	1.58%	1.68%	0.02%	0.04%	0.29%	2.00%	0.27%
个人贷款	9.19%	9.22%	3.87%	2.83%	5.60%	10.27%	8.82%
信用卡	4.82%	4.73%	0.04%	0.17%	1.68%	5.55%	5.85%
其他相关贷款计划	0.43%	0.45%	0.05%	0.10%	0.20%	0.51%	0.14%
汽车贷款	2.22%	2.25%	1.77%	1.13%	1.94%	2.40%	1.75%
其他对个人贷款	1.73%	1.78%	2.01%	1.42%	1.79%	1.81%	1.07%
其他贷款和租赁总额*	4.87%	5.14%	0.80%	1.21%	2.54%	5.84%	1.47%

资料来源：美国联邦存款保险公司，银行业统计数据，http://www.fdic.gov。

　* 该项下主要包括对外国政府和官方机构贷款、对地方政府及其机构贷款义务、应收融资租赁额、对存款机构的贷款和票据承兑和其他贷款等。

虽然规模相近的银行间确实会存在不同的放贷策略,但也有一些共同特征。从表9.1可以看出有以下几个共同特征:

第一,规模中等的银行(资产规模在 1 亿～10 亿美元和 10 亿～100 亿美元之间的银行)对贷款业务的依赖程度最高,其贷款业务比重分别为 61.82% 和 62.90%,而 89 家资产规模超过 100 亿美元的大型商业银行对贷款的依赖程度最低。这可能说明了规模更大的银行会更加关注创造非利息收益的非信贷产品和服务,并以它们作为首要的收入来源。对于 987 家规模一般较小的储蓄机构,其较高的贷款业务比重更多是由于其业务主要是给会员和非会员发放贷款。

第二,房地产贷款在所有银行中都是规模最大的贷款类别。历史统计数据显示房地产贷款比重在 2006 年年底时最高曾达 38%,此后有所回落。这可能显示了美国经济对房地产市场的依赖。中等规模商业银行(总资产在 1 亿～10 亿美元)和储蓄机构的房地产相关贷款的比重高达 45% 以上,而资产超过 100 亿美元的大型银行的房地产贷款比重最低,这可能表明规模越大的银行资产业务类型更加多样化。

第三,房地产贷款中,住宅贷款和商业房地产贷款是两类主要业务,其中在规模较小和规模最大的存款机构中住宅贷款比重超过商业房地产贷款,而规模中等的商业银行中商业地产贷款超过住宅贷款。

第四,存款机构的规模越大,对农业贷款的支持力度就越低,而对工商业贷款的支持力度就越高,这可能是由于农产品生产行业和工商业具有的不同特点所决定的。农业生产由于地域分散,单一农场的规模较小,因此与数量众多的小银行具有天然的结合优势,而工业和商业由于单一企业规模大,资金需求量大,因此更适合追求规模效益的大银行来经营。

第五,存款机构的规模越大,对个人贷款的支持力度就越高,尤其是个人贷款中信用卡贷款的比重就越高。这是由于大银行拥有更广泛的分支机构网络和更多的个人客户,在推广信用卡业务和发放诸如汽车贷款等个人贷款业务时具有优势。总体来看,所有存款机构用以支持消费支出的贷款业务约占总资产的 9%。

第六,其他类型的贷款和租赁主要出现在大型银行,而中小银行的此项业务可以忽略不计。

(二) 按贷款集中度划分的美国银行业贷款业务的内容和特征

对银行进行分类的常用做法是根据银行的企业或个人借款者的定位划分,那些重点面向大型企业放贷的银行称为批发银行,而那些着重向个人放贷的银行称为零售银行。当然,大多数银行同时向这两类贷款人发放贷款,它们之间的区别仅仅在于不同类型业务的重要性不同。美国联邦存款保险公司根据各存款机构的资产集中程度将所有受保机构分为 9 组:信用卡银行、国际银行、农业银行、商业贷款人、抵押贷款人、消费贷款人、其他少于 10 亿美元的专业机构、所有其他少于 10 亿美元的机构和所有其他高于 10 亿美元的机构。关于每组机构的详细界定见表 9.2,每家机构只属于其中一组,每组之间互不包含。

表 9.2　FDIC 按资产集中程度对所有存款机构所做的分组情况*

信用卡银行（Credit card banks）	信用卡贷款、证券化应收款项两者之和超过总资产与证券化应收款项之和 50% 的机构
国际银行（International banks）	资产规模超过 100 亿美元且超过 25% 的总资产在外国的银行
农业银行（Agricultural banks）	农产品贷款加上以农场为担保品的房地产贷款超过贷款租赁总额 25% 的银行
商业贷款人（Commercial Lenders）	工业和商业贷款、房地产建筑和开发贷款、以商业房地产产权为担保的贷款三者之和超过总资产 25% 的银行
抵押贷款人（Mortgage Lenders）	住宅抵押贷款加上抵押贷款证券超过总资产 50% 的机构
消费者贷款人（Consumer Lenders）	住宅抵押贷款、信用卡贷款、其他个人贷款三者之和超过总资产 50% 的机构
其他少于 10 亿美元的专业机构（Other Specialized ＜ $1billion）	资产低于 10 亿美元，且贷款租赁总额占总资产比重低于 40% 的机构
所有其他少于 10 亿美元的机构（All Other ＜ $1billion）	资产低于 10 亿美元，且不符合本分类中的任何其他定义、其贷款业务没有明确的资产集中度的机构
所有其他大于 10 亿美元的机构（All Other ＞ $1billion）	资产大于 10 亿美元，且不符合本分类中的任何其他定义、其贷款业务没有明确的资产集中度的机构

资料来源：美国联邦存款保险公司（FDIC），银行业季度概览，http://www.fdic.gov。

* 各类存款机构的组别按其定义分类且互不包含。

　　表 9.3 反映了 9 组不同经营模式的存款机构在贷款集中度、贷款损失净核销率和总体回报等方面的差异。

　　从数量上来看，大部分存款机构的业务类型属于商业贷款人，其次是农业银行，再次是资产业务没有明确集中度的、资产额少于 10 亿美元的机构，而国际银行和信用卡银行的数量为最少，分别只有 5 家和 19 家。即使大多数机构主要发放商业贷款，这个群体也已经发放了大量多种类型的贷款。

　　从表 9.3 可以看出，信用卡银行的贷款业务中有 92.25% 是个人贷款，而这其中信用卡贷款的比例达到 88.66%。抵押贷款人的业务中超过九成是房地产相关贷款，其中主要是发放给家庭的住宅抵押贷款，约占总贷款业务的八成。消费贷款人的业务中超过70% 是个人贷款，其中非信用卡业务的"其他个人贷款"为 48.32%，该比率远超过其他八组银行。其他少于 10 亿美元的专业机构和所有其他少于 10 亿美元的机构中房地产贷款的比重也超过七成。国际银行和所有多于 10 亿美元机构的贷款业务分布相对均衡。

　　贷款业务的重心不同带来了不同的风险和收益。如表 9.3 所示，资产收益率和股本回报率最高的是信用卡银行，同时其贷款损失的净核销率也最高。收益率排名第二的是消费贷款人，其贷款损失的净核销率也同样排名第二。这种表现是银行业风险收益平衡的有力证据。

表 9.3　2012 年年底各类各类存款机构的贷款集中度和信贷风险情况

存款机构类型（按资产集中组别划分）

	所有机构	信用卡银行	国际银行	农业银行	商业贷款人	抵押贷款人	消费贷款人	其他<10亿美元的专业机构	所有其他<10亿美元的机构	所有其他>10亿美元的机构
报告机构数量（家）	7 083	19	5	1 537	3 497	660	51	414	827	73
贷款余额（10亿美元）	7 697.7	479	1 296.2	144.9	2 902.6	379	71.6	18.3	79.4	2 326.8
所有房地产贷款	53.19%	0.02%	37.90%	58.25%	63.57%	91.35%	25.84%	70.49%	75.82%	53.12%
建筑和开发	2.65%	0%	0.49%	2.76%	4.73%	1.79%	0.56%	5.46%	4.03%	1.93%
商业房地产	13.93%	0%	2.74%	16.22%	25.15%	8.34%	1.82%	24.59%	19.40%	9.92%
复合家庭住宅地产	3.04%	0%	3.23%	1.52%	4.81%	2.96%	0.28%	1.64%	1.89%	1.59%
住宅股权贷款	7.20%	0%	7.92%	1.10%	6.76%	5.20%	10.75%	2.73%	3.15%	9.61%
1~4类家庭住宅	24.63%	0.02%	19.18%	15.18%	21.04%	72.69%	12.43%	32.24%	41.94%	29.68%
工商业贷款	19.60%	7.18%	20.78%	12.77%	22.80%	2.77%	0.84%	12.02%	9.19%	21.65%
个人贷款	17.25%	92.25%	20.00%	4.69%	7.37%	2.22%	73.18%	11.48%	8.19%	14.45%
信用卡贷款	9.04%	88.66%	12.68%	0.35%	0.60%	0.18%	24.86%	1.09%	0.13%	3.03%
其他个人贷款	8.20%	3.61%	7.33%	4.35%	6.77%	2.03%	48.32%	10.38%	8.06%	11.43%
其他贷款和租赁（含农业）	9.96%	0.52%	21.30%	24.29%	6.27%	3.67%	0.14%	5.46%	6.80%	10.78%
2012年度经营绩效指标：										
贷款与存款比率	69.64%	139.98%	46.93%	71.22%	83.81%	77.46%	83.22%	34.40%	63.23%	65.88%
资产收益率	1.00%	3.13%	0.80%	1.27%	0.89%	0.87%	1.47%	1.23%	0.86%	1.00%
股本回报率	8.91%	20.97%	8.85%	11.18%	7.46%	7.80%	14.94%	8.67%	7.51%	8.35%
贷款损失净核销率	1.10%	3.80%	1.41%	0.24%	0.74%	0.82%	1.31%	0.45%	0.44%	0.94%

资料来源：美国联邦存款保险公司，银行业季度概览，http://www.fdic.gov。

（三）美国经济周期波动与银行业各类型贷款的损失

问题贷款和贷款损失的数额会随经济周期的波动而波动,但不同类型的贷款业务其损失率与经济周期之间的关系也不一致,如图 9.1 列出的 FDIC 承保机构 1984—2013 年第二季度末各种类型贷款的非流动性贷款占总贷款比率变化趋势图。非流动性贷款(noncurrent loans)是指已经逾期 90 天(含)以上的但仍在计息的贷款加上已经不再计息的贷款。

20 世纪 80 年代到 90 年代初期是美国银行业的困难时期,每种类型贷款的非流动性比率都急速上升,其中工商业贷款和房地产贷款的非流动性比率较高,但房地产贷款中的住宅贷款的非流动性比率直到 1989 年都保持着一个极低的水平,这表明房地产贷款的风险主要来自于诸如商业性房地产等非住宅贷款。20 世纪 80 年代中期,由于能源价格暴跌、农业问题和商业房地产的过度开发等问题,工商业贷款面临着很高的风险。这一时期信用卡贷款较低的非流动性比率主要是由于美国经济在经过了 20 世纪 70 年代的两次"石油冲击"之后,在里根总统的减税政策刺激下逐步的恢复增长,失业率走低,个人收入有保障。

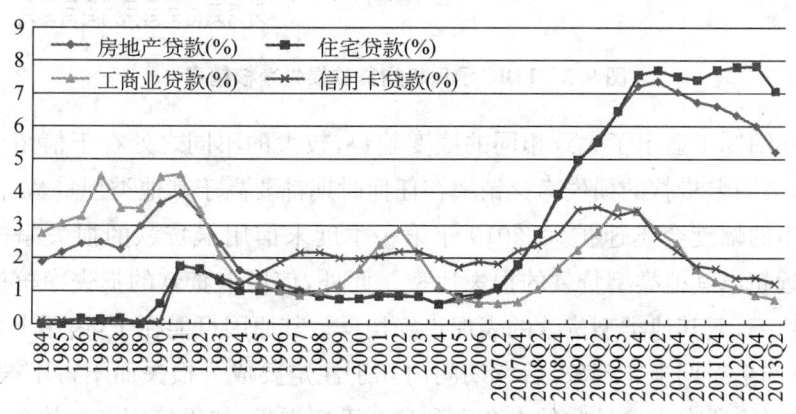

图 9.1　FDIC 承保机构非流动性贷款占总贷款比率

从 20 世纪 90 年代初期开始一直到 2006 年,除工商业贷款的非流动比率在 2001 年之后有所上升之外,其他类型贷款的非流动性比率都保持了一个平稳的态势。从 1992 年克林顿政府上台到 2000 年高科技产业泡沫破灭前的一段时期被美国的经济学界称为"大稳健"的新经济时代,该时期内美国经济增长势头良好。2000 年的高新技术泡沫破灭和 2001 年的"911"事件短暂打击了银行业的工商业贷款,但在美联储逐步降低基准利率的宽松货币政策的刺激下,美国经济迅速恢复成长,直到 2007 年以房地产次级抵押贷款危机为主要内容的"次贷危机"爆发。

2007 年的次贷危机和 2008 年的金融危机对美国的实体经济造成了严重打击,所有类型贷款的非流动性比率都上升明显,但房地产贷款的风险上升幅度更大。到 2010 年之后,在美国经济逐渐显现恢复增长迹象的条件下,工商业贷款和信用卡贷款的非流动性比率已经开始下降,但房地产贷款的风险仍然远远高于以往时期,尤其是住宅贷款的非流动

性比率一直维持在7%以上的高位水平。

图9.2是FDIC承保机构1984—2013年第二季度末期间各种类型贷款的贷款损失净核销率的变化趋势图。贷款损失净核销率(net charge-offs to loans and leases)指所有贷款净核销额占全部贷款的比率,而净核销额等于总核销额减去过去核销但又重新收回的贷款金额。

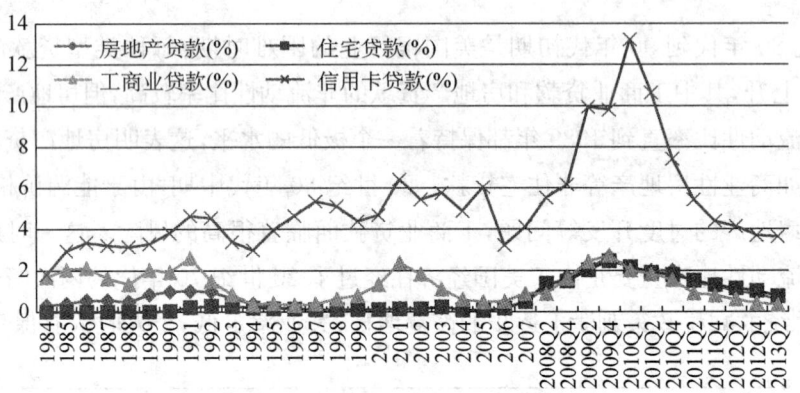

图9.2　FDIC承保机构贷款损失净核销率

图9.2和图9.1显示了大致相同的演变趋势,较大的不同之处在于信用卡贷款。与图9.1相比,信用卡贷款的损失净核销率在任何时期都要高于其他类型贷款,而在经济衰退时期其超出的幅度会迅速扩大,2010年第一季度末信用卡贷款的损失净核销率高达13.21%,远远超出其他类型贷款的损失比率。此外,信用卡贷款的损失净核销率要高于其非流动性比率,而其他类型贷款的表现正好相反。其原因可能在于,信用卡贷款是无抵押贷款,一旦产生逾期未还现象,后续期间内几乎注定要成为损失而不得不被核销;而且随着时间的延长,所有应该计收的本金和利息会迅速累积,如果信用卡欠款个人的收入没有恢复,一般也不会偿还其前期已经被银行确认为损失的贷款本息。其他类型的贷款,包括房地产贷款和工商业贷款,由于一般是抵押贷款,在面临风险时银行至少能够收回部分本息,而当经济形势恢复向好时,以前被银行确认为损失的贷款也有可能被继续偿还。

三、美国银行业贷款业务的未来竞争

在美国,虽然商业银行是企业和个人的主要贷款人,但今天大多数企业和个人已经可以从多种不同的渠道获取融资,比如个人可以向金融公司(包括消费金融公司、销售金融公司、商业信贷公司等)和人寿保险公司融资,而企业可以通过发行垃圾债券和商业票据等方式来融资。管制放松、金融创新、客户意识的提高以及技术进步等因素的存在使从多渠道获取贷款变得越来越容易。然而,银行仍需要有必要的技术、经验和客户定位,使它们成为受客户青睐的多种类型的贷款发放商。放贷不仅仅是发放贷款然后坐等偿付,银行必须监督贷款,并密切管理以防止损失。

案例思考

1. 查找相关资料,比较中美两国的银行业资产业务、贷款业务的相同之处和不同特征。

2. 根据案例中的描述,总结一下 2008 年金融危机前后美国商业银行贷款业务的不同表现。

3. 查找相关资料和研究,分析 2008 年的金融危机对美国不同类型的商业银行的影响有何不同。

4. 查找数据和资料,分析一下 2012 年之后美国银行业贷款业务发展演变的新特征。

5. 你认为美国银行业资产业务和贷款业务的发展历程和特征对中国银行业同类业务的发展能够带来什么启示?

案例 10　中外商业银行中间业务的发展比较

1. 掌握商业银行中间业务的概念和分类，以及中间业务和表外业务的区别和联系
2. 了解西方国家商业银行中间业务的主要类型和特征，以及它们在商业银行业务中的地位
3. 了解我国商业银行中间业务的主要类型和特征，以及它们在商业银行业务中的地位

案例介绍

一、西方商业银行的中间业务简介

西方商业银行的中间业务创新从 20 世纪 70 年代开始，这一时期以信用卡业务、代售保险和基金等业务为主。80 年代后，随着金融衍生产品市场的发展，商业银行推出了大量信用担保、互换、期货和期权等衍生类中间业务产品。90 年代后，信息技术的发展及其应用推动了电子渠道建设，现金管理等资源整合型中间业务陆续推出。2000 年后，受益于混业经营和发达的金融市场，商业银行的中间业务从传统支付结算和证券相关业务，发展到代客理财和资产管理等诸多领域，实现了保险、证券和信托等中间业务的全面推进。

在混业经营的环境中，西方商业银行的资产运用能力和产品开发能力不断提高，中间业务呈现出多元化、个性化、系列化和综合化的发展趋势。西方商业银行的中间业务大致可分为四大类：一是结算运营类业务；二是交易、投资及保险业务；三是信用卡类业务；四是数据处理服务和 ATM 等其他业务。大型银行集团的中间业务收入中，资产管理、投资银行和证券经纪收入占比 70％左右，与传统银行业务相关的账户收费、信用以及结算业务等收费业务占比 30％左右。西方国家的学者和银行家认为，中间业务收入占总收入的比重越高，商业银行的收入就越稳定，受经济环境变化的影响就越小。根据欧洲中央银行的统计，1989—2005 年，欧洲前 50 大银行中间业务收入在总收入中的占比由 23％上升到 55％，中间业务收入占比的高低已成为衡量银行稳定性的重要指标。

二、汇丰银行的中间业务类型及收入

汇丰银行集团是全世界最大的进行全球化运营的商业银行（集团）之一，其在五大洲的 80 多个国家均设有在当地具有影响力的众多机构，为全球客户开展零售银行和财富管理业务、商业银行业务、全球银行和市场业务以及全球私人银行业务等服务。

我们以汇丰银行为例来看一下发达国家银行的中间业务项目以及收入情况。表10.1列出了汇丰银行2012年和2011年的收入额及其结构。

表 10.1 汇丰银行收入类型及结构

项 目	2012 年		2011 年	
	收入额（百万美元）	占比	收入额（百万美元）	占比
利息净收入	37 672	55.13%	40 662	56.26%
服务费净收入	16 430	24.05%	17 160	23.74%
长期债券债权价差收益	−5 215	−7.63%	3 933	5.44%
出售美国分支机构、美国信用卡业务和平安保险公司股权的收益	7 024	10.28%		
其他营业收入	12 419	18.18%	10 525	14.56%
营业总收入	68 330	100%	72 280	100%

资料来源：汇丰控股 2012 年年报。

从表10.1中可以看出，两年间汇丰银行的服务费净收入占营业总收入的比重均在24%左右。实际上中间业务收入占总收入的比重要高于该数值，因为在"其他营业收入"项目（主要包括净交易收入、金融工具公允价值变动收入、财务投资收入、股息收入、净保险佣金收入等）中也有部分项目属于广义中间业务的收入。粗略估算下来汇丰银行的中间业务收入应该占到总营业收入的30%以上。

表10.2列出了2012年汇丰银行收入额最高的中间业务类型——"服务费净收入"的内容和结构。

表 10.2 2012 年汇丰银行服务费净收入

项目	收入（百万美元）	占比	项目	收入（百万美元）	占比
账户服务	3 563	17.68%	单位信托	739	3.67%
银行卡业务	3 030	15.04%	保管业务	737	3.66%
基金管理	2 561	12.71%	保险业务	696	3.45%
信贷承诺	1 761	8.74%	公司金融服务	370	1.84%
经纪业务	1 350	6.7%	信托收入	283	1.4%
进出口业务	1 196	5.94%	投资合约	141	0.7%
汇款业务	819	4.06%	抵押贷款服务	86	0.43%
承销业务	739	3.67%	其他业务	2 078	10.31%
			服务费总收入	20 149	100%
			减：服务费总支出	3 719	18.46%
			服务费净收入	16 430	81.54%

资料来源：汇丰控股 2012 年年报。

从表 10.2 可以看出,汇丰银行的服务费净收入的各个项目以基本无风险的支付结算类业务、银行卡业务、基金管理业务和代理类业务为主,另外还包括风险较低的承诺类业务、信托类和承销类业务等。

三、美国银行业的中间业务及其非利息收入

商业银行的传统业务一般是通过贷款来产生利息收益的,这就要求商业银行为了追求收益的增加而必须扩大贷款规模,或者提高贷款利率。但是,贷款规模的扩大会要求资本的同比增长,利率的提高则有可能增加贷款损失的可能性。因此,众多家银行力求净利息收益迭创新高的日子已经一去不返了,很多有识见的银行和管理者开始通过另外一种成本收益比率更优的业务来增加银行的收入,这一业务就是中间业务。在美国,自 20 世纪 70 年代之后,由于非银行金融机构的迅速发展侵占了商业银行业务的部分领域,这一趋势表现得愈发明显。

美国商业银行经营管理中并没有"中间业务"的说法,与我国对中间业务的定义较为一致的同类业务一般称为"表外业务"。表外业务所带来的收入在美国商业银行的年度收入表中基本体现在"非利息收入"一项中,因此我们以此来考察美国银行业中间业务的发展和地位。

美国联邦存款保险公司(FDIC)是美国存款性金融机构的主要监管者之一,截至 2012 年年底,在 FDIC 投保存款保险的存款机构共 7 083 家,其中商业银行 6 096 家,储蓄机构 987 家。历史上,FDIC 承保的存款机构曾高达两万多家。根据 FDIC 的统计数据,第二次世界大战以后美国银行业的营业总收入中来自净利息的收益一直在快速增长,到 20 世纪 70 年代后期,净利息收入占总收入的比重超过了 80%。80 年代之后,趋势发生逆转,非利息收入所占比重开始上升(如图 10.1 所示)。美国金融业界对净利息收入下降所做的原因解释包括,金融创新导致的非银行金融机构数量的增加、金融部门的合并、金融机构之间差异化的逐渐模糊以及金融管制环境(如逐渐允许银行业进行混业经营)的变化等。

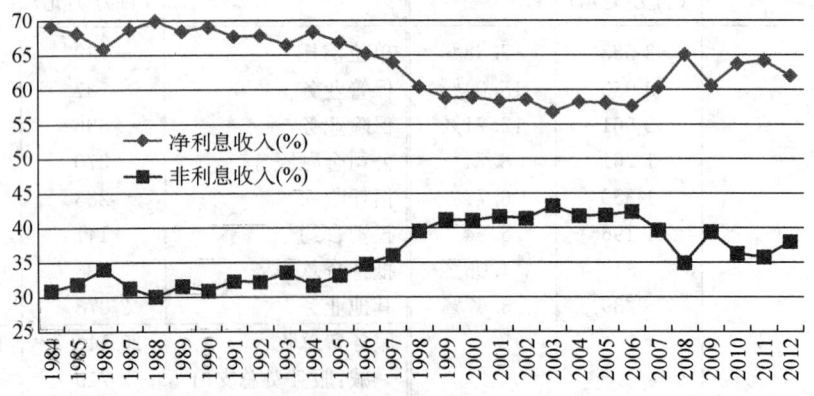

图 10.1 美国银行业的净利息收入和非利息收入

资料来源:美国联邦存款保险公司,历史统计数据,http://www.fdic.gov。

总而言之,大型银行与金融机构已经不再特别重视贷款,而更注重通过贷款证券化创造费用收入,以及提供能够产生费用收入的产品和服务。到本世纪初期,大多数年份里非利息收入所占比重已经超过 40%。直到 2007 年次贷危机爆发,资产证券化业务遭受重大打击,再加上经济的衰退,双重的影响导致美国银行业的非利息收入又开始下滑。

美国银行业的营业收入来源主要包括净利息收入、非利息收入和证券交易收益(损失)三部分。净利息收入是指商业银行所有资产的利息及收费总和扣除所有负债的利息支付总额之后的净额部分。非利息收入是商业银行为客户提供额外产品和服务所带来的收入,这些额外服务收入包括信托业务、存款账户收费、交易账户收费以及其他额外服务收入等。证券交易的收益(损失)指商业银行以高于(或低于)其购入证券的初始价格或摊销成本价格、从其投资组合中出售未到期证券的过程中产生的收益(或损失)。银行的规模不同,则各种收入来源的重要性也不相同,如表 10.3 列示了资产规模不同商业银行的收入结构。

表 10.3　2012 年美国按资产规模划分各类商业银行的营业收入结构

	<1 亿美元	1 亿～10 亿美元	10 亿～100 亿美元	>100 亿美元
营业收入总额	100%	100%	100%	100%
净利息收入	77.05%	76.02%	70.60%	59.77%
非利息收入	21.40%	22.22%	28.09%	38.82%
证券交易收益(损失)	1.55%	1.76%	1.31%	1.41%

资料来源:美国联邦存款保险公司,存款机构统计(SDI)。

从表 10.3 可以看出,规模越大的银行,其非利息收入占比越高,对净利息收入的依赖性则越低,其中资产规模超过 100 亿美元的大型银行的非利息收入占比达到 38.82%。这可能是由于规模大的银行拥有的客户数量众多、分支机构网络分布广泛、人力资源储备丰富、技术和设备功能先进等原因所导致的。

在美国商业银行非利息收入的构成中,其来源一般包括如下渠道:

信托业务收入,该业务反映了商业银行信托部门的收入,这些业务一般包括银行为工商企业和其他客户建立资产管理账户和代理账户,并为其进行集合投资或信托基金管理等服务。

存款账户服务费,是银行为客户提供支票存款账户服务所得的收入,通常是多数银行非利息收入的主要来源。

交易账户收益及收费,反映了当期证券交易(在市场上进行做市交易)和表外衍生品合约的收益(损失)。

风险资本收入和证券化净收入,是银行进行风险资本投资和资产证券化业务过程中的收费。

投资银行、咨询、经纪业务、承销业务的佣金,包括来自于证券承销、私募证券、投资咨询和管理服务、兼并收购服务的手续费和佣金等。

净服务费用,包括来自不动产抵押服务、信用卡和客户持有的其他金融资产服务的收费等。

保险费用和佣金,是来自保险承销、保险销售或再保险业务的收益,其中包括手续费、佣金和服务费等。

贷款出售的净收益(损失),是贷款与租赁物的出售或以其他方式处置产生的净收益(损失)。

自有房地产出售净收益(损失)和其他资产出售净收益(损失),是指分别来自于银行所拥有的不动产的出售或除贷款和租赁之外的其他资产(不包括证券,包括固定资产和已协议作为债务抵押的私有财产如汽车、船只、设备和电器等)的出售所获得的收益(损失)。

其他非利息收益,来自存款保管箱服务以及出售银行汇票、汇款单和支票等业务、承兑票据和信用证的履行、公证、咨询服务、不动产租赁及其他相关收入、信用卡收费、贷款承诺费用、外汇费用、人寿保险费用、提前兑取罚金、数据处理费用以及许多其他杂项业务的收入。

表10.4列示了2012年美国按资产规模划分的各类商业银行的非利息收入结构。表中显示,资产规模大于100亿美元的商业银行的非利息收入来源结构较为均衡,包含项目最多的"其他非利息收益"的占比超过一半,没有对单一业务过度依赖。在资产规模小于100亿美元的三类机构中,存款账户服务、贷款出售业务和信托业务三类中间业务的比重较高。

表10.4 2012年美国按资产规模划分各类商业银行的非利息收入结构

	<1亿美元	1亿～10亿美元	10亿～100亿美元	>100亿美元
非利息收入总额	100%	100%	100%	100%
信托业务	10.23%	9.65%	12.22%	12.27%
存款账户服务费	28.32%	24.74%	20.97%	13.13%
交易账户收益及收费	0.04%	0.07%	0.87%	8.88%
投资银行、咨询、经纪、承销业务的佣金	4.80%	2.58%	3.27%	4.12%
风险资本收入	0	0.14%	0.02%	0.02%
净服务费	14.87%	4.30%	2.52%	5.94%
证券化净收入	0.03%	0.31%	0.26%	0.57%
保险费用和佣金	2.20%	2.03%	1.89%	1.17%
贷款出售净收益	10.09%	25.97%	18.73%	3.81%

（续表）

	<1 亿美元	1 亿~10 亿美元	10 亿~100 亿美元	>100 亿美元
自有房地产出售净收益（损失）	−6.10%	−7.36%	−4.34%	−0.29%
其他资产出售的净收益（损失）	0.53%	0.09%	−0.27%	0.09%
其他非利息收益	34.99%	37.47%	43.87%	50.30%

资料来源：美国联邦存款保险公司，存款机构统计（SDI）。

四、我国商业银行中间业务的发展

我国商业银行中间业务的发展可以划分为两个阶段，1994 年商业化改革后至 2003 年股份制改革前为存款导向阶段，发展中间业务的主要目的是为了维护客户关系，稳定增加存贷款规模，很多中间业务属于无偿服务，结算、代理和银行卡三类传统中间业务收入占中间业务总收入的 65% 以上。2003 年以后，开始向收入导向阶段过渡，以增加收入和改善收益结构为主要目的。治理结构改革和资本市场的快速发展推动了以国有商业银行为主体的我国商业银行中间业务的创新，各家银行纷纷把零售中间业务作为发展重点，加大资源投入和产品创新，理财业务、资产托管业务和投资银行等创新型业务快速增长，账户服务、银行卡和结算业务等传统中间业务产品也获得了新的发展机遇。

我国习惯上以"非利息收入"作为衡量中间业务收入的指标。根据中国金融业监管部门的相关规定，"非利息收入"项目在信息披露时包含了"手续费和佣金净收入"和"其他非利息收入"两个子项目。"其他非利息收入"项目中主要包括了投资收益、汇兑收益、公允价值变动收益（损失）和其他业务收入等项目。表 10.5 列出了 2006 年以来我国最大的三家银行（中国工商银行、中国银行和中国建设银行）中间业务收入的情况。

表 10.5　我国三大银行非利息收入及其占总收入比重

		2006	2008	2010	2012
工行	收入（百万元）	18 520	46 721	77 072	119 117
	占比	10.20%	15.08%	20.24%	22.18%
中行	收入（百万元）	25 381	65 352	82 855	109 127
	占比	17.30%	28.63%	29.93%	29.81%
建行	收入（百万元）	11 225	42 587	68 156	107 544
	占比	7.40%	15.92%	20.92%	23.34%

资料来源：各家银行各年年报。

从表 10.5 可以看出，2006 年之后中国大型商业银行的中间业务规模扩张迅速，到

2012年时三大行和汇丰银行的中间业务收入从绝对数额上来看已经基本持平。但是从中间业务的相对比重上来看,我国商业银行中间业务的发展程度与发达国家同等规模的大型银行之间还存在着一定差距。中间业务收入占比最高的中国银行在2012年的收入比重只有29.81%,相比于2010年反而略有下降,这说明中间业务近两年的增长速度可能要慢于传统的银行存贷款业务。与欧美国家的同类大型银行相比,中国银行业的中间业务收入比重平均要低10个百分点以上。

除了所占比重较低之外,中国银行业中间业务的具体内容结构与欧美国家银行之间也有较大的不同。表10.6列出了中国银行(集团)2011年和2012年非利息收入的项目结构。

表 10.6　中国银行(集团)非利息收入额及结构

项　目	2012 年		2011 年	
	收入 (百万元)	占比	收入 (百万元)	占比
手续费及佣金收入	75 198	68.91%	70 018	69.95%
银行卡手续费	14 952	13.70%	10 747	10.74%
代理业务手续费	14 171	12.99%	12 139	12.13%
结算清算手续费	14 051	12.88%	12 389	12.38%
信用承诺业务手续费及佣金	11 099	10.17%	13 268	13.25%
外汇买卖差价收入	6 808	6.24%	8 545	8.54%
顾问和咨询费	5 690	5.21%	6 507	6.50%
托管和其他受托业务佣金	2 371	2.17%	1 809	1.81%
其他业务	6 056	5.55%	4 614	4.61%
手续费及佣金支出	5 275	4.83%	5 356	5.35%
手续费及佣金净收入	69 923	64.07%	64 662	64.60%
投资收益	14 719	13.49%	18 980	18.96%
公允价值变动收益(损失)	1 953	1.79%	4 367	4.36%
汇兑收益	-3 527	-3.23%	-9 051	-9.04%
其他业务收入	26 059	23.88%	21 144	21.12%
非利息净收入	109 127	100%	100 102	100%

资料来源:中国银行2012年年报。

根据中国银行2012年年报中的披露,表10.6中的"投资收益"项下主要包括对交易性金融工具、可供出售金融资产、衍生金融工具和长期股权投资等业务的投资收益。"公允价值变动收益（损失）"项下主要包括指定为以公允价值计量且其变动计入当期损益的金融工具的价值损益和投资性房地产公允价值变化损益。"汇兑收益"为外币货币性资产和负债折算产生的损益。"其他业务收入"主要包括保险业务收入、贵金属销售收入和飞行设备租赁收入等。

从中国银行与汇丰银行的中间业务收入构成比较可以看出，汇丰银行的各种类型中间业务的分布相对较为均衡，既有创新型中间业务如资本市场和投资银行业务、财富管理业务和另类投资业务等，也有传统型中间业务如商业银行结算业务、零售银行业务和银行卡业务等，特别是零售中间业务和银行卡业务表现更为突出。中国银行的中间业务收入主要集中于传统银行相关服务如支付结算、银行卡、代理业务等。这些业务大多属于操作相对简单的劳动密集型业务，而投融资财务顾问和涉及金融市场交易等高技术含量、高附加值的创新型中间业务产品较少。

材料1是对中国银行业2012年中间业务发展的综述。

材料1

2012年，受监管政策和国内经济下行的影响，银行业手续费及佣金净收入整体下滑，中间业务结束了3年来高速增长的局面，16家上市商业银行手续费及佣金净收入同比增速为12.6%，较2011年跌落25.9个百分点。其中，大型商业银行中间业务回落尤其明显，五家大型商业银行手续费及佣金净收入总体增速为8.2%，远低于2011年33.5%的增长速度。股份制商业银行中间业务表现好于大型商业银行，11家上市股份制商业银行手续费及佣金净收入增速为40.5%。各银行充分认识到中间业务转型的紧迫性，不断优化中间业务结构，理财、结算清算、银行卡和托管业务等轻资本型中间业务越来越受到银行的重视。为应对第三方支付对银行传统业务形成的挤占和挑战，各商业银行加快电子化转型步伐，建立了电子渠道服务体系，推进电子银行规模不断扩大。随着银行业国际化进程加快，中间业务海外服务链条不断拓展，海外收入呈现快速增长态势，这些变化进一步增强了国内银行业中间业务发展的可持续性。

截至2012年年底，银行业金融机构共存续理财产品32 152只，理财资金余额为7.1万亿元，较上年增长55%。2012年，全国网上银行交易规模达到876.10万亿元，同比增加192.1万亿元，增长28.1%。全行业共有网上银行个人客户59 063.1万户，其中新增17 337.3万户，增幅为41.6%；共有网上企业客户1 159.4万户，其中新增301.6万户，增幅为35.2%。数据显示，2012年国内银行业跨境贸易人民币结算业务累计2.9万亿元，较2011年增长41.3%；直接投资人民币结算业务为2 802亿元，较2011年增长152.7%。

2013年，中间业务将进入稳定发展期，并呈现出以下趋势性特点：中间业务总体进入稳定增长期，业务基础将更加扎实，业务的深度和广度进一步拓展；中间业务仍将是商业银行转型发展的重要抓手和推动力，其重要性日益彰显；与金融资产管理相关的业务领域

将是业务增长的热点；收入增长将更多地依赖科技手段来实现；来自于国际业务的中收将会有明显增长；受2013年宏观调控影响，部分业务的中收增长可能受到结构性抑制。

资料来源：自中国银行业协会编《中国银行业发展报告（2012—2013）》。

从内部来看，我国国有控股商业银行中间业务产品创新机制滞后，部门条块分割的产品开发模式导致其在产品创新中对市场需求分析不足，在利用银行信息、技术和人才等为客户提供高质量和综合型服务方面较为欠缺，存在一定程度的重复开发现象。从外部经营环境来看，很多创新型中间业务涉及不同金融机构交叉经营的领域，而国内金融业分业经营和分业监管的制度制约了金融机构之间业务领域的交叉扩张和证券类、衍生金融工具类等跨领域、综合性的中间业务产品创新。

案例思考

1. 20世纪60年代之后，西方国家商业银行中间业务发展与其金融市场演变之间的关系是怎样的？

2. 根据案例中的描述，概况总结一下20世纪90年代至今我国商业银行中间业务发展过程的表现和特征。

3. 查找数据和资料，分析一下我国银行业2012年之后中间业务发展的新特征。

4. 结合对本案例的阅读，查阅相关数据和研究文献，深入思考我国商业银行中间业务与西方国家商业银行中间业务的差距表现在哪些地方？发展我国商业银行中间业务可以从哪些方面入手。

案例 11　中国银行的国际化

学习目标

1. 掌握商业银行国际业务的含义和主要类型
2. 了解中国银行业开展国际业务的必要性及当前发展阶段
3. 了解中国银行开展国际业务的主要内容及其国际化进程状况
4. 了解中国银行业当前国际业务的不足之处和未来的挑战

案例介绍

一、中国银行业：为什么需要国际化

随着中国崛起成为世界第二大经济体以及与外部世界的交往越来越紧密和深入，中国对外经济交往的方式较改革开放之初也变得更为多样化和高层次，原来仅仅以进出口贸易服务为"国际"特色的中国银行业需要真正开启国际化进程，在国际金融体系中发挥与经济实力相称的作用。

2000 年以来，中国政府提出了"走出去"战略，鼓励中国企业到海外投资，进行全球扩张。与 20 世纪 80 年代初提出的开放政策相比，"走出去"战略更加强调中国企业的海外生产和经营，而不是仅仅通过进出口贸易的方式利用海外市场。"走出去"战略产生的背景：首先，中国经历了多年的劳动密集型高速经济增长后，需要向海外（主要是发展中国家）转移过剩产能，将出口和投资导向型经济转型为消费导向型经济。其次，中国迫切需要把长期贸易和投资盈余所积累的并仍在持续增长的外汇储备进行多样化投资。再次，中国需要在全世界寻找自然资源和能源以满足国内的经济高速增长。最后，中国国内形成的领军企业开始有需求在海外（主要是发达国家）获取高新技术、高端品牌、管理经验以及成熟市场等。

"走出去"战略效果显著，且呈高速增长之势。根据商务部、国家统计局、国家外汇管理局联合发布的历年以来的《中国对外直接投资统计公报》披露，2011 年新增对外投资流量达 746.5 亿美元，而 2002—2011 年，中国对外直接投资流量的年均增长速度高达 44.6%。中国的累计对外投资存量从 2002 年的 299 亿美元增长到 2011 年的 4 248 亿美元，到 2011 年年底中国的对外投资已经遍布全球七成国家地区，行业分布广泛多元。美国亚洲协会预计，到 2020 年，中国的海外投资存量有望达到 2 万亿美元。由于这些走出去的中国企业需要来自银行的一整套国际金融服务，这为中资银行的国际化发展带来了

机遇。

目前中国的商业银行,尚普遍处于跨境发展的起步阶段,主要表现在:海外业务尚未成为资产和盈利的重要来源;全球布局仍以追随双边经贸发展和国际金融中心为重点;网点功能以对公服务为重点,海外客户结构单一趋同;布局方式以自建为主,并购整合方式有待时间检验等。因此,中国商业银行当前亟须加快国际化步伐,实现经营模式的新跨越,以满足国家"走出去"战略下中资企业的国际化经营所带来的各种需求。

二、跨国银行国际化发展的一般经验

跨国银行的国际化发展根据各家银行自身的发展状况而不尽相同,但总的来说都遵循了追随母国经济全球化发展步伐、追寻世界经济的热点发展区域的基本规律。跨国银行迈向全球的过程,普遍经历了跨境发展、国际化和全球化的发展过程。这三个阶段是由银行全球化经营能力的逐步增强决定的,具备一定程度的不可跨越性。

第一步是跨境发展阶段。在追随母国经济对外发展和母国客户"走出去"的步伐和目标进行布局时,商业银行的布局与全局的一致性不言而喻。与此同时,优先布局全球金融中心,尽快建立与国际金融市场的联系窗口,加快融入国际金融体系的步伐也成为商业银行的必然选择。

第二步是国际化阶段。随着跨境经营经验和人才的积累,跨国银行开始凭借其自身的经营管理优势,进一步提高对全球的网络覆盖,开拓具备战略重要性的市场,着力打造全球服务能力。在重要的战略市场,提高对海外当地客户独立的服务能力,逐步实现本地化。

第三步是全球化阶段。当跨国银行完成重要市场的本土化后,跨国银行的全球布局重点不但体现在逐步建立起遍布全球或主要市场完备的网络,更重要的是实现对全球网络的有机整合和科学管理,在全球范围内提升对客户的金融服务能力,全面挖掘全球市场的增长潜力。

在跨境发展阶段,跨国银行通常采用自设网点的方式进行布局,实现对跨境发展不确定性因素的有效控制。但随着跨国银行进入国际化和全球化阶段,自设网点的客户基础和各项业务内生式的缓慢增长,难以满足跨国银行的战略要求,通过并购整合方式实现目标市场的快速布局和全面进入已经成为跨国银行全球布局的首选方式。并购整合不但快速完成了目标市场的网络布局,更重要的是使跨国银行迅速获得了宝贵的本地客户基础和市场经验,推动跨国银行在东道国市场的迅速发展。

三、中国银行的国际化进程

毫无疑问,中国银行是中国最早开展国际业务的银行,当前也是国际化和多元化程度最高的银行。

1912年2月,中国银行正式成立。1912—1949年,中国银行先后履行了中央银行、国

际汇兑银行和外贸专业银行的职能。1929 年，中国银行设立伦敦分行，这是中国金融机构设立的第一家海外分行。此后，中国银行相继在东京、新加坡、纽约等世界各大金融中心开设分支机构。可以看出，在新中国成立前中国银行就已经有了"国际化"的基因。

新中国成立后，中国银行长期作为国家的外汇专业银行，成为我国对外开放的重要窗口和对外筹资的主要渠道。虽然中国银行成为"大一统"银行体系中中国人民银行下属的专责外汇业务的工作部门，但对外仍保持中国银行的名义，其海外分支机构仍然保持商业银行身份，开展银行业务。

1979 年，中国人民银行将中国银行分设出来，开始尝试实行企业化经营，但仍然履行国家外汇管理工作的职能。1984 年之后，随着中国两级银行体系的建立，中国银行与工商银行、建设银行和农业银行一起成为四家专业银行。1994 年，《中华人民共和国公司法》颁布以后，中国银行改制为国有独资商业银行。2003 年，中国银行启动股份制改造，通过引入机构投资者、战略投资者及社会公众投资者的方式，打破国有独资的单一产权结构，试图把国有商业银行真正转变成现代化商业银行。2004 年 8 月，中国银行股份有限公司挂牌成立，2006 年 6 月、7 月，先后在香港联交所和上海证券交易所成功挂牌上市，成为国内首家同时在境内外资本市场上发行上市的商业银行。

截至 2012 年，中国银行在中国内地、香港、澳门、台湾及 36 个国家为客户提供全面的金融服务，主要经营商业银行业务，包括公司金融业务、个人金融业务和金融市场业务等。中国银行通过全资子公司中银国际控股有限公司开展投资银行业务，通过全资子公司中银集团保险有限公司及中银保险有限公司经营保险业务，通过全资子公司中银集团投资有限公司经营直接投资和投资管理业务，通过控股中银基金管理有限公司经营基金管理业务，通过全资子公司中银航空租赁私人有限公司经营飞机租赁业务。

中国银行为开展国际业务设置的组织架构相对清晰，基本上以控股子公司和分行为主。中国银行国际业务的重点领域在香港，其组织架构相对较为复杂，而在其他境外地区的公司组织则相对简单，以分行和自设有限公司为主。在澳门地区除控股大丰银行有限公司 50.31％的股权之外还设有澳门分行。在台湾地区，中国银行 2012 年新开设了台北分行。

图 11.1 是中国银行集团组织架构示意图。

中国银行在香港共注册成立了四家全资控股的一级子公司，包括中银集团投资有限公司、中银香港(集团)公司、中银国际控股有限公司和中银集团保险公司等。在最为复杂的一条控股链中，中银香港(集团)公司全资设立的中银香港(英属维京群岛)公司，中银香港(英属维京群岛)公司又持有中银香港(控股)公司 66.06％的股权，而后者全资控股中银香港有限公司。

1984 年 12 月，中国银行在香港注册成立了中银集团投资有限公司(简称"中银投资")，为中国银行在港澳地区、中国内地和其他境外地区的投资管理业务提供了一个载体。作为中国银行的专业投资管理公司，中银投资曾在港澳地区、中国内地和海外等进行

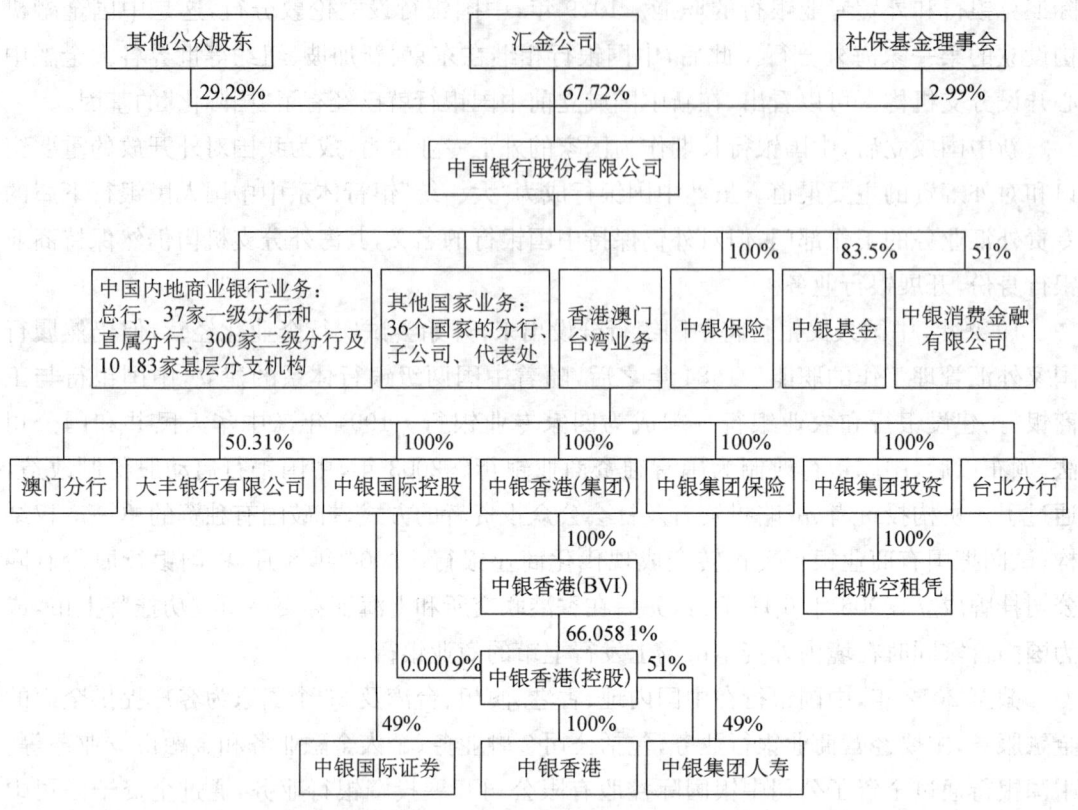

图 11.1　中国银行集团组织架构

多种形式的投资活动,参与了一大批大型基础设施和重点项目建设,投资领域涉及地产、工业、能源、交通、传媒、旅游酒店、金融等行业,为当地经济发展及内地的改革开放作出了贡献。经过多年的不懈努力和开拓发展,中银投资在直接投资、不良资产收购及处置、不动产投资与管理等方面取得了较好的业绩,市场地位和影响不断提高。进入 21 世纪,中银投资以"投资＋专业化管理"作为未来业务发展的运作模式,重点发展企业股权投资、不良资产投资、不动产投资与管理等业务。

　　1992 年 7 月中国银行在香港成立了主营保险业务的中银集团保险有限公司,主要经营一般保险业务,为客户提供专业、周全的保障和服务,十多年来一直位居香港一般保险市场排行榜的前列位置。中银集团保险有限公司在香港拥有 4 家分公司、1 家联营的人寿保险公司(中银集团人寿保险有限公司)。

　　1998 年 7 月,中国银行又在香港成立了中银国际控股有限公司(简称"中银国际"),负责中国银行的投资银行业务。中银国际可为境内外客户提供包括企业融资、收购兼并、财务顾问、证券销售、定息收益、资产管理、直接投资、私人财富管理、杠杆及结构融资等在内的全方位投资银行服务。中银国际在伦敦、纽约及新加坡等世界金融中心设有业务机构,在中国内地发起成立了中银国际证券有限责任公司开展全面的投资银行业务,在内地

20 多个中心城市建立了业务网络。

2001 年 10 月,中国银行合并重组了香港当地的 10 家成员银行,全资设立中国银行(香港)有限公司(简称"中银香港"),2001 年 7 月中银香港在香港联交所上市。按资产及客户存款计算,中银香港是香港主要上市商业银行集团之一。中银香港及其附属机构通过设在香港的 260 多家分行、逾 580 部自动柜员机和其他服务及销售渠道,向个人客户和企业客户提供全面的金融产品与服务。中银香港是香港三家发钞银行之一。此外,中银香港集团(包括中银香港、南洋商业银行和集友银行组成)及其附属机构在中国内地设有 37 家分支行,为其在香港及中国内地的客户提供跨境银行服务。中银香港获中国人民银行委任为香港人民币业务的清算行,并于 2010 年 7 月 13 日获中国人民银行授权为台湾人民币现钞业务清算行,向台湾地区提供人民币现钞清算服务。

1984 年 9 月,中国银行参股澳门大丰银行 50% 股权,在大丰银行多次增资后,中国银行的股权比例目前为 50.31%。1987 年中国银行将其管理的原澳门南通银行更名为中国银行澳门分行。

截至 2012 年年底,中国银行在境外的 39 个国家和地区(包括香港、澳门和台湾)共设有 613 家机构,地域范围覆盖港澳台地区、亚太其他地区、欧洲、北美、拉美和非洲,为客户提供全面的金融服务。2009 年,中国银行(巴西)有限公司开业标志着中国银行完成了在世界五大洲设立经营性分支机构的布局,填补了南美洲无中资金融机构的空白。在香港和澳门,中国银行还是当地的发钞银行之一。在其他境外国家和地区里,中国银行在亚太地区、欧洲、美洲和非洲等地分布有子公司、分行和代表处等机构,但数量较少。中国银行还与世界上 179 个国家(地区)的 1 600 多家机构签订了代理行协议。

四、当前中国银行的国际业务及其特点

中国银行的发展战略中,立足本土,海外一体化发展是其三项具体发展战略之一。中国银行开展的国际业务以公司金融服务为主,包括全球公司金融、全球现金管理、贸易金融服务、跨境人民币结算等业务。中国银行国际业务的主要服务对象是实施"走出去"战略的中国企业。按照"走出去"的目的和具体方式,我国"走出去"企业大致可分为"进出口贸易型""境外投资型""对外工程项目总承包与劳务合作型"和"区域管理型"等四种类型,中国银行根据共性与个性相结合的原则,灵活有效地进行产品组合,积极推动产品创新,为"走出去"企业提供全功能服务方案。

中国银行为"进出口贸易型"提供的国际服务种类包括资信调查、即期远期结售汇、现汇贷款、进出口押汇、票据承兑和贴现、信用证开立、信用证通知、买方信贷、国际保理、货物运输保险等一系列的全面的金融服务。为"境外投资型"企业提供的服务有银团贷款、全球统一授信、融资保函、进出口双保理、财产保险等业务。中国银行"全球现金管理"业务的范围则包括账户管理、收付款管理、流动性管理、投融资管理、风险管理和跨境现金管理等。跨境人民币结算是 2009 年新推出的业务,由中国银行为企业提供各类跨境人民币

结算相关产品,如各种信贷、结算、融资、担保、资金及理财产品等。在个人金融服务领域,中国银行主要是办理诸如个人购汇和结汇、银行卡国际联动、出境旅游留学金融服务等。

中国银行国际业务的重点是在港澳地区,表11.1 的数据可以说明这一现象。除表11.1 所显示的中国银行 2012 年度国际业务的营业收入、利润总额、资产和负债等数据之外,实际上中国内地国际业务贡献的业务收入和利润也应算在广义的国际业务中。在内地业务中,中国银行内地机构 2012 年完成国际结算业务量 1.51 万亿美元,其中国际贸易结算量 1.33 万亿美元,市场份额稳居国内同行业之首。年末内地机构外币贸易融资余额439 亿美元,人民币贸易融资余额 3 068 亿元,比上年末增长 33.4%。2012 年全年完成跨境人民币结算量近 2.5 万亿元,同比增长 42%。内地机构全年叙做国际保理业务 457 亿美元,同比增长 54.6%。2012 年度,中国银行内地的国际结算与贸易融资业务平稳增长,市场份额继续保持国内领先。

表 11.1　2012 年中国银行的国际业务比重

	中国内地		港澳台		其他国家		集团
	总额(百万元人民币)	比重	总额(百万元人民币)	比重	总额(百万元人民币)	比重	(百万元人民币)
营业收入	303 300	82.85%	46 406	12.68%	12 090	3.30%	366 091
利润总额	152 497	81.38%	26 696	14.25%	8 187	4.37%	187 380
资产	10 196 577	80.41%	2 048 370	16.15%	1 087 203	8.57%	12 680 615
负债	9 531 288	80.64%	1 882 619	15.93%	1 056 540	8.94%	11 819 073

数据来源:中国银行股份有限公司 2012 年年度报告。

五、中国银行国际化:当前的不足

尽管中国银行的国际化经营取得了很大进展,按照资本实力和资产规模来看中国银行已经能够排到全球前十,但是中国银行目前还处于国际化发展的初期,这一判断毫无疑问是准确的。与已经做到完全国际化和全球化经营的国际活跃银行相比,其国际化经营程度和经营质量还有很大差距。

与国际上的大型跨国银行相比,中国银行进行国际化经营的方式还是比较单一的。除了在香港地区中国银行的组织机构类型较为复杂和多样化之外,在全球其他地区的经营机构形式还较为单一,仍然是传统的总行—分行—支行的分层级、分地区形式的组织模式,只在少数地区设立了子公司。大型跨国银行进行国际化经营所采取的组织架构一般有矩阵式、地区总部式以及控股公司形式等。

中国银行大型跨国金融机构国际化经营的另一个差距表现在其国际业务比重较低以及收入分布的不均衡上。如表 11.1 所示,中国银行的国际业务收入仅占总收入的 16%,

而这其中港澳台地区又占有 12.7%（主要是香港地区）。与之相比,2011 年花旗集团营业收入的地区分布是北美 30.1%,亚洲 19.4%,拉美 17.3%,欧洲、中东和非洲 15.6%,除北美占比稍高之外,其他三大区域已经做到基本平衡。汇丰银行是另一家全球化经营的国际活跃银行,2011 年其营业收入的全球分布比例为欧洲 33.5%,北美 22.1%,拉美 15.9%,中国香港 14.8%,亚太其他地区 14.8%,其业务的地区分布更加均衡。

营业收入的地区分布相对均衡的一个最大好处是可以有效分散全球经济增长中的不确定性,避免单一地区经营方式下地区经济下行所导致的收入下降、亏损增加的不利之处。20 世纪 90 年代后期到 21 世纪初,亚洲金融危机爆发及其蔓延主要殃及新兴市场国家,而 2007 年的次贷危机、2008 年金融海啸和 2009 年的欧洲主权债务危机主要发生在西方发达国家。营业区域的均衡就可以有效降低这种收入和利润的不确定性,东方不亮西方亮,对进行全球化经营的银行来讲可以保持一种稳健的经营绩效。

仍以花旗和汇丰为例,2011 年花旗集团的利润分布为北美 36.6%,亚洲 36.1%,欧洲、中东和非洲 29.2%,拉美 29.1%[①]。值得一提的是亚洲和拉美地区,其贡献的利润比例分别超过其营业收入比例 16.7% 和 10.8%,这表明新兴市场对花旗业绩做了很好补益。汇丰银行 2011 年的营业利润分布为中国香港 31.0%、欧洲 25.1%、亚太其他地区 24.9%、拉美 12.4%、中东 6.2%、北美 0.3%,包括中国香港在内的亚太地区所贡献的利润也远远超过其营业收入所占比例。花旗和汇丰的这一利润分布比例,大致符合全球总体的经济增长形势,说明他们已经成为与全球经济发展相一致的全球性银行。

中国银行虽然在境外拥有近 700 家分支机构,但是绝大多数集中在中国香港和亚洲其他国家,欧美国家的分支机构较少。此外,对于中东、拉美等新兴地区进入较少,存在很大的市场空白。

除海外经营的规模与利润外,中国的商业银行在国际化网络、客户结构、服务品种等方面同国际先进银行更是相差甚远,而海外机构服务的客户结构局限在中资企业和华人华侨,基本没有进入当地的零售业务。位居世界大银行第三位的汇丰银行集团,其国际网络横跨全球 81 个国家和地区,机构总数接近 7 000 个,而且更加重要的是,汇丰所开设或并购的金融机构,均是当地有影响的主流银行,并凭借其先进 IT 设施连接成真正的全球化网络。

尽管中国银行前任董事长肖钢多次表示,中国银行希望其海外业务的增长速度能与国内业务的增速一样快,从而使未来几年来自海外业务的收入继续占公司总收入的 20%以上。但从结果看,中国银行 2008—2010 年海外业务占总收入的比例却是下降的,这可能说明了海外拓展与扩张可能已经不是当前中国银行的主要战略。

即使跟花旗银行等国际先进银行早期的国际经营进程相比,中国银行的国际化经营

---

①　2011 年,花旗集团该四个区域的利润总和占比为 131%,这是由于当年集团下属的花旗控股产生的亏损占集团总利润的 22.8%,而总部管理中心和其他地区的亏损占 8.2%。

还是有较大差距的,而整体来看中国银行业保守的国际经营战略对国家宏观经济发展也产生了一定程度的负面影响。

六、中国银行业的国际化:未来的机遇、挑战和突破

后危机时代对中国银行业的国际化而言,机遇与挑战并存。通过自设、并购和参股等方式,2012年中国银行业"走出去"的步伐稳步加快,截至2012年年底,16家中资银行业金融机构在海外设立1 050家分支机构,覆盖亚洲、美洲、非洲、大洋洲的49个国家和地区。伴随中国企业"走出去"和人民币跨境使用加速推进,中国银行业在国际化经营方面不断取得新进展,国际化管理水平不断提升,境外资产规模与盈利水平稳步扩大。就国际化发展的趋势而言,中国银行业将立足于服务我国实体经济"走出去"的步伐,着力培育全球一体化的金融服务能力,并借势人民币跨境结算不断提升竞争力,践行梯度化的国际化发展路径。

在全球经济再平衡以及中国下一步经济转型中,中国银行业看到了未来国际化发展的新机遇。"十二五"规划中提出的促进贸易收支基本平衡、贸易结构优化升级、中国企业扩大海外经营等,都要求中国的金融机构能提供综合的跨境金融服务。日益增长的全球货币体系中的跨境人民币结算业务为中资银行海外扩张提供了进一步的机会。香港离岸人民币市场的发展推动了新加坡、伦敦、纽约竞相发展成为下一个离岸人民币中心,也为中资银行提供了难得的机遇。面对这些机遇,中国银行业如何紧密跟随中国经济全球化的进程,将国内外市场资源进行整合,在一些关键领域——如海外贸易、海外投资、海外承包工程和劳务合作等——服务于中国企业在全球的扩张,同时自身形成一个覆盖所有与中国有经贸往来地区的全球金融服务网络,并打造世界级创新型金融产品线,向着真正意义上跨国银行的目标挺进。这个问题的解答过程就是中国银行业国际化的过程。

在中国银行业已完成的跨境发展和国际化经营初级阶段中所取得的成果是建立在"硬"的资本实力的基础上的。而走入国际化的新阶段,中国银行业将面临管理全球资产、整合全球业务和文化,成为真正的跨国银行等各种挑战。在国际市场的新形势下,不同的政治、经济和文化环境也带来了更大的不可预测性,这将更多地需要"软"的国际企业管理能力和文化整合能力为"硬"的资本实力做补充。

面对中国经济对外开放的新形势和经济全球化进程的进一步加快,中国商业银行的全球布局,已经不能仅仅停留在"序盘"阶段,而是要以即将迎来的"中盘"战斗为考量,在以服务国家战略、坚持市场和商业利益导向以及分散风险永续经营为基本原则的前提下,可以通过差别化确立市场定位,分阶段循序渐进推进。

中国商业银行要充分考虑不同国家、区域经济的个体风险和全球化经营的系统性风险,通过全球布局实现经营风险的分散化。对跨国银行全球布局实践的分析表明,跨境发展、国际化和全球化三个阶段是必须经历的客观阶段,不能一蹴而就。

中国商业银行在前瞻性进行全球布局的时候,可以考虑以下因素。

第一是经济金融环境。全球布局的目标国家或地区应具备良好的经济金融环境,包括健全的市场经济体系、发达的金融和资本市场、明晰的金融产权制度和有利于银行业跨国新建及并购整合的法律法规、较多的相关专业技术人才、大规模资金供求带来的业务机会等。

第二是双边贸易往来和对外直接投资的发展和地区分布。中国商业银行在国际结算、贸易融资、资金清算、资金业务等领域具有一定优势,因此与中国双边贸易往来密切且发展前景良好的国家或地区是全球布局的首选。其次,中国企业实施"走出去"的战略步伐不断加快,这一客户群体急需本国商业银行在海外予以金融支持。因此,中国对外直接投资目的地应成为商业银行全球布局的重要目标市场。此外对于大量跨国企业在华投资,这部分"引进来"的企业及其关联客户在境外市场同样有相当数量的金融服务需求。

中国银行业未来国际化经营布局重点的考虑应该详细和谨慎,既不能忽视发达国家银行国际化经营的一些规律,也不能不顾自身的优势和劣势而盲目照搬所谓的经验和理论。

国际化经营早期可以以亚太地区为重点。亚太地区无论从双边贸易和直接投资量、经济金融环境,还是地理和文化距离等角度考虑,都应作为中国商业银行全球布局初期的首选场所。该地区还具有极其重要的战略地位,可以作为中国商业银行全球布局的"练兵场"和跳板。在未来数十年全球经济增长的重心向新兴市场转移的大趋势下,以亚太地区为早期布局重点还可以兼顾到银行业国际化经营的市场导向和利益导向原则。

未来中长期可以以欧盟和北美地区为中长期目标。这是中国双边贸易量最大的两个地区,并且拥有纽约、伦敦、法兰克福等国际经济金融中心,金融集聚使资源、信息、工具和网络等非常成熟,适合作为中国商业银行全球布局的中长期目标。融入上述两个地区可以充分分享世界主要金融中心的金融成果,学习先进成熟的金融运营和管理方式,获取金融高端市场学习实践的最佳机会。

此外,还应该战略性培育中东、中亚、俄罗斯、拉美和非洲市场。这些地区自然资源和能源丰富,且多有新兴市场经济体,经济发展速度快、业务潜力大、成长性好,中国企业的对外投资也带来可观的发展机会。这些地区中国商业银行应在防范地区政局动荡带来的政治经济风险基础之上,对这两大地区着重进行战略性培育,但投资和布局应谨慎。

案例思考

1. 通过网络等各种渠道,查找中国银行开展的两种国际业务类型进行详细了解。

2. 查找相关资料和研究,了解中国其他主要商业银行开展国际业务的大致情况。

3. 面对全球经济金融再平衡过程中的新形势,以及中国经济对外开放的新阶段的内在要求,你对于中国银行业未来开展国际业务的突破点有什么看法?

4. 查找资料,描述和概括一下中国银行在 2013 年之后国际业务的进展情况。

5. 阅读案例后,思考我国银行业国际化经营过程中还存在哪些有待改进之处,并思考银行业的国际化经营和一国经济发展之间的关系。

案例 12　汇丰银行的全球化之路

案例介绍

一、汇丰:全世界的本土银行

"我们是全世界的本土银行"(We are the world's local bank)①,这是汇丰银行集团网站上"关于汇丰"一栏中对自己进行介绍时的第一句话,表明它们以全世界作为自己的"母国"的雄心。

汇丰银行确实有资格说这句话。汇丰银行的总部位于伦敦,目前是全球最大的提供银行业和其他金融服务的金融集团之一,在英国的《The Banker》杂志近些年来公布的全球最大 1 000 家银行的排名中,汇丰银行很少跌出三甲之外。21 世纪初的几年内,汇丰银行曾在全球近 100 多个国家(地区)设置了约 9 500 家分支网络机构。2008 年以后,随着集团的战略调整和机构重组,以及在全球金融海啸的影响下,到 2012 年年底汇丰集团的服务范围略微下降至全球 81 个国家(地区)的 6 600 家分支机构,主要分布在欧洲、香港、亚太其他地区、美洲、中东和北非、北美和拉美等六大区域。至 2012 年年底,汇丰集团的总资产达 2.69 万亿美元,汇丰银行的股票还在伦敦、纽约、香港、巴黎和百慕大证券交易所上市交易,有分布于 129 个国家(地区)的约 22 万名股东。汇丰银行向全球范围内的 8 500 万个人客户和 360 万商业客户提供全面的系列金融服务,这些金融服务主要有四种:零售银行和财富管理业务、商业银行业务、全球银行和市场业务以及全球私人银行业务。

汇丰银行是 1978 年经济开放政策实行后最早在中国设立机构的外资银行之一,1980 年就在北京了设立了代表处,随后几年陆续在上海、深圳、厦门、天津等地设立分行或办事处。2007 年 4 月,汇丰银行(中国)有限公司作为首批获准成立的外资法人银行之一,在上海正式开业。截至 2013 年 2 月,汇丰银行在中国的 45 个城市设有 28 家分行和 36 家支行,总计 145 个网点,是中国内地网点最多、地域覆盖最广的外资银行。汇丰中国主要

---

① 汇丰集团各种中文宣传材料上均把这句话翻译为"环球金融,本土智慧"。

向中国客户提供企业/工商金融业务、零售银行及财富管理业务、私人银行业务三大类金融服务。企业/工商金融业务主要内容有商业融资、企业存贷、资金管理、贸易及供应链服务、托管与清算、企业信托代理、财资服务等,零售银行及财富管理业务的主要产品有卓越理财、运筹理财、存款服务、贷款服务、信用卡业务、借记卡业务、网上银行服务等,而私人银行业务主要为高端个人客户和家庭提供广泛的银行和财富管理产品和服务。

汇丰银行起源于 1864 年 7 月开始招股的香港上海汇理银行,次年 3 月改名为香港上海汇丰银行有限公司(Hongkong & Shanghai Banking Corp.),并在香港正式开业。1865年汇丰银行即在伦敦和上海设立了分行,并在美国旧金山设立了代理行。汇丰银行成立后一直到 20 世纪 50 年代,一直是香港最大的商业银行,也是日本以外的亚洲最大的商业银行和世界最大的跨国银行之一。和老对手花旗银行不同,早期汇丰银行的国际化成长具有自己的特点:实施专业化经营使汇丰创立之初便走上国际化扩张之路。汇丰的国际化发展史,大致可划分为依次展开的三个阶段。

二、汇丰:复杂的全球组织架构

我们经常所说的"汇丰银行"只是关于汇丰银行集团一个通俗化的称谓,实际上汇丰集团的全球组织架构非常复杂。由于业务范围宽,服务地域广泛,为了便于在全球各地营业,以增加收入并控制风险,汇丰集团设置了一套复杂的全球组织架构,该架构表现出了多层级控股、全球化布局和混业经营等突出特点。

汇丰集团于 1991 年通过设立一家不直接参与经营活动的纯粹性控股公司——汇丰控股股份有限公司(HSBC Holdings plc)(以下简称"汇丰控股"),取代了汇丰银行的上市地位并行使控制集团其他金融资产的职能。成立汇丰控股的目的,主要是为了厘清集团的组织架构,适应集团国际化、全球化发展的需要。

汇丰银行集团的股权结构相当复杂,从最高级别的"汇丰控股"到下一级的银行子公司和控股子公司,再到按区域和业务类别划分的子公司,最后是联营附属公司,最多共有8 个组织层级。汇丰控股的子公司是一级法人单位,独立开展各项业务,汇丰控股不干预其日常经营活动,只负责派往子公司的董事和提名的总经理等人事、财务、收益、重大投资和内审、风险监督等管理事项和政策业务指导工作。汇丰控股的 CFO 要对各地分支机构的 CFO 进行定期考核和业务指导。

汇丰控股及下属纯粹性控股公司都不从事子公司的经营业务,主要负责收购、兼并、转让和子公司的股权结构变动,协调内部资源共享,形成合力以及在新领域投资等。收购兼并后的公司和新投资的公司实行独立经营、独立核算。汇丰集团的收购兼并活动是在汇丰控股投资银行部的统一策划下完成的。

根据汇丰控股 2012 年年报披露的"汇丰控股简化组织结构图"可知,汇丰控股的一级子公司共有 4 家,分别是汇丰拉美控股(英国)有限公司、汇丰融资(荷兰)公司、汇丰海外控股(英国)有限公司和汇丰银行股份有限公司。在汇丰融资(荷兰)公司(一级子公司)下又最终延伸出了七级子公司,而其他三家一级子公司也有不同级别的附属子公司。尽管组织结构图让人眼花缭乱,但按其业务性质来看,汇丰控股旗下的众多公司主要分为纯粹控股公司、商业银行公司、投资银行公司和保险公司四大类。

汇丰集团组织架构的主要特点有三个。第一,对于较低层级的公司,其控股股东可能是上一级的公司,也可能是更高级的公司,甚至可能是同级的其他公司。这使汇丰银行组织机构之间的股权结构非常复杂。第二,组织结构层次较多,加上控股母公司最多有八级。第三,主要营运公司之间的股权关系九成以上以母子公司形式存在,且母公司对子公司的控股比例一般很高,联营和合营公司的组织形式虽然也存在,但是在汇丰集团组织体系中所占比重非常小。

汇丰集团为何要设计一套如此复杂的公司组织架构?可以从外部和内部两个方面来分析。

从所面临的外部监管环境和客户市场多样性的角度来看,汇丰银行的子公司在全球众多国家和地区开展业务和投资活动,涉及众多的监管法律和监管机构的制约。汇丰控股成立前,各种监管机构、客户及投资者的考察和咨询都指向了汇丰银行,导致银行的管理层疲于应付。汇丰集团借鉴其他全球性金融机构的经验,成立汇丰控股后可以使集团的管理结构更能适应各个监管机构、客户和股东的要求以及快速变化的、多样化的市场。

从内在业务发展需求的角度来看,通过设立汇丰控股,汇丰集团改变了原先由汇丰银行直接持有集团金融子公司的局面。当时,汇丰集团的业务发展已进入北美、欧洲和中东地区,涉及了银行、证券和保险等多种金融业务。而作为上市公司的汇丰银行除了开展银行业务外,还需兼任控股公司的职能,直接控管其他金融子公司,结构累赘,对集团经营活动构成了不利影响。

新设立的汇丰控股取代汇丰银行成为整个汇丰集团的控股公司。重组后的汇丰银行成为汇丰控股的全资附属公司,专注于亚太区业务。原由汇丰银行持有的在北美欧洲及中东的金融子公司,改由汇丰控股直接持有。汇丰银行的上市地位也被汇丰控股取代。

三、汇丰:国际化拓展阶段

在19世纪中后期到20世纪中叶近百年的时间里,汇丰银行以贸易对金融的全部需要作为主要业务,服务范围包括我国香港及其周围的中国大陆和日本各港口等。同期成立的许多其他银行纷纷倒闭,汇丰为何能迅速崛起并壮大?除了当时外国资本在半殖民地的我国享有诸多特权外,以香港为总部,以上海作为经营我国内地的中心,坚持走国际化和本地化相结合的道路,当是主要原因。

20世纪中后期,是汇丰国际化从多国到跨国经营的关键期,重点表现为亚太、北美和欧洲的国际化"三脚凳"战略的实施。

(一)立足香港,扩张亚太

香港和亚太地区是汇丰银行成立后前100年的大本营。第二次世界大战中汇丰银行

虽然被迫收缩我国市场,但以贸易金融服务为主导业务、以亚太地区为主要服务区域的既定战略并未改变。到 1962 年,汇丰银行在亚太地区的业务继续拓展,先后在 10 个国家设立了 43 家分行和办事处,且还兼并了两家历史悠久的跨国银行——印度有利银行和中东不列颠银行。汇丰银行收购这两家银行,消除了竞争对手,扩大了业务范围,并涉足中东这个全新的地区。

自实行改革开放后,我国大陆市场一直受到汇丰银行的重点关注。1980 年,汇丰在北京开设办事处;1984 年,在广州、深圳等地的办事处相继成立。除绿地投资外,汇丰还采用参股国内银行的方式快速进入我国市场。

汇丰银行发展国际业务,但却始终植根我国香港。20 世纪中期,香港由转口港转型为工业化城市,汇丰银行也随之调整,与香港各大财团密切配合,形成了垄断当地经济的强大势力。在本土突出的市场地位,为汇丰银行国际化发展奠定基础。不过此时的汇丰银行,仍然是一家范围仅及东亚地区的区域性银行。

(二) 进军北美地区

在亚洲站稳脚跟,汇丰银行便着手进军北美,一是由于当时汇丰在香港银行业市场已占有约六成的份额,发展空间有限;二是当时进军美国成为国际大型银行的重要策略,汇丰银行自然不落后;三是 1997 年香港回归我国,汇丰银行对如此重大变故的影响难以把握,也想早做准备,开拓其他地区业务。

汇丰银行首先选定的对象是纽约州海丰银行,当时的海丰银行陷于财政困境,急需外部注资。另外,当时汇丰的国际化尚处于多国经营阶段,其管理方式是对境外机构干预较少,让其具有独立的经营权,这点也让海丰银行相对地放心。汇丰银行 1980 年收购了其51% 的股权,1987 年又收购了剩余的 49% 股权。通过收购海丰银行,汇丰银行以其为桥头堡实现了在北美的扩张。

在进军美国的同时,加拿大汇丰银行也于 1981 年在温哥华创立,该行在 1986 年又收购了英属哥伦比亚银行,并于 1987 年对海丰银行在加拿大的业务进行整合,在加拿大取得了稳固的基础。

(三) 拓展欧洲地区

汇丰银行在欧洲的并购目标首选苏格兰皇家银行(RBS)。1981 年,汇丰银行同渣打银行展开了收购 RBS 的争夺战,尽管这项收购最终被英国政府否决,但在随后数年,汇丰银行完成了对具有 100 多年历史的詹金宝公司的收购,在英国建立起可靠的据点。1987年,汇丰银行斥资 3.83 亿英镑购入米德兰银行 14.9% 股权,并在 1992 年完成全面收购。收购米德兰后,汇丰银行成为全球最大规模的金融机构之一,国际化"三脚凳"战略基本实现。1991 年汇丰控股集团成立,并同时在伦敦和香港上市。1992—1994 年,汇丰进一步合并旗下的商人银行、证券及资产管理业务,实施金融混业经营。

1997 年,席卷东南亚的金融危机爆发,汇丰银行虽然也遇到了极大的困难,但此时遍布全球 79 个国家的汇丰集团,安然渡过了亚洲金融风暴。当汇丰集团在亚洲的业务遭到挫折之时,它在全球其他地方的业务平衡了这种损失。

在国际化"三脚凳"战略的指导下,汇丰银行实施了快速的海外扩张,国际化的起步阶段只用了短短的数十年时间。在区位选择上,在三大区域平衡布局;在目标市场的进入模式上,新建、并购同时并行;在人才方面,形成了独特的国际事务官培养机制。在管理上,从本阶段之初的各国网点分散管理开始转向地区性的业务统一和地区总部管理。更为重要的是,汇丰银行开始注重在各大区域内,进行附属机构间的资源整合。设立控股公司前汇丰集团的主要并购和新设银行情况如表 12.1 所示。

表 12.1 设立控股公司前汇丰集团的主要并购和新设银行

并购/设立的子公司	并购/设立时间	股权比例
中东不列颠银行	1959 年	100%
印度有利银行	1959 年	100%
恒生银行	1965 年	61.5%
伦敦商人银行	1967—1974 年	100%
纽约州海丰银行	1980—1987 年	100%
加拿大汇丰银行	1981 年	100%
埃及不列颠银行	1982 年	40%
卡洛尔·麦肯蒂与麦金西	1983 年	51%
澳洲汇丰银行	1986 年	100%
米德兰银行	1987 年	14.9%

资料来源:根据汇丰集团各网站提供的历年年报和相关媒体资料整理。

四、汇丰:全球化经营阶段

至 1998 年,汇丰集团初步完成全球布局,但由于其管理模式局限于区域中心主义的理念,尽管经营规模很大,却没有形成全球经营合力。对此,汇丰银行对其传统做法进行修正,开始注重各个国家和地区机构之间、分支机构与总部之间的协作与整合。

1998 年,汇丰银行宣布整个集团的全球名称简化并统一为"HSBC"加上集团的红白六角形标志,以削弱地域性形象。2002 年,汇丰银行进一步推出"环球金融,地方智慧"(The World's Local Bank)作为 HSBC 品牌的口号而通用全球。"环球金融"强调汇丰能提供全球性的金融一揽子服务;"地方智慧"则体现汇丰银行的本地化内涵。在全球经营战略的指导下,汇丰银行在 1999 年斥巨资收购美国利宝集团及施弗拉控股公司。2000年,汇丰银行斥资 110 亿欧元收购法国商业银行(CCF)。2003 年,汇丰银行以换股方式收购了美国最大的独立消费融资公司(Household International)。

除在欧美扩张外,在中国市场,2001 年汇丰银行购买上海银行 8% 的股权;2002 年和2005 年,汇丰保险购买和增资中国平安保险公司的股权。2003 年和 2004 年,汇丰银行分

别投入巨资,成为福建兴业银行和交通银行的战略投资者。

除在经济热点地区投资外,1997 年年初,汇丰银行在亚洲的韩国、南美洲的巴西和阿根廷及欧洲的马耳他收购金融机构,使汇丰银行新兴市场的据点进一步得到加强。为提高在拉丁美洲的业务比重,2002 年年初,汇丰银行完成了对墨西哥 Bital 金融集团的收购。

本阶段是汇丰银行国际化发展的全球化经营阶段,汇丰银行在国际金融市场上进行了大肆并购和多元化扩张,取得了较好的经营成果。2008 年,美国次贷危机诱发了全球性的金融危机,汇丰银行也遭受了很大冲击,如 2009 年的税前利润相比 2007 年的最高点下跌了 69%,以及遭受了不得不靠出售物业来筹资的窘境,但相比于同期挣扎在破产边缘的其他国际金融巨头——如花旗银行、美国银行、RBS 等——而言,汇丰银行却靠稳健的、全球布局的经营战略和灵活的风险防范措施再次渡过了危机。2011 年,汇丰银行的税前利润已经恢复到最高值的 90%。汇丰控股成立后的重大并购或参股事件如表 12.2 所示。

表 12.2　汇丰控股成立后的重大并购或参股事件

收购/参股对象	收购/参股时间	交易金额	股权比例
米德兰银行	1992	39 亿英镑	100%
墨西哥瑞丰金融集团	1997	—	19.9%
Robert S.A. de Inversiones	1997	100%	100%
韩国汉城银行	1999	9 亿美元	70%
美国利宝集团	2000	97.33 亿美元	100%
大通曼哈顿银行巴拿马分行	2000	7.52 亿美元	100%
泰国京华银行	2000	9.4 亿美元	75%
法国商业信贷银行	2000	110 亿欧元	98.6%
上海银行	2001	5.18 亿人民币	8%
土耳其 Demirbank TAS	2001	3.5 亿美元	100%
墨西哥 Bital 金融集团	2002	11.3 亿美元	99.59%
Household International	2003	142.42 亿美元	100%
百慕大银行	2003	13 亿美元	100%
劳埃德银行巴西分行	2003	8.15 亿美元	100%
中国平安保险集团	2002—2005	合计 127.8 亿港元	19.9%
福建兴业银行	2004	17 亿人民币	15.98%
交通银行	2004	144.61 亿人民币	19.9%
美国 Metris Companies	2005	15.9 亿美元	100%
巴拿马银行集团	2006	—	99.98%
印尼 Bank Ekonomi	2008	6.075 亿美元	88.89%

资料来源:根据汇丰集团各网站提供的历年年报和相关媒体资料整理,"—"表示交易金额不详。

五、庞·约翰:汇丰全球化之路的掌舵者

从一个名不经传的区域银行膨胀为名列前茅的全球性金融巨头,由一个单纯性的货

币经营机构拓展成为混业见长的综合性金融财团，汇丰集团财富发酵的精彩过程与掌门人庞·约翰的未雨绸缪密不可分。

1997年以前，汇丰银行在香港都扮演着"准中央银行"的角色，一度以香港银行的名号闯荡于国际社会，充满历史感但却缺乏时代感，尤其是在金融界瞬息变化的今天，它似乎不太跟得上时代的步伐。直到庞·约翰出任汇丰控股有限公司主席，汇丰银行在他的带领下才变得不一样。从1998年5月上任到2006年5月退休，在汇丰集团服务了45年的庞·约翰把有着142年历史的汇丰控股发展为全球第三大银行。

（一）从职员到爵士

1961年的一天，19岁的庞·约翰登上一艘从利物浦至香港的货轮。弹丸之地的香港岛带给了庞·约翰陌生与好奇，在并无明确目标的选择中，庞·约翰走进了汇丰银行的大门。

19世纪80年代，因成功救活其前任浦伟士收购的海丰银行，庞·约翰的才能开始受到赏识。而正是此次收购的成功，汇丰才得以在美国扎下了第一个据点。此后的庞·约翰不知疲倦地转战于汇丰在亚洲、欧洲和美洲的各地机构，一直做到美国汇丰有限公司总裁兼行政总裁、汇丰控股集团行政总裁。1998年，庞·约翰从前任浦伟士手中接过大印，出任汇丰控股集团主席。

庞·约翰完美地继承了古典银行家的遗风——善于精打细算。他生活俭朴，平日常坐伦敦地铁上班，遇到堵车时甚至会打摩的，而不坐出租车；出差时，他经常坐经济舱；他告诫同事们离开办公室时一定要关灯；他甚至要求在伦敦的员工打私人电话时自掏腰包。其实，不仅庞·约翰节俭，整个汇丰亦有业内"最节俭银行"之美名。正如庞·约翰所言，成本效率是"汇丰的生活方式之一"。

当然，庞·约翰并不是一个十足的吝啬鬼，他知道金钱应当花在什么地方和什么时候。一个典型的例子是，在几年前投行业务萧条期间，庞·约翰不肯为员工奖金慷慨解囊，任由企业融资部的不少成员离开集团。但当近年大型企业并购业务开始复苏的时候，他又不惜重金从摩根等挖来投资银行精英大力发展投行业务。

喜欢读书的庞·约翰对人物传记有着别样的爱好。不过他说，影响他的不是企业家的传记，而是政界领导人和将军的传记。庞·约翰认为他们是推动历史的人，看他们的传记让你知道，领导要作出决定；你从传记中学习，其实历史就是传记。显然庞·约翰是个善于从历史中总结经验的人，也正是在他"以史为鉴"的思维方式左右下，汇丰银行一路所走之路平稳而厚实。

汇丰银行2005年的税前利润达到了203.22亿美元，成为英国首家年利润突破200亿美元的金融企业和全球最赚钱的银行，2007年，汇丰银行的税前利润达到了创纪录的227.09亿美元。由于在金融界的突出贡献，庞·约翰在1999年英女王寿辰日被册封为爵士。

（二）开启汇丰新时代

对于一个基业常青企业而言，领导人的经验取向往往左右着公司的未来命运。庞·

约翰经常说的一句话是："要做战略上正确的事情。"而汇丰银行如火如荼的国际化也正是在庞·约翰一个又一个的战略布控之下被演绎到了极致。

从浦伟士手中接过指挥大棒的庞·约翰没有赶上盛世繁荣的好时光，从他面前刮过的是全球经济的瑟瑟寒风以及亚洲的滚滚金融寒流。汇丰集团也因此盈利下降、成长空间萎缩。庞·约翰却在此时作出了一个在全球收购扩张的"五年计划"，并提出五年内股东总回报"翻一番"的管理目标。

践行"五年计划"的第一步是对庞·约翰决策具有关键性意义的动作——收购美国利宝集团。汇丰银行历来热衷并购，1965年收购香港第二大银行恒生银行，1987年并购英国米德兰银行，使汇丰银行冲出亚洲、立足欧洲。但以往汇丰银行并购皆是趁人之危低价买进，庞·约翰却说："要做财富管理，就不能买进烂银行，有钱人是不会把钱放进经营困难的银行的。"这单总价近100亿美元的汇丰银行收购壮举最终在庞·约翰魔术般的资金融通中鸣锣成功。而通过这一并购，汇丰获得了三万个主要来自拉丁美洲、欧洲和亚洲的国际客户，客户资金总计达565亿美元，同时汇丰银行也将纽约州第三大分行网络和200多万客户揽入怀中。汇丰银行在美国的根基从此也稳固下来。

同样的精彩故事在时隔3年之后被再次复制。2003年，汇丰银行以142亿美元的巨资吞下了美国最大消费信贷公司同时也是第二大信用卡公司的Household International。此次改变并购策略，让汇丰银行成为名副其实的全球银行，完成了全球平衡的"三脚凳"战略。2005年汇丰集团资产的分配呈三足鼎立之势，分别是美洲30%、亚洲30%以及欧洲40%。银行界也因此称许庞·约翰"替汇丰树立了新典范"。

正当外界一致猜测汇丰银行将誓师猛进之时，庞·约翰却毅然作出了转舵的决策。在庞·约翰亲自为汇丰制定的2004—2008年的第二个"五年计划"中这样写到："未来几年汇丰控股再无意对外进行大规模收购行动，特别是50亿美元之上的并购，但会考虑50亿美元以下中小型并购。"他提出，接下来的5年在继续通过并购来追求成长目标的同时会把发展重心转移到在国际经济舞台上日渐崭露头角的中国、印度等发展中国家。事实也正是如此。汇丰集团非但没有进行大规模的收购，反而还出售了在巴西、法国、比利时和澳大利亚的一些业务。从掀起国际金融市场的凌厉并购风云到迅速从资本市场抽身淡出，汇丰银行进行了战略上的又一次重大转变。

按照庞·约翰设计的全新思路，汇丰集团未来几年的发展重心将由资产扩张转到重点业务提升，以及提升业务竞争力的"整体增长"，即公司的目标将由先前的"追求价值"（managing for value）转变为"追求增长"（managing for growth）。业界对此的普遍解读是，汇丰银行正在推行的新增长管理主要以金融信贷消费、个人银行业务、投资银行以及非银行金融业务为主打方向。

不过，在汇丰银行的新增长目标中，令庞·约翰至今难以释怀的恐怕还是投资银行业务。2005年，在汇丰银行各项业务指标全线飘红的同时，只有投资银行及资本市场的业务出现负面反转。但发展投行业务却是汇丰银行的一个重要板块，庞·约翰也为此制定

了十分明晰的目标:在亚洲跻身三大投行之列,在欧洲挤入前5~7名,在北美则要进入10强。不仅如此,汇丰在这一领域已经下注了很大的本钱。它不仅将摩根士丹利的前执行主席招至麾下担任投资银行部门主管,而且从全球投行界招来了近2 000名精兵强将,同时在投行业务上每年投入达4亿美元的真金白银。

可能振兴投行业务是庞·约翰退休前无法了却的心愿,不过,这位对既定目标执着追求的老人还没有表现出任何的懈怠。在他的力促之下,汇丰集团2006年将投资银行业务进行了彻底性重组,重组后的投资银行业务由三个部分组成:全球银行业务、全球市场业务和全球交易银行业务。庞·约翰在记者招待会上对此作出了这样的评价:新的架构将使公司将重点放在最符合公司业务的关系和领域上,并确保把公司优化产品的能力完全传达给客户。显然,庞·约翰为他的接任者已经搭建好了跃马扬鞭的平台。

(三)稀释风险的超级银行家

有人曾将花旗银行和汇丰银行进行比较后发现,花旗银行的业务以大型企业客户和资本市场为主导,属于全攻型,在经济增长期间表现特别出色,但盈利稳定性逊于汇丰银行以存款为主导的经营模式。例如,向美国大型企业借贷占花旗银行总借贷18%,汇丰银行是5%,投资银行收入占花旗银行总收入23%,而汇丰银行是5%。所以在经济大幅波动期间,汇丰银行的业绩更有保证,也更加吸引投资者。香港知名财经分析人士这样归纳汇丰银行的经营策略,那就是以保守的传统方式应对,充分利用全球性品牌,从亚洲地区积聚庞大而低成本的资金,不断谨慎进行收购,把营运成本转移到发展中国家,向新业务灌输保守管理的传统,如此类推,循环下去。

一个企业的行事风格必然是领导人主旨渗透的结果。汇丰文化中带有浓厚的苏格兰式"唯物主义"文化特点。苏格兰不是大英帝国的主体,但是它很知道如何借力帝国之势向外扩张,两者之间若即若离。在汇丰身上,既有由于进不了英帝国资本和权力的核心而刻意开辟全球市场、冒险进取的一面,又有英资传统的保守稳健的一面。显然,被汇丰文化浸淫长达45年的庞·约翰无疑得到最饱满的思想传承。特别是在国际金融界财务丑闻频出和萧墙之乱时现的今天,汇丰银行却显得格外地稳健和一尘不染,无疑与庞约翰对汇丰文化的虔诚布道不可分离。

庞·约翰所处的时代是金融业全球化快速发酵的年代,而在推动汇丰国际化成长的长路中,庞·约翰对于购并结果与东道国的关系有了更清晰的把握和领悟,其对资本市场的利用上升到炉火纯青的程度。一般而言,银行全球化战略的实施主要有两种模式,一种是单纯的全球购并;另一种是全球购并与全球上市并举。两者的区别是在对东道国银行进行收购的同时是否在东道国上市。

如果说全球购并是全球主流银行实施全球化发展战略共同采用的手段,那么全球上市则是庞·约翰为汇丰集团实施全球化发展战略锻造的独门利器。1991年,汇丰控股完成对米德兰银行收购的同时,其股票在伦敦和香港两大证交所双双上市;1999年,汇丰控股收购了美国利宝集团并将其改组成美国汇丰后,经过摩根银行的推荐在纽约证交所上

市；2000 年，在完成了对法国商业银行的收购并将其改组成法国汇丰后，汇丰控股在巴黎证交所挂牌；2004 年，汇丰控股收购百慕大银行有限公司后，其股票旋即在百慕大证交所交易。

由于银行业在一国经济中所扮演的特殊角色，外国并购很容易触动东道国的敏感神经。因此，与单纯全球购并相比，全球购并与全球上市并举的策略不仅仅制造出了丰厚的资本收益，更加重要的意义的在于它能够淡化由于并购所可能形成的对东道国的进攻性威胁。如今的汇丰不仅通过资本市场吸引了全球 100 多个国家和地区 20 多万股东的眼球，而且，庞·约翰反复倡导和推崇的"环球金融，地方智慧"的和谐经营理念正在全球快速辐射。

（四）"中国通"的中国情结

虽然记不清自己来中国有多少次了，但庞·约翰仍然难以抑制住对中国的偏爱："站在经济增长速度为 7％ 的土地上，感觉非常好。与增长速度为 1.5％ 的国家相比，我当然更愿意多来这里。"尽管人们从庞·约翰面对中央电视台主持人的这句谈话中嗅到了十足的商业气味，但却无法拒绝这位老人的友好与亲善。

的确，与汇丰银行在欧美市场的并购呈收缩状态相比，庞·约翰在中国金融领地亲自导演的一幕幕精彩大戏则缤纷登场：2001 年以 5.18 亿元人民币购进上海银行 8％ 的股权，2004 年收购了兴业银行 15.98％ 的股权、吃进了交通银行 19.9％ 股权，并在 2005 年中国建设银行首次公开募股中下注了 4.3 亿美元的投资。汇丰银行在中国创造了许多外资金融机构不可拥有的记录：第一家入股中资银行的外资银行，中国投资最大的外资银行……

《远东经济评论》这样评价汇丰在中国的收购动作："汇丰集团在中国不断进行收购，然后等着这些投资 20 年后变成真正的财富。"事实也正是如此。交通银行股价变动行情的结果披露，汇丰银行入股交行的投资不到两年时间已经升值 280 亿港元，折合人民币约 290 亿元，总投资收益为 170％。无独有偶，在中国内地，2005 年汇丰银行实现的税前盈利大幅上升了 900％，达 3.34 亿美元。

与整个汇丰银行的投资战略调整相匹配，善于稳中求进、适可而止的庞·约翰在 2005 年作出了对中国内地银行股权不再进行大规模投资的决定。但这并不等于庞·约翰自废武功，其灵敏的商业嗅觉又转向了市场收益十分丰饶的非银行业务。

自从 2002 年斥资 46.8 亿港元吃进平安保险 10％ 的股权之后，汇丰银行一直在寻找着新的机会。及至 2005 年 8 月，汇丰银行再次斥 86 亿人民币巨资购入平安 9.91％ 的股权，完成了自己作为平安保险第一大股东的过程。不仅如此，庞·约翰表示，汇丰银行计划在 CEPA 之下，与内地伙伴合作筹组人寿保险公司。

一切似乎都在庞·约翰的安排之中。经过两年多的努力，汇丰银行染指中国基金业的行动也在花开蒂落。2006 年 2 月底，汇丰银行与山西信托投资有限公司合资设立的汇丰晋信基金管理有限公司在上海开业。该公司注册资本为 2 亿元人民币，其中汇丰银行持有49％的股份。能够将山西省最大的非银行金融机构揽入怀抱,汇丰银行看到了自己纵横中国基金市场的未来。

六、汇丰:从国际化到全球化的经验

汇丰银行从一个以中国及远东地区为中心的、主要从事贸易融资业务的商业银行,发展成为全球性的金融机构。在这一过程中,汇丰银行一直根据其核心价值观制定发展战略。逐渐形成了合理平衡的区域布局和根植当地的全球发展战略。汇丰银行在通过收购兼并活动扩展其地域及业务范围的同时,不断调整适应东道国环境,兼容并蓄地吸收当地人才及文化资源,形成一个跨地域、跨文化、跨业务的企业模式和全球化经营战略。其国际化的动因主要是发挥已有的国际业务竞争优势,在全球范围内寻求增长与盈利的机会,保持全球领先国际银行的地位。

与资本运营、国际化拓展的企业发展路线相适应,汇丰集团的组织架构表现出了多层级控股、全球化布局和混业经营等突出特点,反映了汇丰集团的运营特色。汇丰集团从国际化竞争、全球化发展战略出发,鼓励各地区附属机构依托本地经济金融环境,开展特色经营,充分调动和发挥各地区附属机构自身的经营管理能动性,有效克服了管理障碍,确保集团不仅获得稳定的业绩增长,而且母公司能灵活地控制各级机构的经营管理,使其服务于汇丰集团的长远发展战略。

汇丰银行不断发展成为世界顶级金融公司的原因还在于汇丰在人力资源管理上的过人之处。汇丰银行认为兼顾不同文化的需要是集团品牌的内在价值之一,也是维持长期竞争力的关键。尤其值得一提的是汇丰集团的"国际事务官"制度。在全球化扩张过程,汇丰集团具有一支400人的"国际事务官"团队。这支队伍的成员机动性和适应性都很强,他们的作用就是使汇丰的战略得到充分有效的执行。汇丰银行就是通过这种独到的人力资源管理模式实现跨国经营的快速成长。

案例思考

1. 根据案例中所述,汇丰银行为在全球范围内开展业务而建立了一套复杂的组织架构,这套组织体系对其进行全球化经营所起的作用如何?

2. 根据案例中所述,汇丰银行进行国际化经营的"三脚凳"战略对其经营意味着什么?这对中国的商业银行有何借鉴之处?

3. 2008年爆发的全球金融危机对汇丰银行也造成了严重的负面影响,请查找相关资料,描述一下2008年全球金融危机中汇丰银行的表现,以及在此之后汇丰银行的全球化经营有何变化。

4. 查找和文献和资料,描述和概括一下汇丰银行2013年后国际化经营的新情况、新特征。

案例 13　商业银行资产负债利率风险管理实例
——利率敏感性缺口方法和持续期缺口方法

学习目标

1. 掌握利率风险的含义及其对商业银行资产负债业务的影响
2. 掌握商业银行应对利率风险的利率敏感性缺口方法和持续期缺口方法的主要内容,以及两种方法的优势和不足
3. 了解商业银行利率敏感性缺口方法和持续期缺口方法的操作实施步骤

案例介绍

一、银行的市场风险如何带来损失

商业银行经营过程中面临着众多风险,这些风险主要有信用风险、市场风险、操作风险、流动性风险等。信用风险一般仅仅表现在资产业务中,譬如贷款客户不能按照原来的贷款协议按时还本付息时,此时银行就面临遭受损失的可能性。操作风险一般仅仅表现在银行内部,多是由于内部管理制度和控制制度不健全而引发的。流动性风险是指客户提出需要银行支付现金的提取存款要求或贷款要求时,银行不能满足而带来的风险,对流动性风险的防范主要也是通过持有高流动性的现金、债券等资产业务来实现的。与其他三种风险相比,市场风险有何特别之处?

什么是市场风险?巴塞尔银行监管委员会认为,商业银行的市场风险是由于市场价格波动而导致银行表内和表外头寸产生损失的风险。哪些"市场价格"波动可能会导致银行面临损失呢?商业银行是以货币资金为经营对象的企业,因此"货币"的价格如果发生波动,将会给银行带来风险。货币的价格表现有哪些形式呢?利率是货币的对内价格,代表了资金使用的成本率或收益率;汇率是货币的对外价格,代表了本币资金相对外币资金价值的变化情况;而通货膨胀率是以实际商品购买力来衡量的货币在过去、现在和未来的时间段内的价格变化率。一般来讲,只有这三种货币的价格——利率、汇率、通货膨胀率——才可能导致银行因"市场价格"变动而遭受损失。所以,银行面临的市场风险可以划分为利率风险、汇率风险和通货膨胀风险三大类型。

三种类型的市场风险中,利率风险是每一家银行都会遇到的风险;汇率风险则只会影响到有国际业务的银行;而通货膨胀风险不是单独一家银行所能控制和应对的,一般是中央银行当局通过稳定通货膨胀率来降低整个经济体系中的经济主体所面临的风险。在短

期分析中,一般把通货膨胀率看作是有固定值的外生变量。在本案例中,我们只讨论所有银行都会面临的利率风险。

"头寸"是理解市场风险定义的一个关键词。头寸一般是指拥有或借用的资金数量,拥有的资金即"资产",而借用的资金即"负债"。市场风险定义中"头寸产生损失的风险"即因资产和负债的价值变化或未来现金流变化而带来的遭受损失的可能性。这一点也是市场风险与银行所面临的其他类型风险的显著区别之处,即它同时和资产、负债两方都相关,而信用风险和流动性风险一般仅和资产方或负债方有关。

市场风险最终变成银行的实际损失需要同时具备两个条件,其中必要条件是市场价格的波动,而充分条件是银行资产负债的结构是否匹配,两个条件缺一不可。如果一家银行的资产负债的结构匹配完好,则即使市场价格发生变动,银行也不会遭受损失;而一家银行资产负债结构匹配不好,但没有发生市场价格波动,银行也不会遭受实际损失。从银行角度来讲,"以不变应万变"的万全之策的首选是把自身的资产负债结构匹配好,这样的话不管市场价格如何变动,自身都不会因此而遭受损失。

银行需要把资产和负债的哪些结构匹配完好呢?较好理解的是币种结构,即银行所经营的同种货币业务的资产和负债结构要匹配,这样的话汇率变动就不会给银行带来损失。如果某种外币的资产和负债头寸不平衡,则当该种外币的汇率发生变化时,银行可能就会遭受损失(当然也可能从中获利,但风险是一定存在的)。

利率风险是所有商业银行都会面临的风险,其主要原因就在于银行资产和负债的期限是无法完全匹配的。从资产负债管理理论的发展来看,从银行业产生早期一直到 20 世纪初,占据统治地位的资产管理理论均强调"流动性"为先的管理理念,以适应以活期存款为主的负债的高度流动性。但 20 世纪中叶之后,单独强调资产管理的资产管理理论退出正统地位,追求"盈利性"的银行开始发展出更多形式资产业务,资产业务的期限结构明显变长,在负债业务期限结构没有太大变化的前提下,"借短贷长"成为绝大多数银行为获取更高利润进行经营管理的"不二法门"。尽管这是银行业发展的趋势之一,也体现了商业银行作为金融中介机构进行资金(资源)"期限配置"的主体特征,但这会给银行带来利率风险。

为何"借短贷长"会给银行业带来利率风险呢?当市场利率波动时,平均期限更短的负债对利率的变化会更敏感,而平均期限较长的资产对利率的变动则不是那么敏感。如果市场利率上升,这时银行负债的成本率会很快增加,而由于资产业务期限较长,其收益率则不会很快增加。如果市场利率上升速度很快,则银行负债的成本很可能会超过资产的收益,短期内某些商业银行就会面临亏损,处理不当的话就可能出现流动性危机,严重情况下甚至可能引起挤兑,甚至破产清算。

现实世界中不是没有发生过上述情况。20 世纪 70 年代中后期,两次石油危机所导致的西方国家"滞涨"愈演愈烈,通货膨胀率一路上扬,到 1980 年时,美国的 CPI 指数高达 13.5%,与此相对应,半年期的货币市场利率高达 14% 以上,这给很多依赖货币市场资金等短期负债来源的银行带来极大损失,部分银行因此而破产。80 年代之后,西方金融理论界和银行家开始注重资产负债的综合管理，80 年代中期，多数西方金融理论家就把银行资产负债管理理解为一种管理利率风险的手段，以美国学者加登纳（M.J. Gardner）和米尔斯（D.L. Mills）等为代表的一些金融理论家就将资产负债管理理解为一种管理银行利率风险的手段，他们认为资产负债管理就是管理净利差以保证利差水平及利率风险与银行本身的风险-收益目标相一致。

为了避免利率风险而将资产和负债的期限结构完全匹配在理论上是错误并且实践中不可能实现的。商业银行现实的经营管理中通常关注的是利率敏感性资产和利率敏感性负债结构的对比。所谓利率敏感性资产和利率敏感性负债，是指那些在一定期限内到期的或需要根据最新市场利率重新确定利率的资产和负债。举例来说，假设银行发放的一笔固定利率贷款即将于 3 个月后到期，如果 3 个月后市场利率低于这笔贷款当初的发放利率，则 3 个月后这笔贷款回收本金再运用的收益率就低于原先收益率。如果此时考虑未来 3 个月以后（比如说未来 6 个月内）银行面临的利率风险时，这笔贷款就是一笔利率敏感性资产。同理可知利率敏感性负债。只要利率敏感性资产和利率敏感性负债的结构是匹配的，那么银行未来的净利息收入就基本不变了，从而避免了市场利率波动给银行净利息收入带来的影响。

一般情况下，商业银行的所有者和管理者不仅会关心短期内经营收入的变化，还会关心自己所持银行股权份额长期内市场价值的变化。实际上，市场利率的变动不仅会影响利率敏感性的资产和负债，同时也会对利率不敏感的资产和负债的市场价值产生影响。而当资产和负债的市场价值发生变化时，两者之差所体现的所有者权益的市场价值也会发生变化，而这正是股东所关心的。因此，只对利率敏感性资产和负债的缺口进行管理难以综合反映银行的资金配置对于利率变化的敏感性，这就促使人们继续探索更有效的理论与方法来管理利率风险。持续期缺口管理模型就是在这种背景下应运而生的。

以下部分，作者将以两个具体实例来解释商业银行进行利率风险管理的利率敏感性缺口方法和持续期缺口方法。

二、利率敏感性缺口方法实例

（一）利率敏感性缺口和利率敏感性比率的定义

对商业银行而言，持有利率敏感性资产和利率敏感性负债既可能使自身的净收益增加，也可能使净收益减少，但银行面临着一个由利率变化引致的风险敞口这一点是确定的。银行可以通过对利率敏感性资产和利率敏感性负债的管理来管理利率风险，这就涉及利率敏感性缺口的定义。

利率敏感性资产和利率敏感性负债的差额被定义为利率敏感性缺口（Gap），它可用来反映银行资金的利率风险暴露情况。如果用 IRSA 代表利率敏感性资产，IRSL 代表利率敏感性负债，则利率敏感性缺口公式表示为：

$$利率敏感性缺口(Gap) = 利率敏感性资产(IRSA) - 利率敏感性负债(IRSL)$$

当利率敏感性资产多于利率敏感性负债时,即缺口为正时,如果市场利率上升,则增加收益的流入多于增加成本的支出,对银行有利,反之则对银行不利。当缺口为负时,银行面临的利率风险正好与缺口为正时相反。只要利率敏感性缺口不为零,则银行在考虑期内就面临着利率变化的风险,缺口的绝对值越大,风险越大。如果银行能够准确预测利率走势,当然可以利用较大的利率敏感性缺口来获取较大的利息收益,但如果预测失误,较大的缺口也会导致较大的利息损失。

利率敏感性缺口表示了利率敏感性资产和利率敏感性负债之间绝对量的差额,我们还可以用利率敏感性比率来反映它们之间相对量的大小。利率敏感性比率是利率敏感性资产和利率敏感性负债之比,用公式表示为:

$$利率敏感性比率(Rate) = \frac{利率敏感性资产(IRSA)}{利率敏感性负债(IRSL)}$$

当利率敏感性资产大于利率敏感性负债,该比率大于 1;反之,则小于 1。利率敏感性比率与资金缺口之间的关系是:当利率敏感性比率大于 1 时,资金缺口为正值;利率敏感性比率小于 1 时,资金缺口为负值。当利率敏感性比率等于 1 时,资金缺口为零。当运用利率敏感比率分析资产负债敏感程度时,银行管理者仅能知道两者之间相对比值大小,但它们之间的绝对差额为多少并不知道。因此,当银行进行资金的利率敏感性管理时,通常将利率敏感性缺口和利率敏感性比率两项指标结合起来共同考察银行资产、负债的利率敏感性程度,这样才能有助于作出科学的决策。

当市场利率变动时,银行利率敏感性资产的预期收入和利率敏感性负债的预期支出都会发生变化,在资金缺口不变的前提下,这会影响到银行净利息收入的变动。如果以 ΔNII 表示净利息收入的预期变化值,Δi_{exp} 表示短期利率水平的预期变动值,那么净利息收入变化可以如式 13.1 表示。

$$\Delta NII = Gap \times \Delta i_{exp} \tag{13.1}$$

(二)乌有银行的利率敏感性缺口管理策略

进行利率敏感性缺口管理的第一个阶段是分析银行当前的利率敏感性资产、负债和缺口的状况,我们以子虚国一家"乌有银行"为例,其利率敏感性资产和负债的数据如表 13.1 所示。

子虚国 2012 年年底银行业总资产为 131 万亿元,表 13.1 显示乌有银行资产额为 1 751.33 亿元,大约只占全部的 1.3‰,因此乌有银行对该国银行业市场毫无影响力,只能是市场上的价格接受者,而无法改变市场利率。

表 13.2 中列出了乌有银行未来 4 个时段内的利率敏感性缺口和利率敏感性比率的计算结果。

表 13.1 乌有银行 2012 年年底利率敏感性资产和负债分类表

单位:百万元	累积数额					
	未来 1 个月内	3 个 月内	6 个 月内	12 个 月内	利率 不敏感	合 计
资产:						
现金和存放同业存款	0	0	0	0	10 205	10 205
货币市场金融工具	1 504	1 504	1 504	1 504	0	1 504
证券投资	300	3 120	4 081	5 731	21 370	27 101
商业贷款	27 281	29 930	43 153	57 739	2 946	60 685
个人贷款	2 307	5 783	16 680	25 931	17 952	43 883
不动产贷款	298	879	1 703	5 673	21 402	27 075
其他资产	0	0	0	568	4 112	4 680
资产总额:	31 690	41 216	67 121	97 146	77 987	175 133
负债和股东权益:						
零息活期存款	0	0	0	0	31 632	31 632
付息活期存款	9 107	9 107	9 107	9 107	0	9 107
定期存折存款	0	0	0	0	11 843	11 843
货币市场账户	16 012	20 695	20 695	20 695	0	20 695
小额存单	1 341	3 426	7 204	15 493	10 845	26 338
大额可转让存单	2 794	11 412	20 897	32 630	2 448	35 078
其他存款	380	1 607	4 014	9 781	5 883	15 664
短期借款	3 379	3 559	4 667	4 842	0	4 842
其他负债	0	0	32	167	2 924	3 091
股东权益	0	0	0	0	16 843	16 843
负债和权益总额:	33 013	49 806	66 616	92 715	82 418	175 133

表 13.2 乌有银行 2012 年利率敏感性分析表

1 个月内:

利率敏感性缺口(Gap_1)＝IRSA_1－IRSL_1＝31 690－33 013＝－1 323(百万元)

利率敏感性比率(Rate_1)＝IRSA_1÷IRSL_1＝31 690÷33 013＝0.960

3 个月内:

利率敏感性缺口(Gap_3)＝IRSA_3－IRSL_3＝41 216－49 806＝－8 590(百万元)

利率敏感性比率(Rate_3)＝IRSA_3÷IRSL_3＝41 216÷49 806＝0.828

6 个月内:

利率敏感性缺口(Gap_6)＝IRSA_6－IRSL_6＝67 121－66 616＝505(百万元)

利率敏感性比率(Rate_6)＝IRSA_6÷IRSL_6＝67 121÷66 616＝1.008

12 个月内:

利率敏感性缺口(Gap_{12})＝IRSA_{12}－IRSL_{12}＝97 146－92 715＝4 431(百万元)

利率敏感性比率(Rate_{12})＝IRSA_{12}÷IRSL_{12}＝97 146÷92 715＝1.048

从表 13.2 中可以看出,乌有银行在未来的 1 个月内和 3 个月内的利率敏感性缺口均为负,利率敏感性比率均小于 1,这表明在未来一个季度内有更多的负债需要重新定价;而在未来 6 个月内和 12 个月内的利率敏感性缺口均为正,利率敏感性比率均大于 1,这表明未来一个季度后到 1 年内有更多的资产需要重新定价。

利率敏感性缺口管理的第二个阶段是结合当前的缺口状况来预测利率在计划期内的变化趋势。预测利率的变动是一个理论上没有完全解决、实践中又常常出现偏差的难题。在一个竞争性的金融市场中,一家商业银行对利率的影响是微不足道的,利率的变动受到许多银行本身无法控制的外部因素的影响,如中央银行的货币政策、经济发展的周期性波动、失业率、通货膨胀率等。要预测这些因素的变动本来就比较困难,再加上这些因素之间的复杂的相互作用,使对利率走势的把握更加困难。我们以预期市场利率会上升 1% 为例,来计算乌有银行的净利息收入变化情况。

未来 1 个月内:

$$\Delta NII_1 = Gap_1 \times \Delta i_{exp} = -1\ 323 \times 1\% = -13.23(百万元)$$

未来 3 个月内:

$$\Delta NII_3 = Gap_3 \times \Delta i_{exp} = -8\ 596 \times 1\% = -85.96(百万元)$$

未来 6 个月内:

$$\Delta NII_6 = Gap_6 \times \Delta i_{exp} = 505 \times 1\% = 5.05(百万元)$$

未来 12 个月内:

$$\Delta NII_{12} = Gap_{12} \times \Delta i_{exp} = 4\ 431 \times 1\% = 44.31(百万元)$$

如果乌有银行的管理层预期到未来的市场利率会持续上升,在不对当前的资金缺口进行调整的前提下,未来 1 个月内会减少 1 323 万元的净利息收入,3 个月内损失会扩大到 8 596 万元;而 3 个月之后到 6 个月之间的时段内会给银行带来额外的 505 万元的收益,未来 12 个月内额外收益会扩大到 4 431 万元。

通常情况下,选择的计划期不同,银行的资金缺口和净利息收入的变化也会不同,乌有银行也是如此。如果银行的既定目标是下一年度的净利息收入额,那么在上年底采用 1 年的计划期是可行的,这样即使短期内预测有误,也仅影响 1 个月内或 1 个季度内的利差收入,而如果对今后 1 年内的利率走势预测正确的话,配以适当的资金缺口,银行还会获得额外的净利息收入。

利率敏感性缺口管理的第三个阶段是根据对利率走势的预期制定相应的资金缺口调整策略。不同的银行管理者,由于各自对风险的偏好不同,对利率走势的把握程度不同,他们会采取不同的利率风险管理策略和方法。一般认为,根据银行管理者对利率风险的态度,利率敏感性缺口管理策略分为两类:一类是积极的策略(进取性策略);另一类是消极的策略(防御性策略)。

一些银行根据其对自身利率预测的信任程度,来确定利率敏感性缺口为资产敏感性还是负债敏感性,这通常称为积极的缺口管理。比如,银行管理者坚定不移地认为利率会下降到目前的计划水平之下,它就有可能使其利率敏感性负债超过其利率敏感性资产。这种策略比较适合于拥有众多专门人才的大银行和投机意识较强的银行。持久地准确预测利率是不可能的,如乌有银行之类的大多数银行只能采取消极的风险管理策略。

所谓消极的或防御性策略是指银行管理者使利率敏感性缺口近似为零,保持利率敏感性资产与利率敏感性负债的平衡,从而尽可能降低利率波动对银行净利息收入的影响。防御性策略并非表明银行在管理中处于无为而治的状态,事实上资产负债每天都会发生意外的变动,比如定期存款的提前支取、贷款的提前偿还等,要保证银行资金缺口近似于零,银行就需要进行大量的补偿性操作。

在实际中,某个银行选择了某种类型的利率风险管理策略后并非一劳永逸的。一家银行究竟采取何种风险管理策略,除了取决于其经营方针外,还要考虑金融形势的状况。当利率走势明朗且持续时间较长时,采取积极的策略比较恰当;反之,当利率变动频繁且不明朗时,则选择防御性策略是比较明智的,以避免由于利率预测错误而蒙受重大损失。

(三) 对利率敏感性缺口管理的评价

利率敏感性缺口管理的优点在于其模型设计比较简单,因而具有较强的可操作性。由于风险和收益总是同时存在的,银行在评估风险和收益时,必须进行客观的分析和计算,但在选择风险与收益的组合时,要取决于银行的主观判断。一般来说,客观分析做得越仔细越周到,管理者也就越容易形成正确的决策。当管理者面对不同的方案进行选择时,就应该将决策依据明晰化,使决策的过程始终建立在扎实的基础上。利率敏感性缺口管理模型正符合这一需求,即以一定时期的利率敏感性缺口来反映银行所面临的利率风险,银行管理者可据此进行资产负债的数量、期限等方面的调整,从而有效地规避利率风险或扩大银行收益。

利率敏感性缺口管理也存在一些缺陷,主要表现在以下两个方面:

第一,即使某家银行能准确预测利率的变动,该银行怎样根据"正确"的预测来调整资金缺口依然是一个问题。事实上,银行并不能完全控制和调整它的资产和负债的结构。虽然在一定程度上,银行可以通过不同的利率政策来调整存款和贷款的期限,但是调整的效果要取决于存款人和贷款人的行为模式。存款人并不仅仅依据利率的大小来确定存款的期限,借款人更是主要根据自己的需要来确定贷款期限的长短,而且客户的行为也受各种经济因素的影响,这些因素也是银行所不能左右的。

第二,利率敏感性缺口管理只注重损益表中净利息收入的变化,没有考虑利率变动对股东银行地位的冲击(通过净值来表现),而银行净值的市价恰恰是股东最关心的事情。选择积极的利率敏感性缺口策略,能扩大银行的净利息收益率,但却会增加银行净收益变动的风险,降低股东对银行投资的价值。因此,这种管理方法会引起银行股东的不安。

利率敏感性资产和利率敏感性负债的缺口分析是一种静态的分析方法,它没有考虑

外部条件和内部资产负债结构连续变动的情况。因此,银行管理者为了克服静态分析的缺陷,逐渐采用动态的利率敏感性资产和利率敏感性负债的缺口分析方法,即持续期缺口分析方法。

三、持续期缺口方法实例

(一) 持续期缺口理论

从上面的介绍中我们已经了解到,在利率波动的环境中,对利率不敏感的资产和负债也会给银行带来风险,特别是对银行股东权益市场价值的影响很大。银行采取的持续期缺口策略就是对自身全部资产和负债的利率风险进行管理的一种方法。

持续期是指固定收入金融工具的所有预期现金流入量的加权平均时间,或是固定收入金融工具未来的现金流量在其价格变动基础上计算的平均时间。由于持续期是考虑了现金流量的时间价值之后的实际偿还期,则市场利率的变化所引起的债券现值的变化量可以由式(13.2)来表示:

$$\Delta PV = -D \times [\Delta i/(1+i)] \times PV \tag{13.2}$$

式(13.2)中,ΔPV 为债券的现值变化量,D 为债券的持续期,Δi 为利率变化量,PV 为债券的现值。

如果把商业银行的各项资产和负债也看作是一种金融工具,则它们也具有一个持续期,市场利率的变化对它们的现值也会带来影响,从而影响到这家银行的资产负债净现值。通过持续期来计算市场利率变化对债券现值影响的这种方法也可以引入到对商业银行资产和负债的价值变动的计算中去。与式(13.2)类似,假设 PV_A 为银行资产现值,ΔPV_A 资产现值变动额,PV_L 和 ΔPV_L 分别为负债现值和负债现值变动额,Δi 表示利率变动量,则市场利率变动所引起的银行的资产现值和负债现值变化分别如式(13.3)和式(13.4)所示:

$$\Delta PV_A = -D_A \times [\Delta i/(1+i)] \times PV_A \tag{13.3}$$

$$\Delta PV_L = -D_L \times [\Delta i/(1+i)] \times PV_L \tag{13.4}$$

式(13.3)和式(13.4)[①]表明,当市场利率上升时,银行资产和负债的现值都会降低,降低的幅度除了和利率波动幅度有关外,主要是受资产持续期 D_A 和负债持续期 D_L 的影响。但是资产和负债净现值(银行股本净值)如何变化呢? 这就涉及到银行资产负债的持续期缺口的概念了。

---

① 与式(13.2)一样,式(13.3)和式(13.4)只是计算资产和负债现值变化的近似公式,金融工具市场价值和利率变动之间实际上是一个凸性函数关系,而非线性函数关系,因此由持续期计算得出的金融工具市场价值仅为一个估计值,它与金融工具市场价值实际值之间存在误差,当利率变动越大时,这个误差就会越大。

银行的持续期缺口是指银行资产持续期与负债持续期和负债资产现值比乘积的差额。若 D_A 表示总资产的平均持续期，D_L 表示总负债的平均持续期，则持续期缺口如式 (13.5) 所示：

$$D_{gap} = D_A - \mu D_L \tag{13.5}$$

其中，D_{gap} 是持续期缺口，μ 是负债资产比值，由于负债不能大于资产，故 μ 小于1。

（二）"无稽银行"的持续期缺口分析

下面，通过一个例子说明怎样利用持续期缺口来分析银行面临的利率风险。

假设子虚国"无稽银行"在最初阶段其资产以三种形式存在，即现金、3 年期的商业贷款和 9 年期的政府债券，商业贷款的年利率为 14％，政府债券的年利率为 12％。根据计算 3 年期商业贷款的持续期为 2.65 年，而 9 年期的政府债券的持续期为 5.97 年。该银行负债由 1 年的定期存款和 4 年期的可转让定期存单（CDs）构成，定期存款的年利率为9％，其持续期也为 1 年，CDs 的年利率为 10％，其持续期为 3.49 年。该银行的资本为 8 千万元，占总资产的 8％。为了方便地说明问题，这里假设该银行所有的利息都按年支付，没有提前支取和提前还款，也不存在问题贷款。表 13.3 列出了该银行的资产负债构成、各自的持续期以及持续期缺口的最初状态。[①]

表 13.3 无稽银行的资产负债表

资产	市场价值（百万元）	利率	持续期（年）	负债和股权	市场价值（百万元）	利率	持续期（年）
现金	100			1 年期定期存款	520	9％	1.00
3 年期贷款	700	14％	2.65	4 年期定期存单	400	10％	3.49
9 年期国债	200	12％	5.97	总负债	920		2.08
				股权	80		
合计	1 000		3.05		1 000		

$$商业贷款持续期 = \frac{\dfrac{98}{1.14} + \dfrac{2 \times 98}{1.14^2} + \dfrac{3 \times 798}{1.14^3}}{700} = 2.65（年）$$

$$国债的持续期 = \frac{\dfrac{24}{1.12} + \dfrac{2 \times 24}{1.12^2} + \cdots + \dfrac{8 \times 24}{1.12^8} + \dfrac{9 \times 224}{1.12^9}}{200} = 5.97（年）$$

$$可转让定期存单有效持续期 = \frac{\dfrac{40}{1.1} + \dfrac{2 \times 40}{1.1^2} + \dfrac{3 \times 40}{1.1^3} + \dfrac{4 \times 440}{1.1^4}}{400} = 3.49（年）$$

---

① 根据现金流贴现公式计算所得的资产和负债的市场价值变化与根据式(13.3)和式(13.4)计算的近似值之间存在误差。表 13.4 和表 13.6 中，资产负债市场现值变化均是根据现金流贴现公式计算所得，为准确值，而利用式 (13.3) 和式(13.4)计算所得资产负债市场价值变化数值为近似值，两者稍有差距。

$$总资产有效持续期(D_A) = \frac{700}{1\,000} \times 2.65 + \frac{200}{1\,000} \times 5.97 = 3.05(年)$$

$$总负债有效持续期(D_L) = \frac{520}{920} \times 1 + \frac{400}{920} \times 3.49 = 2.08(年)$$

$$持续期缺口(D_{Gap}) = D_A - \mu D_L = 3.05 - \frac{920}{1\,000} \times 2.08 = 1.14(年)$$

由于这家银行出现正的持续期缺口,该银行就面临着利率风险。此时如果市场利率上升1%,当利率变动时,总资产和总负债的市场价值将以不同的幅度变化,从而该银行的股本净值也将发生变化。根据表13.4列出的数据可以得知,该银行资产的市场价值总额减少了约2 630万元,负债的市场价值总额减少了约1 710万元。

表13.4　利率上升1%后无稽银行的资产负债表

资产	市场价值 (百万元)	利率	持续期 (年)	负债和股权	市场价值 (百万元)	利率	持续期 (年)
现金	100			1年期定期存款	515.3	10%	1.00
3年期贷款	684.0	15%	2.64	4年期定期存单	387.6	11%	3.48
9年期国债	189.7	13%	5.89	总负债	902.9		2.06
				股权		70.8	
合计	973.7		3.00		973.7		

$$商业贷款市场价值变动 = \frac{-0.01}{1.14} \times 2.65 \times 700 = -16.3(百万元)$$

$$国债市场价值变动 = \frac{-0.01}{1.12} \times 5.97 \times 200 = -10.7(百万元)$$

$$可转让存单市场价值变动 = \frac{-0.01}{1.10} \times 3.49 \times 400 = -12.7(百万元)$$

$$定期存款市场价值变动 = \frac{-0.01}{1.10} \times 1 \times 520 = -4.8(百万元)$$

$$资产市场价值变动总额 = -16.3 - 10.7 = -27(百万元)$$

$$负债市场价值变动总额 = -4.8 - 12.7 = -17.5(百万元)$$

$$银行的股权市场价值变动 = -27 - (-17.5) = -9.5(百万元)$$

$$总资产有效持续期(D_A) = \frac{683.7}{973} \times 2.64 + \frac{189.3}{973} \times 5.89 = 3.001(年)$$

$$总负债有效持续期(D_L) = \frac{515.2}{902.5} \times 1.00 + \frac{387.3}{902.5} \times 5.89 = 2.064(年)$$

由此可见,在市场利率上升1%后,无稽银行股权的市场价值也下降了950万元(根据表13.4的准确计算是下降了920万元)。按照相同的计算方法,我们可以推算出市场利率下降时,这个银行的股权市场价值和净利息收入增加的数额。

在市场利率上升的情况下,银行管理者如果要避免其银行股权市场价值的波动,就必须调整其持续期缺口,要么将总资产持续期缩短,要么将总负债持续期延长。假设该银行选择了延长总负债持续期的调整方法。具体调整是这样的,当银行预期市场利率将上升时,为避免不利的持续期缺口给银行带来损失,可以将 1 年期定期存款减少 280 百万元,同时发行 5 年期定期存款 280 百万元,则其资产负债表会发生一定的变化,如表 13.5 所示。

表 13.5　调整负债后无稽银行的资产负债表

资产	市场价值（百万元）	利率	持续期（年）	负债和股权	市场价值（百万元）	利率	持续期（年）
现金	100			1 年期定期存款	240	9%	1.00
3 年期贷款	700	14%	2.65	5 年期定期存款	280	10%	5.00
9 年期国债	200	12%	5.97	4 年期定期存单	400	10%	3.49
				总负债	920		3.31
				股权	80		
合计	1 000		3.05		1 000		

$$总负债持续期(D_L) = \frac{240}{920} \times 1 + \frac{280}{920} \times 5 + \frac{400}{920} \times 3.49 = 3.31(年)$$

$$持续期缺口 = 3.05 - \frac{920}{1\,000} \times 3.31 \approx 0$$

当所有金融工具的利率全部上升 1% 后,这家银行的资产负债表将发生一定程度的变化,具体情况见表 13.6。

表 13.6　持续期缺口为零时利率上升 1% 后无稽银行的资产负债表

资产	市场价值（百万元）	利率	持续期（年）	负债和股权	市场价值（百万元）	利率	持续期（年）
现金	100			1 年期定期存款	237.8	10%	1.00
3 年期贷款	684.0	15%	2.64	5 年期定期存款	267.6	11%	5.00
9 年期国债	189.7	13%	5.84	4 年期定期存单	387.6	11%	3.48
				总负债	893.0		3.27
				股权	80.7		
合计	973.7		3.00		973.7		

很明显,由于资产与负债市场价值都下降了 2 700 万元,所以该银行的股权的市场价值基本保持不变[1]。

当然,对于富有进取心的银行管理者来说,他们并不欣赏资产保值策略(持续期缺口＝0),他们可能会冒险使股东权益获得最大化。在预期市场利率上升时,他们可能会采

---

[1]　此处的 80.7 与利率上升前的 80 略有差异,这是由于通过金融工具的市场价值变动和利率变动来计算持续期的公式只是一个近似公式,计算过程中会有误差。

取行动减少 D_A 并同时增大 D_L，使持续期缺口转变为负，如果预期正确，则银行股权的市场净值就会上升。在预期市场利率下降时，采取的措施正好相反。当然，这种冒险的策略如果预期失败，也会带来更大的风险。

（三）对持续期缺口方法的评价

持续期缺口的优点有以下两点：

第一，它为银行资产负债综合管理，特别是为利率风险管理提供了一个新的管理方法。在通常情况下，有效持续期缺口的绝对值越小，银行的股权市场价值对利率变动的敏感性就越低。反之，持续期缺口绝对值越大，在利率变动的情况下，必然会导致银行的股权市场价值发生大幅度的变化。商业银行通过运用持续期缺口的管理方法，积极主动地调整有效持续期缺口的大小，从而可以减轻利率变动所产生的不良影响。

第二，持续期缺口是在考虑了每种资产与负债的现金流量的时间价值的基础上计算出来的，有效地克服了利率敏感性缺口模型中由于时间间隔划分不当所引起的问题，从而使持续期缺口模型比较准确地衡量金融机构所面临的利率风险。由于它考虑了现金流量的时间价值，因此从本质上来看，持续期缺口模型是一种对流量风险进行动态分析的方法。

但是，持续期缺口分析也具有一些缺陷，具体如下：

首先，持续期计算复杂。在持续期缺口分析中需要大量的数据，而且还需要许多主观假设，如提前提款的概率、提前偿还的概率、呆账的概率等。尤其是持续期计算中要涉及的资产、负债等未来现金流量的数据较难得到，其计算过程比较复杂，特别是要对资产、负债重新定价的时间进行分析，这对大多数中小银行来说，是难以把握的。在商业银行实务中，中小银行往往采取占有率定价法，以规避单独定价的风险。不仅如此，它们还需要观察大银行的动向，因而难以对重新定价时间作出准确分析。既然不能对重新定价时间进行准确分析，持续期缺口公式的运用也就无从谈起。

其次，持续期缺口分析的前提条件难以具备。运用持续期缺口计算公式需要对利率变动进行预测。银行在计算某种金融工具持续期时，需要估计未来每一笔现金流量的现值。问题的关键在于按照什么样的利率作为贴现率，即银行怎样来预测未来不同时期每一种利率的水平。如果银行能准确地预测未来利率的变动，那么对它来说也就不存在什么利率风险了，有效持续期缺口模型也就可以放在一边了。

用持续期缺口预测银行股权市场价值变动，要求资产或负债利率与市场利率同幅度变动（比如全都上升 1%），而这一前提条件是不现实的。也许有人认为采取利率敏感性缺口中的标准化方法会克服这一缺陷。但是问题依然存在，什么样的利率可以作为标准化利率，这同样带有很大的主观性。

再次，持续期缺口管理操作起来比较麻烦。按照麦考利公式的要求，持续期随着利率变动而变动。因此，无论何时，只要利率发生变动，银行就必须调整其资产负债结构，这意味着银行很可能每周甚至每天都要调整其资产负债结构。假设利率保持相对稳定，由于持续期缺口会随着时间推移而变动,银行同样也需要经常对资产与负债的持续期进行调整。对银行资产负债结构进行总体调整,必然需要投入相当多的人力资源和物质资源,进而促使银行经营管理成本的上升。这也是银行管理者采用该模型时不得不考虑的重要因素。

有些管理和研究人员认为,从总体上说,持续期缺口分析带有很大的主观性,对许多银行而言,其运用成本也许超过了其可能带来的收益。

案例思考

1. 商业银行经营过程中利率风险的来源是什么? 利率风险是如何影响商业银行资产负债业务的经营的?

2. 利率敏感性缺口方法和持续期缺口方法在管理商业银行利率风险的过程中的优点和不足各是什么?

案例 14　海南发展银行倒闭案

学习目标

1. 掌握商业银行经营过程中所面临的风险类型和各自含义
2. 了解海南发展银行从组建到破产的过程
3. 了解并分析导致海南发展银行破产的原因

案例介绍

位于海南省海口市滨海大道 12 号的富南大厦曾经是海南发展银行(以下简称"海发行")总部,门口的两座人体铜像已经变得斑驳不堪,难觅昔日的光辉,挂在大门上方的"海南发展银行"几个大字同样锈迹斑斑。曾经的海发行总部仅有银行托管组和清算组驻扎在里面。

2010 年 6 月 22 日,在海发行被中国人民银行宣布关闭整整 12 年之后,有记者去采访其清算进程,来到了富南大厦。在经过严格的盘问和登记之后,记者方得以进入大厦,但意外地发现这里除了物业公司的工作人员之外,极少见到来往穿梭的人,办公室里只有少数工作人员在看报或谈话。对于记者的询问,一概以"领导都不在"作答。那么海发行的清算工作进行到了哪一步? 还需要多长时间才能够清算完毕呢?

随后,记者来到了央行海口中心支行了解情况,该行有关负责人称海发行的清算工作主要由海南银监局负责。当天下午,海南银监局办公室负责人在看过记者的采访提纲后表示,有关海发行的相关事宜,他们一概不对外接受采访,请记者理解。

就这样,跑了一圈下来,对于海发行目前的境况以及其未来的命运,记者依然一无所知。海南一位熟知国外金融业的人士告诉记者,据他所知,国外的银行破产关闭后,一般情况下都会在 5 年内完成破产清算,最长也不会超过 10 年。"而海发行已经清算了 12 年,还拿不出一个结果吗? 还要清算多少年才算完? 再怎么样也应该有个结论了。"

20 世纪 90 年代中期,海南人曾骄傲地说:"海口的金融机构数量多过米铺。"确实,在海南建省并成为特区后,经济快速发展,房地产业也大规模扩张,并催生了许多金融机构。承担着整合海南省数十家金融机构使命的海南发展银行,一度发展势头良好,被很多人寄予了希望。然而,1998 年 6 月 21 日,中国人民银行宣布关闭海南发展银行。从其成立到关闭,仅历时两年十个月。央行发布通知时用了较为中性的"关闭"一词,在我们看来,用"倒闭"一词更合适。

一、海南发展银行：成立缘起

1988 年，中国政府决定建立海南省，并且把海南省作为经济特区进行开发建设，海南因而成为中国最大的经济特区。20 世纪 90 年代初，海南处在大规模的开发和建设时期。1992 年，邓小平南方谈话以后，新一轮的改革开放热潮在海南再度掀起，一批大型基础设施建设和重点工程项目陆续开工。为了振兴海南经济、化解金融风险，海南省决定建立自己的银行。在这种背景下，海南省政府准备筹建地方性股份制商业银行——海南发展银行。

1995 年 8 月 18 日，在一片喜庆的氛围中，注册资本 16.77 亿元人民币的海南发展银行创立大会暨第一次股东大会在海口召开，海发行宣告正式成立。海发行由海南省政府控股，共有包括中国北方工业总公司、中国远洋运输集团公司、北京首都国际机场等在内的 43 个股东。其中，海南省政府出资 3.2 亿元人民币，是其第一大控股股东。

海发行成立之初，发展势头较好。海发行当时的大部分员工都是从全国各地招聘而来的金融业界的精英，其中一些人在金融界有着很好的人脉关系，较为灵活的运作机制也最大限度地激发了员工的工作热情。靠着相关部门的支持和自身的努力，海发行度过了最初的困难时期后，实现了良性运行，获得了暂时的成功。1995 年年底，海发行资产总额 44.4 亿元，存款余额 14.86 亿元，贷款余额 17.31 亿元。1996 年年底，上述指标分别达到 86.3 亿元、39.26 亿元和 35.11 亿元，同比分别增长 94%、164% 和 103%。1996 年年底，海发行的资本充足率为 29%，存贷比率为 89.4%，净资产利润率为 7%，收息率为 90%，拥有员工 2 800 余人。海发行总行设在海南省海口市，并在其他省市设有少量分支机构，海发行还与境外 36 家银行及其 403 家分支机构建立了代理关系。这些迹象显示，海发行与同一时期以及前期成立的许多股份制商业银行一样，其前景似乎一片光明。事实是这样的吗？

二、海南发展银行：戴着镣铐的舞者

事实上，早在海发行成立之时就已经埋下了隐患。海南省政府成立海发行的初衷之一就是为了化解地方金融风险，挽救一些有问题的金融机构。20 世纪 90 年代初，是海南房地产市场高速发展时期，房价和地价上涨迅猛，许多信托投资公司和城市信用社违规经营，甚至是无证经营，高息揽储，违规发放贷款，大部分高成本资金进入房地产市场。1993 年，由于海南房地产泡沫经济的破裂，海南多家信托投资公司出现了经营困难。为了化解海南信托投资公司的经营风险，海南省决定成立海南发展银行，将原海南省五家信托投资公司——海南省富南国际信托投资公司、蜀兴信托投资公司、海口浙琼信托投资公司、海口华夏金融公司、三亚吉亚信托投资公司——进行资产重组合并，并吸收了 40 多家新股东后成立了海南发展银行。这五家信托投资公司中，唯有富南信托能够正常经营，其他四家信托公司都已经在 1993 年国家进行金融系统大整顿时被取消了经营资格，它们留下了

部分资产和大量债务。公开的资料表明,合并时这五家信托投资公司的坏账损失总额已达26亿元。这意味着海发行一起步就背负上了沉重的包袱。

当时业界有人评论,海发行的成立是一次"弱弱联合"的尝试。作为海发行前身的信托机构,其大量高成本负债资金投入到房地产市场上。房地产市场的降温使得资产状况恶化,债务压力极大,资产负债比例畸形。刚成立的第一年,海发行的日子特别艰难,因为它除了要保证正常的银行业务运营外,还要处理一桩又一桩的债务纠纷。在开业庆典的第二天,法院的传票就来了,要求行长出庭应诉。那桩官司是由于其中一家信托公司的债务纠纷引起的,现在既然已经划到了海发行,海发行自然成为债务人。

本来就起步蹒跚的海发行,1997年年底在政府的政策指导下,又接收了大批资不抵债、经营困难的信用社,这直接导致了海发行的挤兑危机。在海南房地产泡沫时期,很多信用社通过高息揽存的方式吸收资金,然后投入火热的房地产市场。随着房地产市场泡沫崩溃,信用社陷入大量不良资产的泥潭之中。高息存款无法兑付,只能靠新的高息存款支付到期的存款,由此进入了严重违背商业规律的恶性循环。资不抵债,入不敷出,无法兑付到期存款,成了众多信用社的通病。到1997年年底,已经有几十家信用社无法兑付到期存款,并导致了多起挤兑事件。

对于这些单位如何处置,各方意见不一,但最终达成了"让海发行背起来"的意见。为了化解海南的金融危机,1997年12月16日,中国人民银行海南省分行发布公告,宣布关闭海口市人民城市信用社等5家违法违规经营、严重资不抵债、已经不能支付到期债务的城市信用社,其债权债务由海发行托管。为了防范和化解海南城市信用社的风险,并促进海南金融业的稳健发展,中国人民银行决定,将海南省内28家有问题的城市信用社统统并入海发行。接管之后,海发行向被接管的各家信用社派出工作组,负责清产核资、清受欠款和兑付居民储蓄存款工作,暂时平息了信用社的挤兑风潮。1997年12月22日,海发行开始对原来28家城市信用社的储蓄存款恢复兑付,并对单位存款办理登记确认手续。截至1997年12月31日,海发行10天共兑付原信用社存款9.87亿元,其中92.5%是居民储蓄存款。

有关部门将28家有问题的城市信用社并入海发行时,承诺由海发行支付储蓄本金和合法利息。因此,海发行宣布,只能保证给付原信用社储户本金及合法的利息。许多在原信用社可以收取高额利息的储户在兼并后只能收取正常的利息。对于所托管的5家被关闭信用社的储蓄存款,也大致如此,而单位存款则被视为所欠债务,在债权债务清算后进行清偿。原城市信用社都是高息揽储,海南发展银行支付的利息低于原城市信用社揽储时承诺的利率十多个百分点,引起储户的不满。

应该说,这些措施有其合理性,尤其是按国家正常利率付息本来就是国家的政策规定,无可厚非。但问题在于,当初的信用社是违法违规吸收存款,盲目承诺支付高额回报,出了问题后又推给海发行来承担。一些谋求高息回报的投机者由于在海发行得不到高额收益,认为海发行不讲信用,不守合同,于是选择了撤资退出,去寻找其他能够给予高收益

的融资平台。

1998年春节过后，一些客户开始将本金及利息取出，转存其他银行，并表示因为利息降低，不再信任海发行。当时的海口街头出现了一个怪现象，凡是街道上有海发行营业网点的地方，等候取款的人，从室内延伸至马路上，排成长队，心急地往网点内探头。随后，未到期的储户也开始提前取走存款，并且同时出现了各种各样的谣言，最终引发了大规模的挤兑。为了应对兑付，海发行规定了每周取款的次数、每次取款的限额，而且优先保证个人储户的兑付。但是由于情况严重，次数和限额规定一变再变，使储户每次能取到的钱越来越少，而每月可以取款的次数也变得越来越少，这加剧了个人储户的不满情绪，而单位储户几乎都难以从海发行提出款项。

据当时亲历挤兑风潮的海发行工作人员描述："先是储户怀着恐慌心理涌向营业网点，然后是各营业网点对取款人设最高限取款金额，再接下来是银行方面发放取款预约号。独特的'街景'在经历了近两个月后才逐渐消失。"

超常的兑付压力，使得海发行的其他业务已经无法正常进行，应对储户提取存款几乎成了海发行这段时间里的全部活动。同时，由于房地产泡沫破灭，海发行账上的不少贷款也难以收回。有的营业部为了减少储户挤兑，同时吸引存款，开出了18％的存款利率，但此时已没有人愿意再把钱存入海发行。

合并后成立的海发行背负着原有五家信托机构的巨额债务，同时又承担对28家问题城市信用社的储蓄本金和合法利息的支付，于是，"存款立行"便成为其主要发展战略。迫于巨大的债务压力，海发行的正常经营十分困难，不得不采取高息揽储的办法，吸收更多的存款。据统计，海发行自成立后的近3年时间里，吸收5万元以上的存款，其平均利率都超过15％，有的年利率高达25％。

为保护海发行，中国人民银行早期急调34亿元资金"救火"，但对巨大资金缺口的海发行而言这只是杯水车薪。1998年3月22日，央行在陆续给海发行提供了40亿元的再贷款后，决定不再给予资金支持。

为了控制局面，中国人民银行于1998年6月21日发出公告，由于海发行不能及时清偿到期债务，根据《中华人民共和国人民银行法》《中华人民共和国公司法》和《金融机构管理条例》，决定关闭海发行，停止其一切业务活动，由央行依法组织成立清算组，对海发行进行关闭清算。央行同时指定中国工商银行托管海发行的债权债务，对其境外债务和境内居民储蓄存款本金及合法利息保证支付，其余债务待组织清算后偿付。对于海发行的存款，则采取自然人和法人分别对待的办法，自然人存款即居民储蓄由工行兑付，而对法人债权进行登记，待海发行全部资产负债清算完毕后再按一定折扣进行兑付。

1998年6月30日，在原海发行各网点开始了存款兑付业务。由于公众对工行的信任，兑付工作开始后并没有造成大量挤兑，大部分储户只是把存款转存至工商银行。至此，这家成立不到3年的股份制商业银行走到了它的尽头。

三、房地产泡沫破灭:祸不单行

1988年海南建省办经济特区,凭借特区经济建设的优惠政策,吸引了百万人才下海南。1992年之后,海南的房地产市场加速升温,房地产的价格猛涨,来海南投资房地产的人日益增多,最高潮的时候,在海南注册的房地产公司达4 000多家。海南房地产市场的火爆拉动了海南特区经济的非正常增长,带动了金融业的非理性繁荣,全国许多金融机构纷纷到海南设立办事处、代表处,大量的资金涌入海南。据统计,1992—1994年,流入海南的资金达1 000多亿元,其中绝大部分资金流入房地产市场。据说当时有两个"70%",即进入海南的资金70%投资于房地产,投资于房地产的资金70%来自银行贷款和信托资金。

然而,好景不长,由于房地产市场的发展远远超过同时期的需求,仅靠投机资金支撑的市场需求是难以持续的,先是部分投机资金的开始流出,然后是大规模的流出,市场迅速降温。随着1993年6月24日中央政府开始整顿金融秩序,对房地产市场进行大规模的治理整顿,海南省的房地产泡沫在急剧膨胀后砰然破裂,绝大多数房地产开发商成为银行的债务人,贷款回收困难,严重影响了银行的正常经营,海南的经济发展随即变得十分困难。房地产泡沫时期,金融机构投入了大量资金,泡沫破裂后,大批金融机构陷入流动性困境。房地产价格剧降,很多已经建好的商品房卖不出去,没建好的商品房无力续建。据调查统计,截至1998年年底,海南省竣工的商品房只占商品房开发建设总规模的46%,而这些已竣工的商品房又有将近一半没能卖出去。房地产泡沫破裂,海南经济随即陷入困境。

随着海南房地产泡沫经济的破裂,各行各业都受到冲击,冲击最大的当数当地的金融机构。据中国人民银行调查统计,截至1998年年底,海南房地产占四大国有商业银行的金融资产累计达到406.57亿元,且多数已成为不良资产。大量信贷资金被套在房地产上,流动性迅速减慢,再筹资成本增高,多数金融机构出现支付困难,海南的金融体系大规模萎缩。海南发展银行被关闭后,还有11家信托投资公司停业整顿,仅有的1家城市信用社也于2002年进入停业整顿。

海南的房地产泡沫是当时中国房地产泡沫的典型。1998年年底,朱镕基总理亲自到海南视察,认真听取了海南省政府的工作汇报,召开了由建设部和各家银行行长参加的联席会议,多方听取意见,决定把海南省作为全国处置积压房地产的试点省份。从1999年6月至2006年10月,海南省累计处置闲置建设用地23 354公顷,占闲置总量的98.2%;处置积压商品房444.82万平方米,占积压总量的97.6%。

如果不是房地产泡沫,海南经济就不会虚假繁荣,更不会吸引大量的金融机构趋之若鹜。为了增加竞争筹码,各家金融机构不惜违规经营,盲目冒进,为了吸引储户,不计后果地高息揽储,将风险防范置之一边。房地产泡沫破裂后,金融机构的贷款收不回来,高利息的存款不能按时到期兑付本金和利息,大批信用社和信托投资公司陷入经营困境,影响了社会稳定,成为后来海发行被关闭的导火索。

四、海南发展银行:风险来自何方

商业银行是经营货币的特殊企业,业务面广、影响因素复杂,所面临的风险多种多样。导致海发行被关闭的金融风险主要有以下几类。

(一) 流动性风险

商业银行的流动性风险,是指银行无法在不增加成本或资产价值不发生损失的条件下及时满足客户流动性需要的可能性,比如存款客户提取存款以及合格贷款客户的贷款需求等。流动性风险是商业银行面临的最基本风险。商业银行在一定程度上的"短借长贷"是可以接受的,这也是银行赚取资金期限错配利息差的一种方式,在正常经营时对银行的影响很小。但是,如果负债资金的流动性强,资产的流动性差,那么这种期限错配所带来的流动性风险就很高。

直接导致海发行被中国人民银行关闭的原因是到期存款的支付危机(挤兑),这和海发行的资产负债的特点有关。海发行成立之初,其资产负债的结构就存在严重的问题,以高额利息为条件吸收的短期存款并不稳定,却要支撑质量很差、泡沫含量很高的长期房地产贷款。以流动性很高的短期存款来匹配流动性很差的房地产贷款,风险极大。海发行后期并入的28家城市信用社,其存款和贷款的特点和初期并入的信托公司存贷款几乎一致。房地产泡沫破裂后,随着资产的缩水,贷款很难及时收回,银行不能随时满足存款人的提现要求,尤其是后来信用度下降后存款人形成挤兑,更是对流动性提出了很高的要求。当面临巨额的资金需求时,银行无法通过资产的变现换取流动性,化解支付危机,最终必然导致资金链断裂。

(二) 市场风险

商业银行的市场风险是指因为市场价格变化而可能给商业银行带来的损失,这是金融市场中最普遍、最常见的风险。本案例中,主要的市场风险来自房地产市场。海发行成立之前,由于房地产市场过热,信托机构的大量高成本资金被积压在房地产上,受房地产市场的风险影响,海南省遭受了以房地产业为龙头的泡沫经济重创,经济发展速度放缓,投资回报率降低,于是直接造成了多数城市信用社高进低出、食储不化的结果。在信托投资公司基础上成立的海南发展银行从开业之日起就举步维艰,背负着巨额债务,不良资产比例大,资本金不足。成立后的海发行,贷款和投资资金也主要流入房地产市场,正是由于受房地产泡沫的影响,使海发行的贷款无法及时回收,资本金贬值,而且海发行托管和兼并的信用社也都是由于房地产价格的大幅下跌而破产,从而严重拖累了自身的运营。

(三) 信用风险

信用风险有广义和狭义之分,广义的信用风险指所有因交易对手违约(不守信用)所引起的风险,如资产业务中的借款人不按时还本付息引起的资产质量恶化;负债业务中的存款人大量提前取款形成挤兑形成的支付困难;表外业务中的交易对手违约、或有负债转化为表内负债等等。狭义的信用风险通常是指信贷风险。本案例中的海发行既存在借款

人不按时还本付息的问题,又存在严重的挤兑现象,因此信用风险的存在表现得很明显。

海发行所面临信用风险的一个表现就是投向房地产市场的贷款面临违约,本息无法收回的风险。不管是继承自原信托公司和信用社的房地产贷款,还是银行成立后新发放的房地产贷款,客户违约而使银行无法收回本息的风险是引爆海发行流动性支付危机的导火索。假设海南省房地产市场正常、健康、稳步、有序发展,银行发放的房地产类贷款能够顺利收回本息,则储户就不会产生对海发行的信任危机,很大程度上能够避免挤兑风潮。

海发行所面临信用风险的第二个表现是自身的信用风险。海发行1997年年底兼并托管城市信用社后,其中一件事就是宣布,只保证给付原信用社储户本金及合法的利率,这一利率要比当初城市信用社(包括海发行)揽储的高利率低十几个百分点,而当初人们将钱存入信用社和海发行就是为了获取高利率,如果高利率的诱惑没有了,再加上海发行违约单方面降低利率引起储户的不满,挤兑就不可避免了。尽管按照合法利率支付利息是"有关部门"给予海发行在被动接收原28家信用社时的承诺,但无论如何这使得实际执行此政策的海发行在储户心中变得不再被信赖。

两种信用风险的叠加,促使储户争相挤提,而挤提又会产生传染效应,使许多原本无意提款的储户也加入到挤提队伍中来。

(四)操作风险

作为一种古老的险种,自商业银行诞生伊始,操作风险就伴随其左右,但操作风险并没有在金融业中得到与信用风险、市场风险等相平等的重视。国际金融界对操作风险的关注和认识是从20世纪90年代中后期才开始的,操作风险是指由于金融机构违规经营或内部控制不健全或失效、操作失误等原因所导致的风险。操作风险的主要表现有操作不当甚至违规操作。海发行的违规是显而易见的。首先为了缓解刚成立时背负的债务危机,海发行不得不依靠违章拆借、证券回购以及向人民银行再贷款等形式大量筹集资金保证支付,高成本吸收来的资金被投入到高风险行业中企图获利。其次,海发行为加速银行扩张,还沿袭了原来那些信托公司的做法——高息揽存,有的利息率甚至高达25%,而当时海南的经济状况很难找到盈利率在25%以上的投资项目,大量高息存款很难高息贷出,于是不规范的操作风险大规模出现。海发行只有靠新的高息存款支付到期的存款,然后再吸入高息存款,进入了严重违背商业规律的恶性循环。《中华人民共和国商业银行法》第三十一条规定,"商业银行应当按照中国人民银行规定的存款利率的上下限确定存款利率,并予以公告",对存款人承诺过高利率的行为应予禁止。

不仅如此,海发行还违规发放贷款,其中最为严重的是向股东发放大量无合法担保的贷款,许多贷款的用途根本不明确。海发行是1994年12月批准筹建,并于1995年8月开业的,但仅在1995年5月至9月间,就已发放贷款10.6亿元,其中股东贷款9.2亿元,占贷款总额的86.7%。绝大部分股东贷款都属于无合法担保的贷款,贷款的用途根本不明确,实际上是用于归还股东入股时的临时拆借资金。许多股东的贷款发生在其资本金到账后1个月内,入股单位实际上是"刚拿来,又带走;拿来多少,带走多少"。这种不负责

任的行为显然给海发行的健康发展埋下隐患。

（五）政策性风险

政策性风险是指金融企业因国家宏观经济政策的变化而遭受损失的可能性,政策性风险属于系统性风险。国家宏观经济政策的变化,会影响金融机构的经营决策,进而影响金融机构的经济效益。20 世纪 80 年代,国家决定进行经济特区建设,海南成为我国最大的经济特区。在特区经济政策的引领下,金融机构不断扩大经营规模,并且将大量资金投入房地产业。1993 年,国家出台了房地产业的调控政策,房地产业陷入低谷,金融业因此受到较大的冲击,出现经营困难。如果金融机构无法准确预测宏观经济政策的变化,将不可避免地遭遇政策风险。

广义的政策性风险还包括一切与政府行为有关的风险。海发行的成立是经中国人民银行批准,由海南省政府主导的,银行成立的政策意图除了推动地方经济的发展之外,还承担了维护海南省金融业稳健发展、化解地方金融风险的政府职责。不管是成立时合并5 家有问题的信托投资公司,还是成立后兼并 28 家有问题的城市信用社,都是在政府主导下的行为。原先的信托公司和城市信用社都是违规经营、资不抵债的,很难想象海发行会愿意接受这些问题金融机构,尤其是后期并入的 28 家经营严重困难的城市信用社。

在西方发达的市场经济国家,政府和市场之间有着严格的边界,市场的归市场,政府的归政府。政府除了按照法律法规要求对所有市场主体进行监管之外,根本不会干预企业的正常经营,更遑论会让一家金融机构承担起化解金融风险、维持金融秩序等的本该属于政府监管当局的责任。如果是完全按市场化的原则来运行,海发行应该完全由各法人主体自愿出资成立,既不是由海南省政府主导成立,也不是在有问题信托公司的基础上成立,后期更不会愿意接收有问题的信用社。问题金融机构的处理应当在完善的法律法规框架下按照一定程序来进行,该重组的重组,该破产的破产,该追究法律责任的追究法律责任,债权债务纠纷的各方当事人分别承担一定损失,从而实现金融市场的自然出清,金融秩序的自然恢复和金融风险的自然化解。

"海南发展银行的关闭,直接原因是发生支付危机,但其实,它是海南房地产泡沫和政策的牺牲品。"原海发行的一位工作人员这样感慨道。

五、海南发展银行:后事之师

事实上,在市场经济发达的国家,如美国,每年都有数十家甚至几百家银行倒闭,银行破产不是一件新鲜事。但是,在具有强烈政府主导特色的社会主义市场经济的中国,在银行业仍然具有较大程度垄断特性、可以获取垄断利润的金融行业,作为我国首家被关闭的银行,海南发展银行案例具有十分重要的警示意义。

金融业的发展必须以实体经济为基础且与经济发展进程相适应。海南省作为中国最大的经济特区,因建省时间较短而面临着经济建设和体制革新的严峻任务。由于基础设施建设需要较大的资金规模,故以繁荣金融市场的方式拉动投资,对经济建设而言不失为

可行之举。然而当金融市场的发展缺乏规范和监管，大量投机资金对房地产和证券业等泡沫性较强的行业推波助澜的时候，经济就很容易出现过热和虚胀等不良反应，反过来又引起金融增长的失控。

应以市场机制和商业银行经营原则为导向，建立和发展商业银行，限制行政干预。在海南发展银行事件中，行政手段的过度干预，政府的"手"伸得太长，使市场机制的效力难以体现。首先，在处理海南发展银行的市场准入问题时，忽视了资产负债的不良现状；其次，主观地对银行抱有过高期望值，以扩张型的政策并入28家信用社，进一步造成银行资产负债状况的恶化；最后，缺乏对储蓄存款的有效保障和调度，一旦因信用恐慌发生挤提便措手不及。由此可见，在金融业的发展中，政策的制定实施应以市场信号为准，要尊重市场机制的自动调节规律和商业银行自身的经营原则，强化内控机制，这样才有利于商业银行按市场经济原则健康发展。

海发行的关闭事件告诉我们，在中国，银行经营不慎同样也会破产倒闭。即使多数银行都是由政府控股的，也不可盲目相信不会破产。因此，就公众而言，存款需要考察存款机构的风险管控情况；就银行而言，需要健全内控制度，走稳健经营的发展道路；就监管当局而言，需要加强监管力度，提高监管水平，实施持续而有效的审慎监管。只有各界都强化风险意识，方能切实防范和化解金融风险，使金融体系保持正常和稳定的秩序，并在此基础上提高金融体系的整体功能和效率。

1998年6月，央行关闭海发行的公告中有一句"法人债权进行登记，清算完毕后进行兑付"的承诺，但这项工作一直拖了15年也没有完全兑现。2002年3月，海发行通过媒体刊发了发放债权确认书的公告，根据公告，所有已登记的债权人将在这一年7月之前领取确认书。但在此之后再无下文。

案例思考

1. 海南发展银行的倒闭是到目前为止中国银行业市场上影响最大的一宗银行破产案，其倒闭原因是多方面的。根据案例中所述，你认为其倒闭的主要原因是什么？说说你的看法。

2. 当前中国商业银行经营管理过程中也面临着不良贷款问题，不良贷款产生的原因也是多方面的。选择一家银行，分析其不良贷款产生的原因由哪些，并分析海南发展银行的破产对其他商业银行正确对待不良贷款问题意味着什么。

3. 金融学理论认为，风险和收益是成正比的，愿意承担的风险越高，可能获得的收益就越大。对于以追求利润为目的的商业银行而言，你认为应该如何对待风险和收益之间的关系？

4. 中国大多数商业银行是国有性质的银行，国有股比例一般较高，因此对银行的具体经营管理有着很大的影响。从理论上来看，政府和企业（银行）的目标和责任是不同的，你认为应该如何处理作为国有股代表的政府和负责具体经营管理的银行之间的关系？

案例 15　法国兴业银行巨额亏损案

学习目标

1. 掌握商业银行经营过程中所面临的风险类型和各自含义
2. 了解法国兴业银行 2008 年发生巨额亏损的过程
3. 了解导致法国兴业银行巨额亏损的主要原因

案例介绍

一、法国兴业银行简介

法国兴业银行(以下简称"法兴银行")是法国最大的商业银行集团之一,创建于 1864 年 5 月,总部设在巴黎,全称为"法国促进工商业发展总公司"。法兴银行分别在巴黎、东京、纽约证券市场挂牌上市,也是世界上最大的商业银行集团之一。

法国银行业采取混业经营的模式,允许经营包括投资银行在内的所有金融业务。法兴银行在国内外开设的分支机构超过 3 000 家,在国外的分支机构主要设在英国、比利时、瑞士、奥地利、西班牙、突尼斯、摩洛哥、刚果、日本、伊朗、美国、加拿大等 30 多个国家和地区。根据英国《银行家》杂志 2007 年 7 月所做的数据统计和排名,2006 年年底,法兴银行的资产总额为 1.26 万亿美元,在世界 1 000 家大银行位次中排名第 13 位,一级资本总额 294 亿美元,排名第 26 位,税前利润 106.4 亿美元。

尤为突出的是,2006 年法兴银行的平均资本收益率高达 38.8%,在全球最大的 30 家银行中排名第三,而且高于当年《银行家》杂志上排名在其之前的全部 25 家银行。超高的资本回报率反映了法兴银行激进的资本与资产经营战略,尽管其资本充足率为 11.11%,超过 8% 的监管要求,但其资本与资产比率仅为 2.33%,在全世界 1 000 家大银行中竟然排在第 981 位(倒数第 20 位),而 0.84% 的资产回报率在全世界最大 30 家银行中也仅排在第 19 位。法兴银行的经营稳健性差,抗风险能力弱,如果资产市场上以及其他方面的状况发生不利变化或少许未预期到的事件,经营绩效将会受到很大程度的负面影响。不幸的是,这竟然真的发生了。

二、巨额亏损案始末

法兴银行巨额亏损案起因于欧洲股票指数期货交易。股指期货是一把"双刃剑"。一方面,没有股指期货的股票市场系统性风险很大,因为投资者无法对冲系统性风险;另一方面,股指期货本身具有高风险的特点,使用者使用不当时会对自身产生伤害。

从 2007 年上半年开始,法兴银行交易员科维尔在未经授权的情况下违规从事欧洲股票指数期货交易。欧洲股指期货市场是国际股票市场中流动性最高的区域之一,在正常情况下,每日将围绕这些指数产生 400 亿～500 亿美元的期货交易量。截至 2007 年年底,科维尔预期股票市场会下跌,因此一直大手笔做空市场。由于投入大量资金,而且市场颓势与预期一致,科维尔管理的账户在 2007 年年底时一度出现巨额的浮动盈利。

从 2008 年开始,科维尔突然反手做多,豪赌市场会出现上涨。然而,欧洲市场 2008 年年初以来的大跌使其交易账户反而出现巨额亏损。由于他错误地估计市场将出现上涨,全球主要金融市场因次贷危机出现新一轮动荡,迫使法兴银行在发现科维尔在股指期货上建立起来的数百亿欧元多头仓位后整整抛售 3 天,最终蒙受了 49 亿欧元损失。

科维尔在未被授权的情况下居然创建了超过 500 亿欧元(约合 728 亿美元)欧洲股指期货的多头仓位。这一数字不仅超过法兴银行现有的大约 350 亿欧元(约合 510 亿美元)的总市值,而且与斯洛伐克整个国家一年的国内生产总值相当。科维尔之所以能够"悄然"建立起高达 500 亿至 700 亿欧元的多头仓位,是因为他除了兴业银行的正式账户外,还在交易所内偷建了一个虚拟账户,挂在法兴银行名下。他每次都用后一个虚拟账户来取消正式账户的部分交易,所以属于法兴银行的正式账户里并没有发生异常现象。同时,因为他对查账的日程表了如指掌,并在真实仓位面临交割前会进行展期,从而使他的交易躲过了法兴银行的风险监控系统。

该事件发生之后,法兴银行董事长兼总裁溥敦(Daniel Bouton)提出辞职。该行已就此次事件向全体股东公开致歉。

法国银行业监察委员会对法兴银行在风险管理中的失职处以 400 万欧元罚款(法国银行业监察委员会对大型银行机构的最高处罚金额为 500 万欧元)。

三、何为操作风险

商业银行自设立起就面临操作风险。虽然操作风险这个概念的提出已有较长的历史,但直到 20 世纪 90 年代才成为学术界讨论的热点。巴塞尔委员会在 2004 年 6 月发布的《巴塞尔资本协议》中将操作风险定义为:"由不完善或有问题的内部程序、人员及系统或外部事件所造成损失的风险。"

金融服务的管制放松和金融全球化,加上日益先进的计量技术,正在使商业银行业务及其风险组合变得更为复杂。包括巴林银行等一系列由操作风险引发的损失事件震惊了国际金融界,也对商业银行操作风险管理提出了严峻的挑战。

操作风险凸现的原因包括如下方面:

第一,随着金融全球化的迅速发展,跨国金融交易和服务面临不同的社会、政治和法律制度,增加了银行的操作风险暴露,如跨国金融活动面临着更大的法律风险,在对法律的理解、诉讼以及执行等方面都面临更大的不确定性。

第二,新技术的发展尤其是信息技术在金融领域的广泛应用,大大提高了银行金融服务的效率,但同时加大了商业银行的操作风险。日益发展的电子商务,可能引起包括外部欺诈和难以预料的系统安全等操作风险;高科技的运用将人工操作带来的风险转变为影响范围更广的系统性风险;在结算和清算系统中使用了越来越多的新技术,在减少某些风险的同时给银行带来了新的操作风险。

第三,信用风险和市场风险管理技术的迅速发展,在缓释信用风险和市场风险的同时,加大了操作风险对银行经营的影响。复杂的风险测量技术、风险的细分以及更为复杂的产品设计,使化解市场风险与信用风险的综合性产品与实施方法得到越来越广泛的应用。这些复杂的技术为提高风险控制水平提供了空间,但同时带来的复杂性也增大了银行的操作风险。

第四,金融创新和市场压力需要银行开发更为复杂的金融产品,新产品的出现会对银行的人员素质、系统和业务流程提出更高的要求,任何的疏漏都可能会给银行带来高额损失。

与银行面临的信用风险和市场风险相比,操作风险存在明显的特点:

第一,特质性。操作风险中的风险因素很大比例上来源于银行的业务操作,属于银行可控范围内的内生风险,更大程度上表现为非系统性风险(特质风险),而且多数情况下是不对称的、只带来损失不产生收益。

第二,复杂性。由于引起操作风险的因素较为复杂,如产品的复杂性、产品营销渠道的拓展、新技术的应用、人员的流动、违规操作以及规章制度的变化等都可能引起操作风险,而通常可以监测和识别的操作风险同由此可能导致的损失规模、频率之间不存在直接的关系,常常带有鲜明的个案特征,因而银行的风险管理部门难以确定哪些因素对于操作风险管理来说是最为重要的。

第三,分散性。从覆盖范围看,操作风险管理实际上覆盖了几乎银行经营管理所有方面的不同风险,既包括那些发生频率高,但是可能造成的损失相对较低的日常业务流程处理上的小错误,也包括那些发生频率低,但是可能导致的损失相对高的自然灾害、大规模舞弊等。

第四,差异性。不同的业务领域操作风险的表现方式存在差异,且主要由于银行内部业务操作的不当或不足而被动产生,在业务规模大、交易量大、结构变化迅速的业务领域,受到操作风险冲击的可能性往往也大。

四、祸首来自股指期货交易

法兴银行最受业界推崇的是它的金融投资业务,尤其是在金融衍生品市场中享有盛名,是一家"明星级"金融机构,有"行业领袖"之称。权益衍生品是法兴银行最强的业务,其衍生产品的推出通常领先于其他银行一到两个月。信用衍生品是法兴银行仅次于权益衍生品的强势业务。即使在 2007 年夏天的金融市场动荡期,行业杂志仍然给予它最高评级,甚至优于美国华尔街的诸多投资银行。

在次贷危机尚未发生时,法兴银行对其旗下经营担保债务凭证(CDO)业务的部门大加夸耀。法兴银行资产管理公司(SGAM)有一个完整的、高质量的CDO发行渠道,它的创新能力已为市场所公认;作为领先的CDO市场参与者,2006年SGAM在现金CDO(Cash CDO)中名列全球第一,SGAM在综合CDO(Synthetic CDO)上名列全球第二。但是,受美国次贷危机拖累,法兴银行蒙受了巨额损失。法兴银行已计提了20.5亿欧元的次贷相关损失,其中包括11亿欧元与美国次贷市场相关的资产、5.5亿欧元与美国债券保险商相关的资产以及4亿欧元的其他损失。

法兴银行的巨亏,从根本上说是由于股指期货交易直接亏损所致。科维尔所称的"伟大的新交易策略",就是开始操作一个投资组合A,其中包括了对以欧洲主要股票市场指数(Eurostoxx指数、德国DAX指数和英国FTSE指数等)为基准的金融工具(期货)的一系列真实的操作行为。该投资组合中的金融工具交易是真实存在的,与大型投资银行的正常交易量相符,同时也受到了银行的日常监控特别是来自主要清算中心的保证金追缴要求。此时,这些金融工具的购买行为被认为是法兴银行操作,银行本身也予以认同,相关的保证金追缴由银行结算。银行信用产生的风险控制是由银行日常的管理工作维系。在此次欺诈交易事件中,表面上看投资组合A中的金融工具可以由组合B中所对冲,在这种情况下,所有的显性风险仅仅是非常低的余值风险。但是,投资组合B中的操作数据是被伪造的。

由于看到的所有显性风险仅仅是非常低的余值风险,银行会交纳相关的保证金,这也是为什么科维尔在未被授权的情况下可以创建超过500亿欧元欧洲股指期货的多头仓位。凭借这种方法,该交易员隐藏了数额巨大的投机性头寸,这些行为与他的正常业务工作没有任何关联。为了使这些伪造的交易数据不会被及时查出,该交易员利用自己在操作控制系统上积累的经验知识,持续地躲避了控制系统的检查。而这些系统正是用于审核交易员所完成的操作行为的真实性和有关特性。在该事件的实际操作中,该交易员使用了多种欺骗方法来规避相关的交易被查出:首先,他确保所执行的违规操作的特征不会引起高几率的控制核查。举例来说,他选择的违规交易中不带有任何包括现金流动、保证金追缴要求和那些需要得到及时确认的操作行为;他盗用了操作人员管理的IT系统权限,用于取消特定的交易行为;他伪造了相关数据,使他能够伪造虚假操作数据的来源;他确保了在每次虚假操作中使用另一个不同于他刚刚取消的交易中的金融工具,目的是为了增加他规避相关审查的概率。

包括股指期货在内的所有金融衍生产品原意是提供给投资者选择来对冲风险的,也可以作为单独的投资和抄卖。它通过预测金融市场未来的走向,付出少量保证金而从事的一种交易。这种交易风险极大,但是利润丰厚,所以,世界主要金融机构都跻身金融衍生交易市场。当一些有影响力的金融机构通过金融衍生交易系统从事大规模投机活动时,其他金融机构或者个人就会跟风而上,这样一来,必然导致金融机构先前的预测发生重大变化,金融衍生交易的不确定性也就表现出来了。这种交易成功的秘诀就在于:准确把握市场走向,快速完成交易。如果只是看准了金融市场未来的走向,而没有及时将自己的衍生产品脱手,那么,就有可能作茧自缚,造成巨额亏损。

从法兴银行衍生产品的交易过程来分析,人们发现之所以出现巨额亏损,就是因为当交易员预测发生错误的时候,不是及时平仓止损,而是试图借助金融机构的信用和庞大的资金,在短期内改变市场走向。然而,由于投机行为过于明显,自身交易又难以逆转市场发展走向的大趋势,所以,到最后法兴银行不得不承受巨大损失。

五、巨额亏损案之操作风险分析

对照银行操作风险的定义及分类方法我们可以将法兴银行金融欺诈案作如下的分析:

第一,科维尔在未得到银行授权的情况下,将本只可以做短线交易、套汇交易的操作私自做成长线,甚至达到了期货头寸500亿欧元的巨额,甚至还涉嫌侵入银行系统,盗用他人账户进行交易,这属于极为典型的内部事件引起的操作风险。

第二,2001年加入法国兴业银行的科维尔最初是在后台管理部门工作,对银行风险管理的流程极为熟悉,而这样的后台工作人员却在之后进入了前台交易部门,这为其在这次金融欺诈案中避过风险经理的监管提供了极大的帮助。这样的岗位流动制度不能不说是法兴银行在管理上的一个漏洞。

第三,监管则是此次金融欺诈案所突出的极为重大的问题。法兴银行自己也承认,风险经理曾数次注意到科维尔投资组合的异常操作,但每次科维尔称这只是交易中常见的一个"失误",并随即取消了这笔投资。对于数次出现此类的异常的情况下,都未引起风险经理足够的重视,并未对科维尔的操作行为进行监控。对于这样的事实,虽然银行方面竭力澄清对科维尔违规操作行为并不知情,却让人不得不怀疑银行方面是否是采取了默认的态度,直到东窗事发才出面撇清关系。在一定的程度上或许是银行方面不进行监管的态度支持了科维尔越来越大胆的违规投资。

第四,形同虚设的内部控制制度为操作风险的产生提供了温床。

法兴银行巨额的违规头寸在巴黎检控方后续调查显示,欧洲期货交易所早在2007年11月就已经质疑科维尔的交易部位,并已通知法兴银行。其时,科维尔成功利用虚假文件表明其交易风险已被对冲覆盖,从而应付了来自法兴银行本身的质询。法兴银行曾是世界上最大衍生交易市场领导者,一直被认为是世界上风险控制最出色的银行之一,可就在这样一个老牌银行,悲剧却不幸地发生了,违规数额之巨大,损失之惨重,足以震惊世界。

法兴银行有关报告显示,交易员科维尔于2005年就建立了虚假交易头寸,却一直未被发现。2006年6月到2008年1月,法兴来自中台、后台28个部门的11种风险系统对科维尔的操作发出多达75次警报,也均未引起管理层的足够重视。复杂而缜密的IT系统和人类懒散疏忽的惰性形成鲜明的对比。可见法兴银行内部管理松懈，工作人员风险防范意识不足，从而使监督制衡机制形同虚设。

科维尔长时间侵入核心业务系统，并能够成功修改系统控制参数和交易数据，说明法兴银行的授权制衡制度存在漏洞，缺乏多个岗位或层级的有效制约。法兴银行未能严格落实后台与前台完全隔离的制度规定，密码管理不严，以及科维尔一直未进行强制休假等，说明该行的内部控制制度执行不力。

案发前，科维尔的虚假交易头寸曾于2007年11月获利达15亿欧元，并保持这一利润长达两个月，一直未受到管理层的警示，直至损失高达49亿欧元，法兴银行才亡羊补牢。不排除因股指期货潜在的高收益，使法兴管理层忽视对交易风险的彻底评估及持续的监督与审查的可能。而法兴银行对引起75次报警的科维尔本人，也未进行个人行为的风险评价。外部市场环境的突然变化，必然因风险认定的不足而使损失如期而至。

内部稽核的作用也未能充分发挥。作为后台的稽核或内审部门对实际交易的稽核或审计抽检不及时也不严格；中台部门的检查时间和检查内容、形式一成不变，缺乏灵活性，使科维尔利用过去在中后台部门工作积累的经验对检查的时间、方法、内容了如指掌。加之检查人员工作不认真、走过场，给科维尔利用虚假账户掩盖真实交易提供了可乘之机。案发后，有记者采访导致巴林银行倒闭的前交易员尼克里森，他对此毫不惊奇。他认为现在的银行系统并没有接受以往的教训。一位不具名的法兴银行员工也透露，这起欺诈案虽然罕见，但其实在日常交易中，它可能发生在每个交易员身上。

一家管理健全的公司或银行，股票交易要经过三个主要的部门来完成，即交易员所在部门、风险管理部门和结算部门。交易员只有在规定的权限内完成交易的权利，交易员在交易时要受到使用资金额度的限制，而风险管理部门则主要是控制交易员每天的交易量，结算部门要负责交易结算。风险管理部门必须完全独立于业务部门，对风险的评价和监控必须在集团的层面扎实进行。

由于种种原因，国内商业银行与国外同行相比，在操作风险管理理念、风险度量技术等方面都存在较大的差距。与国外同业相比，我国商业银行面临更复杂的操作风险维度，如从业人员众多、内部流程设计不合理、系统不完善等。而且我国多数商业银行还没有真正建立起现代化的公司治理机制，银行的内部控制制度仍不成熟，制度的缺失加大了我国商业银行的操作风险，并且会以更加典型的形式表现出来。操作风险导致的巨额损失，对任何一家银行来说无疑都是一个灾难。巴林银行事件发生13年后，在风险管理水平不断进步，内部控制日趋严密的背景下，依然还有银行因交易员违规操作而蒙受巨额损失，不得不引起国内商业银行的重视。

案例思考

1. 操作风险是导致法国兴业银行在2008年产生巨额亏损的罪魁祸首，这与1995年巴林银行的倒闭案例非常相似。在发生了震惊全球金融市场的巴林银行倒闭事件之后，

为何法国兴业银行还会在同一个地方跌倒？这说明了什么问题？

2. 除了操作风险之外，你认为导致法国兴业银行产生巨额亏损的其他风险类型是否还有？导致其亏损的其他原因还有哪些？

3. 近十几年来，中国的商业银行在经营管理过程中也出现过多起因内部控制不完善等原因所导致的巨额损失案，如中国银行的余振东案、高山案等。查找相关资料，了解这些案件的发生过程，并将其与本案例中法国兴业银行的操作风险案例相比较，分析中外银行所面临操作风险之间的共同点和不同点。

案例 16　大陆伊利诺伊国民银行倒闭案

学习目标

1. 掌握商业银行经营过程中所面临的风险类型和各自含义
2. 了解大陆伊利诺伊国民银行倒闭案的过程
3. 了解导致大陆伊利诺伊国民银行的主要原因

案例介绍

一、大陆伊利诺伊国民银行简介

1984 年初,大陆伊利诺伊国民银行(Continental Illinois National Bank,以下简称"大陆银行")曾是美国第六大银行,同时也是美国最大的工商业贷款银行,最多有过 29 家外国分行。大陆银行的营业地点设在伊利诺伊州芝加哥的金融区,而伊利诺伊州是实行"单一银行制"的州(即不允许银行在本州内设立分行),以至于大陆银行在新建银行大楼以后,必须在芝加哥市区盖一座跨越街道的天桥连接总行的两幢大楼,以便在法律上视为同一幢建筑。

由于是单一制银行,这导致大陆银行是美国拥有最多资金联行的银行。大陆银行的大部分资金都是向同业拆借来的,包括从欧洲美元市场的借款,或者是通过控股公司发行商业票据后再转给大陆银行。除同业借款之外,大陆银行也吸收了一些大额公司存款和存单以及个人存款,但两者不占主要地位。1981 年年底大陆银行拥有 451 亿美元的资产,其中 56% 是批发贷款,即其贷款对象主要是大公司。

20 世纪 70 年代中期,银行管理层宣布,银行的目标是成为对美国工商业的最大贷款者,这就意味着它开始要从其他银行如美洲银行、花旗银行、摩根银行、大通银行、化学银行以及其邻近的竞争对手芝加哥第一国民银行等同行手中夺取业务份额。正是这一战略导致银行走上了破产之路。

二、大陆伊利诺伊国民银行危机始末

20 世纪 70 年代中期,大陆银行开始实施一项新的发展战略,想在接下来的 5 年里成为全美工商业的最大贷款者。

从 1976 年开始,大陆银行开始实施激进的发展战略——迅速扩大资产规模。1976—1981 年,这家银行的资产规模以每年平均 16.1% 的速度增长,比美国其他任何银行的扩

张速度都快。到 1981 年年底,大陆银行的资产规模达到 451 亿美元,成为美国第六大银行。

为了迅速扩大市场份额,大陆银行实施了激进的贷款政策。1976 年,大陆银行取消了信贷委员会的贷款审批程序,扩大了每个信贷员的贷款权限,放松了对信贷业务的监控和贷后检查,这种策略的目的在于给信贷员更多的灵活性以便抓住有利的贷款机会,鼓励信贷员动作迅速,发放更多的贷款,其中主要是工商业贷款。1976—1981 年,大陆银行的工商贷款从 50.9 亿美元增长到 142.7 亿美元,年度复合增长率为 22.9％,扩张速度远远超过美国排名靠前的其他大银行。

20 世纪 70 年代中期到 80 年代初,美国能源业蓬勃发展,对石油开采和生产的贷款需求旺盛,能源贷款的利润也很高。大陆银行是美国唯一拥有能源方面高级技术专家的商业银行。内外两方面的因素都使大陆银行发放能源贷款的积极性很高。在 1981 年以前,大陆银行发放的能源贷款呆账损失连续几年不足非能源贷款呆账损失平均水平的一半。除此之外,大陆银行的一些官员还与俄克拉何马州某产油区的一家小银行——佩恩广场银行建立了密切的关系。佩恩广场银行以向极具风险的美国能源行业的勘探和生产部门发放巨额贷款而著称,大陆银行认为佩恩广场银行通晓关于石油贷款的一切事项,因此积极地参与了由其发起的石油行业贷款。1981 年年底,能源贷款约占工商业贷款的六成。此外,大陆银行通过向拉丁美洲的欠发达国家(例如墨西哥)提供贷款,也扩大了其在另一急需信贷部门拥有的资产。1981 年年底,发放给外国的贷款约占总贷款的 27％。

在这一被延长了的蜜月期中,激进的发展战略似乎给大陆银行带来了良好的效果。到 1981 年,大陆银行已经是美国最大的商业和工业贷款人,大陆银行的贷款与资产比率从 1977 年 57.9％上升到 1981 年年末的 68.8％,同期它的资产收益率稳定保持在 0.51％左右,4 年间平均股本收益率达 14.35％,在前十大银行中仅次于摩根银行。

在 20 世纪 70 年代后期,大陆银行以高于平均水平的股票投资收益成为商业银行中的佼佼者,并得到了股票分析师的好评。相应的,从 1974—1979 年的 5 年间,其股票价格上升了一倍,此后继续上升并于 1981 年 6 月达到顶峰。但是大陆银行的客户主要是工商企业,而它的许多同行的业务则比较多元化,这意味着大陆银行需要在贷款承保和资产风险管理方面成为商业信用风险管理的专家。

表 16.1　大陆银行合并资产负债表

单位:百万美元	1977	1978	1979	1980	1981	1982	1983
有息现金资产	3 906	738	3 883	4 016	4 992	1 819	3 483
证券投资	2 759	2 635	2 896	2 817	2 482	3 009	2 175
贷款和租赁	14 462	17 489	21 787	25 725	31 071	32 185	30 103
其中:工商业贷款	5 618	7 120	9 339	10 980	14 272	16 183	14 350
房地产贷款	555	869	1 645	1 926	2 584	3 092	3 284

（续表）

单位:百万美元	1977	1978	1979	1980	1981	1982	1983
外国贷款	3 672	4 376	5 502	7 310	8 337	7 287	6 640
减:呆账准备金	−154	−173	−191	−225	−265	−364	−368
美联储基金	183	362	308	416	494	434	665
盈利总资产	21 157	24 050	28 769	32 749	38 774	37 083	36 059
现金和同业存款	2 740	3 904	3 337	4 359	2 512	2 189	2 559
其他资产	1 078	1 984	2 188	3 179	3 860	2 028	2 052
总资产	24 975	29 938	34 294	40 287	45 146	41 300	40 670
核心存款	5 581	6 009	6 254	6 242	5 822	6 404	6 595
大额定期存款	4 525	6 117	6 260	7 371	9 174	6 234	6 836
外国存款	8 337	8 767	11 222	12 497	14 884	15 741	16 442
美联储基金	4 403	5 152	5 914	7 257	7 886	5 893	4 811
其他借款	256	1 151	1 247	1 475	1 917	3 340	2 041
其他负债	772	1 516	1 997	3 901	3 685	1 652	1 905
股本金	1 102	1 226	1 360	1 544	1 776	1 779	1 831
总负债和股本金	24 975	29 938	34 294	40 287	45 146	41 300	40 670

资料来源:转引自周仲飞主编:《银行监管案例精编》,上海财经大学出版社 2004 年版,第 116 页。

　　通常,银行是通过吸收大量的零售存款来为其贷款业务融资。然而,大陆银行只有有限的零售客户,部分原因是由于联邦和当地银行的监管限制了其设立分支网点的能力,这意味着它非常依赖批发货币市场的融资。事实上,至 1981 年,大陆银行的大多数资金都来自联邦基金市场,以及通过在批发货币市场出售大额定期存单(CDs)、吸收工商企业和金融机构的隔夜存款和在欧洲货币市场上借入短期欧洲美元来融资,只有不到两成的资金来自传统零售存款,其中个人存款仅占总负债的一成左右。如表 16.1 所示,1981 年年底大陆银行总负债 433.7 亿美元,总存款 298.8 亿美元,其中核心存款(传统零售存款)仅占总存款的 19.5%,占总负债的 13.4%;而外国存款(主要是欧美美元市场借款)占总负债的 34.3%,联邦基金市场借款占总负债的 18.2%。此外,在当年近 300 亿美元的总存款中,有 90% 以上是没有存款保险的外国人存款和超过 10 万美元保障上限的存款[①]。1982 年以后,大陆银行固定每天晚上都要拆借 80 亿美元的联邦资金。批发融资市场对大陆银行将资产业务过分集中于能源行业和欠发达地区心存担忧,这意味着银行的信贷敞口风险可能会加大。

　　能源行业在历经数年的油价上涨和产业扩张后,石油价格从 1981 年 4 月开始下跌,其后几年油价继续下跌,能源工业的财富也随之持续下行。勘探和钻井公司不可避免地

---

　　① 美国联邦存款保险公司(FDIC)只对单笔 10 万美元以下的存款提供保险。

首当其冲地承担了这次趋势逆转的恶果,然后便是与之关系密切的银行业。

首先是佩恩广场银行因其向能源工业发放的巨额贷款而于 1982 年 7 月破产,该银行的倒闭揭示了大陆银行参与佩恩广场银行贷款的程度,并凸现了由于专门从事能源相关贷款而给银行带来的损害。尽管大陆银行并非是唯一的受害者,其他城市有几家参与或购买佩恩广场银行贷款的银行无一能幸免,但舆论的焦点集中在规模最大的大陆银行身上。大陆银行在其 1982 年的第二季度报告中承认具有 13 亿美元的不良资产。紧随佩恩广场银行倒闭之后,向大陆银行借款的最大客户中的三家相继破产。1982 年 8 月,墨西哥政府宣布无力按期偿还到期债务,由此引发了 20 世纪 80 年代发展中国家的债务危机。大陆银行的信贷组合一夜之间变成了一场高风险赌博。

从 1981 年中到 1982 年中,大陆银行的股票价格开始急剧下降,市值跌掉了一半多。1982 年,股票分析家降低了他们对大陆银行的盈利预期,主要的信用评级机构也降低了该行的信贷等级。不过直到 1982 年 3 月,信用评级公司和大多数分析师依旧认为大陆银行信贷组合的恶化仅仅会威胁到银行的盈利能力,而非其偿付能力。毕竟,大陆银行是一家历史悠久且经营比较稳定的银行,也具有良好的盈利记录。但是,形势的恶化速度却突然加快了。

佩恩广场银行破产后,新闻界广泛报道说该行许多坏账已转到大陆银行。大陆银行有存款保险的存款人并不担心,因为美国联邦存款保险公司会完全保证他们的存款安全。但是,大陆银行 90% 总存款的拥有者是没有存款保险的存款人、一般债权人和欧洲美元存款发放者,他们对该行的支持开始动摇。大陆银行发觉自己从国内批发货币市场上筹集资金越来越困难,因为市场参与者越来越担心大陆银行的长期偿付能力。批发货币市场上的国内买方对大陆银行不再青睐,这使它在大额存单上付出了相对较高的利率。为此,大陆银行越来越多地通过欧洲美元货币市场融资来寻求出路,但也要支付更高的利率。然而,这就压低了银行的利润率并使其更易受到在国际市场上有可能发生的关于其资信传言的影响。

尽管大陆银行与货币监理署达成一项计划来提高自身的资产负债管理、贷款管理和融资水平,但是对于阻止其在佩恩广场银行破产之前就已经建立的贷款组合状况的不断恶化,几乎所有的努力均不奏效。大陆银行的资产质量和收入下滑问题在 1983 年继续延续,不良贷款继续增加,很大程度上是由于有问题的欠发达国家贷款。1983 年,大陆银行将其赢利的信用卡业务出售给了化学银行,由此带来 1.57 亿美元收入,当年的净收入为 2 900 万美元,大陆银行的财务健康状况有所好转,银行的股票价格有所回升,但这也被证明是非常短暂的。该年大陆银行的两个主要股东(美国钢铁公司和卡内基养老基金)出售了自己所有的大陆银行股票。大陆银行在苦苦挣扎中度过了 1983 年。

1984 年前三个月,大陆银行不良贷款的总额已经达到 23 亿美元,其副总裁和首席财务官也相继辞职。关于大陆银行财务状况恶化的流言开始扩散。

1984 年 5 月 8 日,关于大陆银行陷入信用危机和可能会被接管的传闻达到高潮,市

场的恐慌情绪终于集中爆发。这一天,其他银行拒绝购买大陆银行发行的定期存单,原有的存款人也拒绝延展到期的定期存单和欧洲美元借款。这次"电子挤兑"可能是由美国投资银行公司引起的,它在日本替自己打听是否有银行有兴趣接管大陆银行,英国的路透社得到该消息并把它放在5月8日的新闻里,这迅速引发了市场的恐慌情绪。能确定的是荷兰、西德、瑞士和日本的银行拒绝继续向大陆银行融资。5月9日又传来了第二个无法证实的消息——一家日本银行正在考虑购买大陆银行,日本和欧洲的资金闻讯之后迅速地撤出。在美国国内,5月9日,美国贸易清算公司委员会一次性从大陆银行取款5 000万美元。提款的消息在新闻里发布后,国内的存款挤兑也发生了。

短短数日内大陆银行的存款外流就有数十亿美元,这与19世纪典型的银行挤兑现象有些相像。不同的是,后者是愤怒的客户排队等候在银行外面,而前者则是由欧洲美元货币市场的机构投资者以电子方式进行的。

到5月11日星期五这天,为弥补丧失的存款,大陆银行在芝加哥联邦储备银行贴现窗口的借款已经增加到36亿美元。5月14日星期一,该行宣布它已经整合了45亿美元的私人信贷资金,这来自于由纽约摩根信托担保公司牵头的16家国内最大的银行,但是挤兑现象仍在继续。从8日到17日的10天内,大约有150亿美元的存款从大陆银行流出。

大陆银行因资金无保险的存款人和一般债权人的挤提而出现了严重的流动性危机。银行向作为中央银行及最后贷款人的联邦储备银行大量举债,以对付流动性危机,但不久就发现,它已不能满足债权人的要求,而且由坏账已经造成的和预期造成的损失使资本严重不足。大陆银行开始摇摇欲坠。

人们开始担心大陆银行破产可能导致国外投资者对美国银行业信心的丧失,继而引发系统性风险。大陆银行是全国主要的联行之一,在全国范围内拥有上千家联行,尤其是美国中西部地区的众多小银行在大陆银行均有大额存款账户,以便进行支票清算、证券交易、电汇和其他常规业务交易。对几百家这样的联行来说,它们在大陆银行的存款超过了自己的资本。如果任由大陆银行倒闭,这几百家小银行将资不抵债,有很大可能会步大陆银行的后尘瞑目而去。

这么多银行同时倒闭的后果令人恐怖,最终结果将是小银行的存款人和股东严重受损,它们所服务社区的商业体系也将遭破坏。而且,大陆银行倒闭也会使在美国国内外的许多大公司和其他银行损失惨重,因为它们的存单、联邦资金贷款、欧洲美元合同和其他债权将得不到完全偿付。这也很可能导致信心危机,使债权人清理其他与佩恩广场银行有业务联系的银行的债权,从而严重冲击整个银行系统。在这种情况下,美国银行业监管当局不得不开始有所行动。

三、监管当局对大陆伊利诺伊国民银行的救助

大陆银行发生流动性危机后,美国银行监管当局——联邦存款保险公司、货币监理署

和联邦储备委员会等——认为,让大陆银行这样的大银行倒闭会严重威胁整个银行体系的稳定,因此决定对该行予以挽救。

拯救该行的第一个措施是保持货币市场的稳定,通过建立公众对该行的信任而使该行能在货币市场上继续出售可转让定期存单或借入资金。摩根信托担保公司很快牵头组成一个银团为该行筹集了 45 亿美元的贷款额度;美联储也要求该行把 170 亿美元的资产存入美联储作为今后借款的抵押品。由于这些措施仍不足以平息恐慌,政府又安排监管当局采取了其他一些措施:1984 年 5 月 17 日,联邦存款保险公司(FDIC)宣布为该行的所有存款者(无论额度大小)提供担保;FDIC 和 7 家大银行联合向该行注入 20 亿美元资本金;美联储保证继续向该行提供贴现窗口借款等。然而,事实证明这一揽子拯救措施只是杯水车薪,大陆银行的存款仍在继续流失,危机发生后的两个月内就已经达到约 150 亿美元。

到 1984 年 7 月,监管当局建议对大陆银行进行彻底的财务整顿,随后股东批准了这一计划,该计划通过一系列复杂的交易使联邦存款保险公司成为该行的所有者。具体措施有以下几条:

第一,联邦存款保险公司立即购买伊利诺斯银行 20 亿美元的有问题贷款(按账面价值),并承担该行在联储的 20 亿美元的债务。联邦存款保险公司立即把 10 亿美元贷款作为损失冲销,相应把该银行资本金的账面价值降低到 8 亿美元。

第二,大陆银行有权在以后 3 年内向联邦存款保险公司出售另外的 15 亿美元的非正常贷款。

第三,联邦存款保险公司购买大陆银行新发行的 10 亿美元的优先股,并将其转换成新组建持股公司的 1.6 亿股普通股,而大陆银行原 4 000 万股股票的持有者则把他们的股票置换成这家新公司余下的 4 000 万股股份,这样联邦存款保险公司就立即拥有了该行 80% 的股份。

第四,联邦存款保险公司因购买有问题贷款而受损,所以它有权购买新持股公司的 4 000 万股股票。联邦存款保险公司的总损失包括支付给联储的利息费用和托收成本,将在 5 年以后计算。

第五,大陆银行的现有股东每持有一份股票,就有权购买该行的一份股票,如在 60 天内购买,每份价值为 4.5 美元,如在 60 天以后购买,价格为 6 美元。通过上述方式,大陆银行已基本被国有化了。

在新的管理层的领导下,大陆银行的贷款问题得到了处理,银行的规模缩小,逐渐恢复赢利能力。1985 年和 1986 年,大陆银行的报表上出现了盈利。1986 年年底,联邦存款保险公司制订了一项出售"大陆银行"股票的计划,欲使该行重新成为私有制银行。到1991 年,"大陆银行"还清了美联储的贷款,新的资本注入后,联邦存款保险公司最后转手出售了它的股份,使该行重归私人所有。但是,"大陆伊利诺伊国民银行"的名号已经变成一个历史上曾经存在过、未来也不可能再次出现的名词了。

表 16.2 是大陆银行倒闭大事时间表。

表 16.2　大陆伊利诺伊国民银行倒闭大事时间表

1976—1981 年	大陆银行由于向能源部门和发展中国家发放贷款得到快速发展
1981 年	大陆银行的资产规模达到一个高点,拥有员工约 12 000 名
1981 年 4 月	美国能源行业受到油价下跌的冲击,开始陷入衰退
1982 年 7 月	能源贷款专户佩恩广场银行破产,而作为佩恩广场银行高风险贷款项目的主要参与者,大陆银行开始引起人们的广泛关注
1982 年 8 月	墨西哥政府债务违约,并由此引发了发展中国家的债务危机
1984 年春	随着不良贷款额急剧上升,大陆银行的批评者开始质疑其偿付能力
5 月 8 日、9 日	关于大陆银行陷入信用危机和可能会被接管的传闻达到高潮,日本、西欧国家银行拒绝向其融资,该行最终陷入流动性危机
5 月 11 日	大陆银行被迫向美联储贴现窗口举债 36 亿美元
5 月 14 日	16 家银行联合集聚了约 45 亿美元的一揽子救助资金,但大陆银行的挤兑风潮仍在持续
5 月 17 日	联邦存款保险公司将为没有保险的储户和债权人提供担保,监管机构宣布暂时实施前所未有的一揽子救助计划
7 月	由于很难找到购买者,监管机构与大陆银行合作,设计了一套永久性方案
9 月 26 日	永久性方案开始实施,联邦存款保险公司向大陆银行注入资金,使得大陆银行实际上收归国有
1991 年	联邦存款保险公司变现其持有的大陆银行股份,在银行濒临崩溃 7 年之后,结束了该救助计划

四、大陆伊利诺伊国民银行倒闭案分析

大陆银行曾于 1978 年被评为美国五家最佳管理企业之一,在整个 70 年代,美联储认为该银行为美国管理最好的银行之一,但是由于错误的发展策略引发了流动性危机,并最终倒闭。

20 世纪 70 年代中后期大陆银行的资产规模迅速扩张,但赖以支持资产扩张的资金来源不是以吸收储蓄存款为主,而是依靠易变性强的批发货币市场融资,包括出售短期可转让大额定期存单、吸收欧洲美元和工商企业及金融机构的隔夜存款等,资金来源很不稳定。1976 年美联储稽核局官员指出这家银行流动性管理策略的错误,并且还提出资本增长计划。根据稽核局的要求,大陆银行准备了一份 3 年期资本增长计划,包括 1976 年减少红利分配 1 500 万美元,增加未分配利润 6 200 万美元和发行公司债券等。但由于资本规模的增长速度远低于资产扩张速度,到 80 年代初,这家银行资本充足率大幅度下降。

到 1983 年,大陆银行的流动性状况进一步恶化,易变负债超过流动资产的数量约占总资产的 53%。

在负债来源不稳定的情况下,大陆银行的资金运用也不慎重。当银行集中向某一行业发放贷款的话,就相当于是将所有鸡蛋放在一个篮子里,风险比较集中。20 世纪 70 年

代后期,许多大型的商业银行采取了相同的战略,但是因为大陆银行异常的融资战略,其风险敞口显然更大。20 世纪 70 年代后期,大陆银行投向能源行业的贷款占工商贷款余额的近半比重,占贷款总额约两成比重。1979 年到 1980 年间,这家银行的能源贷款几乎翻了一番,1981 年,能源贷款余额又提高 50%。

大陆银行在贷款管理上的一个主要错误是,放松标准以赢得业务。管理层强调数量而不是质量,将贷款发放权下放给缺乏经验的信贷员,过度追求新贷款而放弃正确的贷款程序和信贷标准。当俄州的佩恩广场银行因坏账损失而倒闭时,大陆银行的麻烦开始明朗化,其中一些贷款被认为是纯粹的骗局。大陆银行买进或参与的许多贷款也是呆账,检察官发现,大陆银行的账目上有几亿美元的这种不良贷款。此外,还有几千万美元的其他坏账、能源贷款和更加常规的工商贷款也是在这种信贷政策不充分、程序不当、授信不妥的制度下操作的。

1981 年美联储稽核局官员重点检查了大陆银行的能源和房地产贷款。稽核局官员发现这家银行有 375 笔贷款(共计 24 亿美元)已经 1 年没有进行贷后检查,其中 55 笔贷款已经两年没有进行贷后检查。1982 年,美联储稽核局进行季度检查时,指出目前能源行业已经出现萧条迹象,建议大陆银行削减能源方面的贷款。但是,银行管理层回答说,银行的能源专家对能源行业充满信心,他们认为能源行业的萧条迹象只是暂时的。1982 年年初,时任美联储主席保罗沃尔克也曾向大陆银行董事会建议更换管理层和改变贷款策略,但同样遭到拒绝。

对于管理层而言,通过向急需贷款的行业部门提供贷款来促进机构成长是极具诱惑力的。但这种冲动应建立在正确测度投资组合的集中性风险并在贷款决策中对该风险予以充分考虑的前提下。

俄州那家小银行的破产是比它大得多的大陆银行倒闭的外在诱因,但"物必先腐而后虫生",我们是否应该从大陆银行的倒闭案中得出更多的思考呢?

案例思考

1. 你如何看待大陆伊利诺伊银行在 20 世纪 70 年代中后期到 80 年代初期的负债经营策略和资产经营策略?其负债经营策略是否仅仅由于"单一银行制"的法律规定所导致?大陆银行的负债和资产经营策略对其经营和管理有没有有利之处?

2. 如果 20 世纪 70 年代中后期大陆伊利诺伊银行实行的资产负债经营策略对其规模扩张和盈利增加有所帮助,那么为什么同样的策略会导致其在 80 年代初陷入困境?根据案例中所做描述,你认为大陆伊利诺伊银行倒闭的原因有哪些?这些原因之间的关系是什么?

3. 详细阅读案例并查找与本案例有关的文献资料,思考商业银行经营管理过程中流动性风险和信用风险之间的关系。

案例 17　中国银行业风险大案之鉴

学习目标

1. 掌握商业银行操作风险的含义、发生条件、外在表现和危害性
2. 了解本案例中商业银行风险大案表现出的各风险类型
3. 了解我国银行业不同时期操作风险外在表现的共同之处和不同特点

案例介绍

中国银行业虽然鲜见银行破产倒闭案例，但经营管理过程中仍然会时有发生风险大案，给银行经营带来巨大损失。这些大案在不同时期表现既不完全相同，也具有一定的内在共性特点。以下是几个具体案例。

一、中行高山案

2004 年 12 月 30 日，中国银行黑龙江分行哈尔滨河松街支行行长高山从哈尔滨太平国际机场出发。出发之前，高山已经向上级中行黑龙江分行道里支行请假，说是要去北京看病，获批。但是，高山没有南下北京，而是东飞加拿大，同日他在温哥华入境。同一天，他的好朋友李东哲、李东虎兄弟亦从哈尔滨出逃，他们的最终目的地也是温哥华。

2004 年 9 月 28 日，东北高速被交通银行起诉要求偿还贷款共计 2.07 亿元，9 月和 10 月间，东北高速两次欲从河松街支行划款还贷，但两次均是拿到电汇回执却收不到钱款，追问之后被高山以种种理由搪塞。法院遂查封了东北高速在中行河松街支行开设的两个账户。2005 年 1 月 4 日，法院在河松街中行核账时发现，本应有 2.933 7 亿元余额的账户中仅剩 7.31 万元，案件爆发，而支行行长高山此时已不见踪影。东北高速对账发现问题后，时任中国银行行长李礼辉亲自赴哈尔滨处理此案，河松街支行立即向企业客户发出到银行核账的通知。结果查出，黑龙江辰能哈工大高科技风险投资有限公司所存的 3 亿余元资金去向不明，黑龙江社保局 1.8 亿元存款资金也消失不见。经查证，涉案金额总和达 9.426 亿元，这成为 2005 年第一宗金融大案。案发后，警方追回 43 辆汽车、51 套住宅和写字楼等物业资产，但仍有约 5 亿元人民币现金不知去向——它们在逃走的高山、李东哲、李东虎等人手中。

高山在哈尔滨中行系统内部，以能拉存款闻名。1998 年 12 月 18 日，河松街中行的前身新兴分理处搬到河松街 203 号，高山从那时起就担任分理处主任、后任支行行长。由于地处偏远，加上周围没什么配套建设，私人储蓄很少，更别说开展对公业务。高山主持

工作半年多后,从 1999 年 8 月开始,新兴分理处的业务——主要是存款业务突然大量增加,尤其该年岁末,东北高速在新兴分理处开立账户,首笔便存入了 2 000 万元。新兴分理处的存款业务就此做大。2004 年 9 月,新兴分理处升级为河松街支行,正式工作人员也增至 10 人。4 年时间里,高山等人先后将 26 家单位揽储到河松街支行建户存款,由此揽储业绩飙升。直至案发前,高山都备受上级信任和下属爱戴。

李东哲是"中行高山案"中的重要人物,案发时是黑龙江世纪绿洲投资有限公司等涉案公司实际控制人。有消息称高山与李东哲是小学同学,二人交往密切,案发前数年就商议采用不法手段进行揽储。为了让大储户到高山所在的银行建户存款,李东哲下了"血本",甚至数次用拉杆箱装满钱进行"攻关"。高山也违规向存款单位的有关负责人支付1‰~5‰不等的一次性高额回扣。自 2000 年初至 2004 年末,高山、李东哲骗取了东北高速公司、黑龙江辰能公司、黑龙江省社会保险事业管理局等单位的巨额存款。为达到占有赃款的目的,李东哲指使手下财会人员通过分设于北京、哈尔滨、大庆等地的数十个银行账户,采用偷换存款企业预留印鉴卡、伪造存款企业转账支票等手段,将巨额款项转出。此后,又以提现、转账、电汇或境内外购置资产等方式非法据为己有,多家单位存入银行的巨额资金"人间蒸发"。

高山之妻在 2002 年时就以技术移民申请获得加拿大永久居民身份。2007 年 2 月,在高山入境加拿大隐匿形迹两年多之后,加拿大警方在温哥华逮捕了高山夫妇,罪名是高山的移民申请表职业资料填报不实、涉嫌持有犯罪所得资产、涉嫌中国国内案件遭中国通缉以及涉嫌在加国从事洗钱活动等。由于中、加两国司法制度差异巨大,且两国没有签署引渡协议,高山被捕以及此后被监视居住期间,一直在进行漫长的司法程序。

经过我国政府的努力,李东哲、李东虎分别于 2012 年 1 月、2011 年 7 月从加拿大回国投案,高山也在 2012 年 8 月回国自首。法院经审理查明,2000—2004 年,李东哲、李东虎伙同其他被告人,采用偷换存款单位预留印鉴、伪造转账支票等手段,将河松街支行存款单位账户资金转入李东哲、李东虎实际控制的虚假公司或者空壳公司账户,非法占为己有。2004 年 12 月,李东哲指使他人将涉案资产变卖转移。李东哲、李东虎骗取河松街支行资金,高山利用职务上的便利挪用公款,共计人民币 8.02 亿余元。

2014 年 9 月,哈尔滨市中级人民法院一审判决,被告人李东哲犯票据诈骗罪、合同诈骗罪、敲诈勒索罪、行贿罪、单位行贿罪,数罪并罚决定执行无期徒刑,剥夺政治权利终身,并处没收个人全部财产。被告人李东虎犯票据诈骗罪、合同诈骗罪、敲诈勒索罪,数罪并罚决定执行有期徒刑 25 年,并处没收个人财产人民币 3 500 万元,罚金人民币 50 万元。被告人高山犯挪用公款罪,判处有期徒刑 15 年。

"中行高山案"是典型的内外勾结型存款诈骗案。从事后资料来看,李东哲是整个案件主谋,通过行贿等各种手段"攻关",拉拢腐蚀了包括高山、张晓光(东北高速董事长)等多人在内的银行、国企和政府单位的部门高层。高山则负责在银行内部制作假票、假单等金融单据予以配合。2002 年 10 月时,东北高速财务人员曾察觉存款消失的蛛丝马迹,并导致高山遭中行内部调查,但调查却没有发现问题,反而认为高山拉存款有功,奖励其一辆轿车。2004年9月和10月间东北高速的两次划款未果,东北高速董事长张晓光都在其中利用职权阻挠本公司人员报案,也没有向河松街支行的上级部门汇报,根本不像一个巨额存款失踪受害者的正常反应。该案中另一家存款失踪逾3亿元的黑龙江辰能公司,其总经理在案发后不久的2005年1月13日跳楼自杀,其原因似乎也不难猜。

有业界专家表示,我国银行系统虽然大力推广以"三票一卡"为主的银行结算方式,但目前现金结算仍然是使用较多的一种结算方式,但现金收存几乎不受限制,现金支取的结算监管也流于形式,从而使存取、搬运和藏匿大额现金成了洗钱的重要渠道之一。本案案发的2000—2004年,央行主导设计的大额实时电子支付系统还未在全国全面实施,现金收存和支取的结算方式仍然占据一定地位,这也给不法分子提供了可乘之机。

至于中行内部的监督,则一度形同虚设。有资料表明,对于在河松街支行建户存款的单位客户,高山以支行行长身份经常绕过银行柜台私下在其办公室办理业务,并通过其并无正式员工身份的私人司机传送相关金融单据,轻易地就避开了相关制度的监督。2002年10月中行内部对高山的调查结果,其非但无过反而有功,真是一个反讽,一个制度虚设和监督缺位的反讽。

"中行高山案"不是孤例。与此案发生时代大致相同的其他银行大案还有中国银行广东开平支行余振东案、中国银行北京劲松分理处丁岚案、中国工商银行重庆九龙坡支行陈新案、建行东莞分行金库保管员林进财、陈国强案等。这些案件涉案金额多的有数十亿元,少的也有上千万元。大案频发的原因值得深思。

二、农行昆明春城支行案

云南星长征投资开发控股集团有限公司(以下简称"星长征公司")被控在中国农业银行昆明春城支行骗取贷款、承兑汇票高达10多亿元一案在2016年年底引起业界震动。星长征公司通过一名银行客户部副经理做"内应",再加上假合同、假房产证等虚假材料,从国有银行骗出巨额资金。该案暴露出当前部分国有银行在内部监管方面存在巨大漏洞。

据检方指控,仅2013年8月至2015年1月,星长征公司就在中国农业银行昆明春城支行先后取得6笔贷款共2.7亿余元、34笔银行承兑汇票共9.9亿余元。最后,贷款只还了3000万元,承兑汇票实交保证金2.7亿元。星长征公司涉嫌在春城支行骗贷的金额远不止这些,其提交给银行的合同、房产证、银行进账单等都是假的,甚至用于抵押贷款的个别房产之前也已抵押给了别的银行。

此案中,被检察机关起诉的还有春城支行客户部副经理李宁。作为"内应",他是骗贷案发生的一个关键人物。

按照规定,客户申请贷款时,银行至少要有两个人共同调查申请材料,金额大的还要成立调查组、出具调查报告。星长征公司的代理律师在庭审中指出,事实上,这一环节多由李宁一个人办理。在28笔承兑汇票的调查报告中,有25份都没有调查经办人和调查

负责人的署名、签名。在领取抵押房产、土地的他项权证环节,应当由银行的人亲自去房管或土地局领取。但多个证人证言表明,春城支行曾派出几名员工一起去外省领他项权证,到当地已是下班时间,他们就直接从星长征公司的一名经理那里拿走了他项权证,第二天也没有再去土地局核实他项权证的真伪。

一位在春城支行担任某项贷款审查人的员工在证人证言中承认,自己从没办过那些贷款业务,之所以作为审查人出现,是因为银行人手不够,是他自己把密码等信息给了李宁,由李宁完成审查的。也就是说,李宁实质上既是调查人,又是审查人。

由于多次贷款和出具银行承兑汇票,星长征公司原本的授信额度已经不够用了。检方指控显示,为应对这一问题,春城支行客户部副经理李宁在银行系统里更改了星长征公司的保证金数额,虚增了其授信额度。李宁先后向该公司发放了1.1亿元贷款,出具了7亿多元银行承兑汇票。

据调查,李宁利用银行软件系统本身存在的漏洞完成了操作。按农行规定,承兑汇票的保证金数额与授信额度相关联,例如,保证金存入了100%,则不占用授信额度。李宁用银行信贷管理系统的"手工登记"功能,把原来星长征公司只交了20%～30%的保证金,直接改成100%。这样就释放了原授信额度,用于签发新的银行承兑汇票。

从银行出具给警方的相关说明看,补充承兑汇票的保证金按规定要经过审批、审核等环节,而且不属于可以"手工登记"的范围。但令人惊讶的是,李宁在补充保证金时,不但没有通过审批、审核,而且可以用"手工登记"功能去变更。据了解,"手工登记"功能因业务范围较广,客户经理都具有手工审批登记权。

李宁在法庭上称,2012年10月他首次操作了虚假补保,这种行为一直持续了几年,直至春城支行星长征风险事件暴露后,农行云南省分行营业部才关闭了辖区内所有客户经理的手工审批登记权,并于2016年5月上收了全省的手工登记权限。

检方指控表明,星长征公司通过下属的3家企业分四次向李宁指定的银行账户转入了好处费300万元。

"银行持续性地没有尽到基本义务,是对欺骗行为的放任。"在庭审中,星长征公司代理律师杨名跨直指银行存在的问题。据调查,农行方面在发现问题后的调查、纠正不够及时。几名银行员工的证言表明:2014年6月,农行总行在组织检查时就发现了星长征集团用信超过授信额度2 000多万元,但未深究这个问题。2015年1月底,对星长征集团合同开展审查时,调查报告初稿中又提到超额授信问题,最后的正式报告里却没有再提此事。一位银行工作人员的证言说,此时星长征公司的超额授信金额已经达到了2.2亿元。

云南省银监局表示,该案透露了银行内控管理薄弱、合规意识淡薄等问题。银监局多次约谈农行云南省分行主要负责人,截至目前已累计督促该行对34人实施问责。云南银监局下一步还将依法对案件责任人和相关银行机构进行行政处罚。

三、广发银行"侨兴债案"

2017年12月,广发银行领到了被媒体称之为是"史上最大罚单"的行政处罚书,合计处罚金额7.22亿元。

(一) 金融监管史上最大罚单

2017年12月8日,银监会发文称,经过立案、调查、审理、审议、告知、陈述申辩意见、复核等一系列法定程序后,于2017年11月21日向广发银行发出行政处罚决定书,依法查处了广发银行惠州分行违规担保案件,对广发银行的违法违规行为作出处罚。机构方面,对广发银行总行、惠州分行及其他分支机构的违法违规行为罚没合计7.22亿元;其中,没收违法所得17 553.79万元,并处以3倍罚款52 661.37万元,其他违规罚款2 000万元。人员方面,对广发银行惠州分行原行长、2名副行长和2名原纪委书记分别给予取消5年高管任职资格、警告和经济处罚,对6名涉案员工终身禁止从事银行业工作,对广发银行总行负有管理责任的高级管理人员也将依法处罚。目前,上述6名涉案员工已被依法移交司法机关处理。

广发银行此次收到的巨额罚单,占其2016年净利润的7%,亦已超过2017年前10个月的银监会罚没款总额。对于高达数亿元的重罚,市场普遍表示这是"杀一儆百"之举,有利于治理市场乱象。

2016年12月"侨兴债案"爆发,一直延续到次年1月。浙商财险向相关投资者先行垫付11.46亿元后,向为其提供保函的广发银行追偿,却牵出广发银行"假保函"事件。在浙商财险和广发银行分别报案后,银监会亦进驻广发银行对该事件进行调查。

银监会通报中还显示,广发银行惠州分行员工与侨兴集团人员内外勾结、私刻公章、违规担保案件涉案金额约120亿元,其中银行业金融机构约100亿元,主要用于掩盖该行的巨额不良资产和经营损失。这是银行内部员工与外部不法分子相互勾结、跨机构跨行业跨市场的重大案件,涉案金额巨大,牵涉机构众多,情节严重,性质恶劣,社会影响极坏,为近几年罕见。

(二) "侨兴债案"缘起

事件的原点要回溯到3年前。2014年12月10日,侨兴集团旗下的惠州侨兴电讯工业有限公司(下称"侨兴电讯")和惠州侨兴电信工业有限公司(下称"侨兴电信")在广东金融高新区股权交易中心(下称"粤股交")分别备案发行了"惠州侨兴电讯工业有限公司2014年私募债券"和"惠州侨兴电信工业有限公司2014年私募债券"(下称"侨兴债"),每笔金额为5亿元,两笔本息合计11.46亿元,各分为7期,期限为两年。

随后,该侨兴债由粤股交推荐到上海招财宝金融信息服务有限公司(下称"招财宝")平台销售。在招财宝上,投资者以持有的私募债余额为质押,发起个人贷,由众安保险提供保证保险;认购了这笔个人贷的投资者,可以继续以个人贷资产余额为质押发起新的个人贷,类似于私募债质押之后,通过一笔又一笔个人贷反复质押收益权,每一次个人贷都

锁定了众安保险的兜底承诺。于是,私募债被分拆和打包成个人贷产品,销售给其他投资者,从而形成"侨兴私募债发行人—粤股交—招财宝—私募债个人投资者—个人贷投资者"的关系链。

这个关系链上的增信措施看上去很完备:由浙商财险为侨兴债承保了绝对免赔率为零(即没有免责条款)的履约保证保险,同时还采取了两项反担保措施:侨兴集团董事长吴瑞林为侨兴债的还本付息提供不可撤销的无限连带责任担保,广发银行惠州分行则为其出具了两份无限连带责任的履约保函,为吴瑞林向浙商财险的担保提供履约保证。此外,个人贷产品则由众安保险承保了个人借款保证保险。

根据追偿流程,侨兴债如果违约,将由浙商财险向相关投资者赔付,然后向侨兴电讯和侨兴电信、吴瑞林和广发银行惠州分行行使代位追偿权。

看似顺畅的追偿流程,却因假保函陷入迷局。2016 年 12 月侨兴债违约后,浙商财险发布的数份公告勾勒出广发银行假保函事件的始末。2016 年 2 月,浙商财险走访广发银行惠州分行,获得该行提供的盖有分行公章和行长张中华个人印章的保函回执。5 月,浙商财险再赴惠州分行核查保函情况,获得广发银行惠州分行出具的《银行履约保函声明》,确认保函"真实合法有效"。7 个月后,侨兴债第 1~2 期于 12 月 15 日确认到期违约。16 日和 17 日,浙商财险两次前往广发惠州分行核查保函情况,广发银行惠州分行工作人员对是否履行保函责任一直未明确回应。19 日,浙商财险向广发银行总行和惠州分行发出《有关银行保函履行事宜的重大风险提示函》,总行办公室工作人员否认该行出具了保函。同日下午,广发银行惠州分行相关部门负责人约见浙商财险工作人员,口头表示保函的真实性存在问题,称不会履行保函责任。

2016 年 12 月 20 日,招财宝发布公告称,侨兴债第 1、第 2 期到期未能兑付,涉及本息 3.12 亿元。26 日,广发银行总行发布声明称,侨兴债相关担保文件、公章、私章均系伪造,属于不法分子假冒惠州分行名义出具虚假银行保函,涉嫌金融诈骗,已向当地公安机关报案。吴瑞林和广发银行惠州分行涉案人员被警方带走协助调查。随后,浙商财险亦就保函真假问题向杭州市公安机关报案。

假保函的曝光使侨兴债如何兑付陷入僵局。在各方斡旋下,浙商财险最终于 12 月 28 日预付赔款 3.12 亿元。2017 年 1 月 5 日,本息合计 8.34 亿元的侨兴债第 3 至第 7 期亦陆续到期。相关各方再次陷入扯皮,1 月 24 日浙商财险发布公告称,希望为其提供保函业务的广发银行承担责任。最终,仍由浙商财险在 1 月 26 日对第 3 至第 7 期预赔付了 8.34 亿元,合计赔付 11.46 亿元。2 月 13 日,广发银行惠州分行因侨兴电信、侨兴电讯和侨兴电子拖欠其贷款 5 931.09 万元和为其垫付的 1.11 亿元银行承兑汇票及其 38.75 万元滞纳金,将三家公司告上法院。

知情人士透露,"侨兴债"事件的真实起因实际是,作为广发银行惠州分行的重要客户,侨兴集团在广发行的贷款到期,由于当时的侨兴集团基本面状况已经不符合广发行风控要求,银行无法在表内进行续贷。然而如果不给侨兴融资,侨兴的贷款很可能成为一笔坏账。那么，只能将业务挪到表外。据悉，本次事件中侨兴集团两次发行的 10 亿元私募债，其中约 7 亿元被用来偿还银行贷款，且大部分流向了广发银行惠州分行。于是此次处罚公告中的"广发银行惠州分行员工与侨兴集团人员进行内外勾结"的事情就开始了。

(三) 金融同业业务：罪与罚

涉及浙商财险的 11.46 亿元，还只是冰山的一角。银监会通报显示，"侨兴债案"发生后，有十几家金融机构拿着兜底保函等协议，先后向广发银行询问并主张债权，暴露出广发银行惠州分行员工与侨兴集团人员内外勾结、私刻公章、违规担保的案件涉资约 120 亿元，其中银行业金融机构约 100 亿元，主要用于掩盖该行的巨额不良资产和经营损失。

中国邮储银行于 2014 年 10 月分四笔投资由广东惠州侨兴集团下属公司作为融资方，上海国际信托有限公司作为受托人的单一资金信托计划，金额合计为人民币 22 亿元，投资期限均为 3 年。吉林几家农商行是通过认购资管计划或信托计划受益权进行同业投资。在所有上述融资中，不能忽视的是广发银行惠州分行均为侨兴集团提供了担保函。

一位信托从业人员表示，这背后的逻辑可能是侨兴集团借新还旧，或者广发银行惠州分行通过金融同业实现不良资产出表。"现在银行通过发债来偿还贷款的方式现象很普遍，说白了就是找'接盘侠'。"一位银行业人士表示，广发银行惠州分行事先也许明知道企业贷款收不回来，而让社会其他资金来接盘，这造成了很恶劣的影响，有欺诈的性质。另一位业内人士指出："同业业务本是为了方便金融机构资金融通，但后来却演变为金融机构间互相掩盖风险的方式。"同业成为金融风险的集聚地，银行的影子到底有多大、里面风险有多大，正是监管所担心的问题。

银监会 2017 年 12 月 8 日的通报显示，案发时广发银行的公司治理薄弱，存在着五大问题。一是内控制度不健全，对分支机构既存在多头管理，又存在管理真空。特别是印章、合同、授权文件、营业场所、办公场所等方面管理混乱，为不法分子从事违法犯罪活动提供了可乘之机。二是对于监管部门三令五申、设定红线的同业、理财等方面的监管禁令，涉案机构置若罔闻，违规"兜底"，承诺保本保收益，严重违反法律法规，严重扰乱同业市场秩序，严重破坏金融生态。三是涉案机构采取多种方式，违法套取其他金融同业的信用，为已出现严重风险的企业巨额融资，掩盖风险状况，致使风险扩大并在一部分同业机构之间传染，资金面临损失，削弱了这些金融机构服务实体经济的能力。四是内部员工法纪意识、合规意识、风险意识和底线意识薄弱，有的甚至丧失了基本的职业道德和法制观念，形成跨部门作案小团体，与企业人员和不法中介串通作案，收取巨额好处费，中饱私囊。五是经营理念偏差，考核激励不审慎，过分注重业绩和排名，对员工行为疏于管理。在"两个加强、两个遏制"等多次专项治理中，均未发现相关违法违规问题，行为排查和内部检查走过场。

银监会行政处罚书还显示，广发银行存在出具与事实不符的金融票证、内控管理严重违反审慎经营规则、以流动资金贷款科目向房地产开发企业发放贷款、未向监管部门报告重要信息系统突发事件和报送监管数据不真实等 12 项违法违规事实。

2017 年 12 月 22 日，银监会又发布了对于浙江稠州银行、廊坊银行、上海国际信托、平安信托、陆家嘴信托、国民信托和中国金谷国际信托 7 家通道机构的罚单。共计罚没 515 万元，其中最重的是上海国际信托，被罚 200 万元。

2017 年 12 月 29 日，银监会官网再公布对涉及该案的 13 家出资机构的行政处罚，包括中国邮政储蓄银行、恒丰银行、兴业银行郑州分行、兴业银行青岛分行、天津滨海农商银行、中铁信托有限责任公司、河北省金融租赁有限公司、吉林环城农村商业银行、吉林舒兰农村商业银行、吉林永吉农村商业银行、吉林蛟河农村商业银行、吉林公主岭农村商业银行、吉林乾安县农村信用合作联社等，合计罚没金额合计 13.41 亿元。其中，没收违法所得 6.61 亿元，并处 1 倍罚款 6.61 亿元，其他违规罚款 1 930 万元。

对出资机构的处罚"罚一没一"，这次处罚中又出现 5 张亿元罚单，分别落在邮储银行、兴业银行郑州分行、兴业银行青岛分行、天津滨海农商行和恒丰银行身上。

（四）同业机构：追债路漫漫

银监会对广发银行和涉案其他同业机构开出巨额罚单后，关于侨兴债"假保函"事件孰是孰非，以及广发银行在该事件中扮演的角色，已基本水落石出。一个问题随之而来：既然广发银行难辞其咎，那么广发银行是否要承担"假保函"的赔付责任？浙商财险、上海信托（及背后的邮储银行）等机构，能否追回相关的本息？

"侨兴债案"爆发时，广发银行坚称保函为假，不会履行保函之责。当时曾有多位法律界人士认为，广发银行惠州分行的行为适用《合同法》中关于表见代理的相关规定，本身不具有使合同无效或者可撤销的法定情形。不过，银监会通报显示，假保函事件是广发银行惠州分行员工与侨兴集团人员内外勾结、私刻公章、违规担保的案件。而《担保法》规定，如果主合同当事人双方串通，骗取保证人提供保证的，或主合同债权人采取欺诈、胁迫等手段，使保证人在违背真实意思的情况下提供保证的情形，则保证人不承担民事责任。

银行、保险和法律界人士表示，从业务流程上来说，侨兴债保函"萝卜章"，只有在各方达成心照不宣的默契下才能实现，侨兴集团、广发银行和浙商财险都难辞其咎。浙商财险并非善意的第三方，能否追回 11.46 亿元，恐有难度。某律师事务所金融证券监管专业律师杨兆全对媒体表示，在双方人员相互勾结，采取私刻公章伪造保函的情况下，该保函是无效的，因此广发银行不应该承担履行保函的责任。而浙商财险并非善意的第三人或善意取得保函，法律应该不会保护其追偿权。

不过亦有法律界人士指出，保函由广发银行工作人员于办公时间段内在广发银行惠州分行办公地点签署，即使经鉴定是假保函，广发银行由于管理不善，对其员工的违法行为应当承担相应的责任。一位商业银行法律顾问亦表示，即使界定保函无效，仍不能对抗外部的权责。虽然违法主体是广发银行惠州分行，但分支机构不是独立法人，因此，最终仍需广发银行总行来担责。不过从目前同类案件的判例来看，广发银行可能也不会全额赔付。

据了解，对于假保函如何划分责任，有先例可循。2003 年最高人民法院判决一起银行工作人员私自伪造公章以银行的名义制作担保文件的案件,在对其采取了刑事处罚措施的同时,亦判定银行仍然应当承担相应的民事责任。

假保函事件曝光后,浙商财险和广发银行已为此分别报案,"侨兴债案"的后续处置目前已进入司法程序。一位广发银行人士对媒体表示,广发银行是否需要承担相应的民事责任、是否需要履行保函责任,需待法院裁决。

四、民生银行虚假理财案

2017年4月21日,民生银行北京分行航天桥支行门庭冷落,一改往日的繁忙景象。大厅中传来哭泣声和辱骂声,几名工作人员呆呆地站在那,无所适从。

此前的4月18日晚,民生银行董事会发布紧急通知,称民生银行总部发现航天桥支行存在严重违法行为,并向公安部门报案。再之前的4月13日,民生银行北京航天桥支行行长张颖被公安机关带走。部分投资者在张颖事发后接到公安机关通知,才知道出了事,自己买了假理财。公安机关在进行调查时发现,张颖伙同他人,私自销售非民生银行理财产品,涉案金额可能高达30亿元人民币,构成对投资人的重大危害,是有史以来第一大理财"飞单"案。

所谓理财"飞单",是指银行工作人员利用投资者对银行的信任,销售不属于银行的理财产品,从中获得高额的佣金提成或直接诈骗投资者资金的事件。民生银行航天桥支行行长张颖私自销售理财产品的行为,已经构成了"飞单"。

据悉,张颖伙同支行内其他工作人员,向该支行鲸钻高尔夫俱乐部100多位私行客户和其他未达私行标准的高端客户推荐"非凡资产安赢"等"非凡"系列理财产品。坊间传闻说,最先发现"飞单"的,并不是民生银行,而是一名投资者,这位投资者通过理财登记编号进行查询,发现民生银行官方的理财产品数据库中,并没有该投资者在航天桥支行进行投资的该期"非凡"系列理财产品,意识到被骗,继而报警。

媒体调查发现,要购买该理财产品,根据民生银行《理财产品业务实施细则》,投资者需要事先签署《中国民生银行理财产品说明书》《中国民生银行理财产品协议书》《中国民生银行理财产品转让协议》和《交易资金监管协议》4份协议。

据悉,张颖向投资者宣称,签署《中国民生银行理财产品转让协议》,主要是由于先前投资该理财产品的投资者因资金紧张,愿意将到期利息全部兑付给接盘者。因此,张颖以高息低险为由,将非本行理财产品在私行客户和高端客户当中进行销售,并在销售过程中,所有的合同文书都加盖了"中国民生银行北京航天桥支行储蓄业务公章"。除了《中国民生银行理财产品说明书》以外,所有的协议都有受让人和转让人的手写签名。

但是,该理财产品从未在民生银行总行备案,通过官方渠道无法追查投资资金的具体流向。这意味着民生银行对此类理财产品毫不知情。民生银行北京分行航天桥支行行长张颖私自使用公章,已经构成越权。

民生银行方面介绍,根据目前初步掌握的线索,此案系张颖通过控制他人账户作为资

金归集账户,编造虚假投资理财产品和理财转让产品,其本人或指使支行个别员工寻找目标客户,非法募集客户资金用于个人支配,有一部分用于投资房产、文物、珠宝等领域,所募集资金未进入民生银行账务体系。经民生银行工作组逐笔与客户登记核实,涉案金额约16.5亿元,涉及客户约150余人。除张颖外,另有个别支行员工正在接受公安调查。民生银行已配合公安部门对涉案账户予以冻结控制,查封犯罪嫌疑人部分现金、财产及物品,初步判断未来产生的损失在可控范围之内。

一位业内专家分析称,"如果银行是理财产品管理人,意味着在进行权益转让的时候,民生银行分行产品部门负责人是知情的;如果是'飞单',那么最后的受让协议书上面不可能会有民生银行的公章,而是盖有理财产品实际管理人的公章。这说明,要么是张颖私自使用支行公章,要么就是她联合民生银行北京分行的产品部门造假。"上述专家进一步分析,"很明显,这是一个窝案,民生银行北京分行产品部门人员众多,想要实施诈骗行为非常困难。如果张颖能够伙同其他支行员工私自使用民生银行航天桥支行的公章,操作起来就相对方便许多。"

2017年11月30日,北京银监局公布行政处罚通知,中国民生银行北京分行下辖航天桥支行涉案人员销售虚构理财产品以及北京分行内控管理严重违反审慎经营规则,责令中国民生银行北京分行改正,并给予合计2 750万元罚款的行政处罚。此外,使用伪造的理财合同和银行印章,骗取客户理财资金的张颖等3人被给予终身禁止从事银行业工作的行政处罚,对其他10名涉案人员也给予了禁止从事银行业务时间不等和罚款金额不等的处罚。

张颖案事发后次日,民生银行向航天桥支行紧急调派了一位新行长,以应对难以开展的支行工作。数日后,民生银行总部法律部和北京分行的高层管理人员同受害者组成的维权小组进行交涉,承诺最晚于2017年7月底之前解决投资者的初始投资款,后续相关事宜将根据最终司法判定结果再行处理。此外,民生银行总行、分行开展全方位风险自查,按条线、机构对关键业务、关键岗位逐一排查。

民生银行副行长石杰称:"通过此案件,我行进行了认真的自查和深刻的反思。"据该行总结,造成此案的主要原因包括,个别基层单位内控机制和内控管理存在漏洞,合规意识有待进一步提升,合规体系建设和合规文化培育也有待持续强化;个别人违反制度、违规操作是此案的主因,也反映出分行日常业务检查的力度和频率不够,检查的及时性不强,对风险隐患缺乏必要的敏感度;分行对员工行为管理不到位,日常管理未能发挥应有的防范和制约作用,特别是对关键岗位和人员的道德风险管理有所缺失。

五、浦发银行成都分行案

2018年1月19日晚间,银行业再现亿元罚单。

经银监会查实,浦发银行成都分行为掩盖不良贷款,违规办理信贷、同业、理财、信用证和保理等业务,向1 493个空壳企业授信775亿元,以换取相关企业出资承担浦发银行成都分行不良贷款。四川银监局依法对浦发银行成都分行罚款 4.62 亿元,浦发银行内部问责近 200 人。

银监会指出,这是一起浦发银行成都分行主导的有组织的造假案件,涉案金额巨大,手段隐蔽,性质恶劣,教训深刻。本案反映出浦发银行总行对分行长期不良贷款为零等异常情况失察。浦发银行回应称,对于成都分行发生的违规发放贷款案件深感愧疚,对于监管部门的查处表示坚决支持和接受。

多年来宣称自己不良贷款零记录的浦发银行成都分行,通过 7 家房地产公司和矿产企业,设立上千家空壳公司进行承债式收购,换取相关企业出资承担不良贷款。据悉,浦发银行成都分行最终形成不良资产约 100 亿元。

银行业内人士给出了通俗的解释。浦发银行成都分行原行长王兵带领着从银行高管到客户经理的一帮人,通过一般人看不懂的财务手段,把 775 亿元贷给了 1 000 多家空壳公司,这些空壳公司在收购有不良贷款的企业后,拿着银行给的贷款,替那些不良贷款企业还钱。775 亿元的贷款在这些公司转了一圈,又回到了浦发银行成都分行,此前不良贷款留下的窟窿却被填上了。

"浦发银行成都分行操控 1 493 个空壳公司,主要是为了钻空子。"中国太平洋保险公司审计委员会前主席、复旦大学管理学院会计系教授李若山告诉媒体记者。银行有分级授权,贷款 1 亿元以上需要总行批准。"它的'窟窿'有 700 多亿元,只有造假造出那么多家企业,让每家企业的贷款指标只有几千万元,不用通过总行来批就能发放。而一旦上面来人审计,也不是穿透式的审计,比如看有无贷前调查企业资料、工商营业执照复印件、财务报表等。像这种通过壳公司腾挪不良资产的方式,很难被发现。"

媒体深入挖掘这起 775 亿元大案的背后,发现浦发银行成都分行原行长王兵是其中关键人物。

王兵 2002 年以工行四川分行副行长一职转任浦发银行成都分行行长,是成都分行的创始"掌门人"。成都分行成立后不久,钢铁业不景气,许多银行对这个产业的信贷避之唯恐不及,但王兵却为钢铁业贷出 6 亿元,当时人人都说"浦发疯了"。但不到半年,钢铁价格上涨,这些企业都成了给浦发回报最大的客户,王兵为此很是得意。王兵做事谨慎,谋定后动,有时为了获得准确的市场情报,据传他还曾亲自下到矿井里去测量矿藏的厚度。

在贷款项目的选择上,王兵认为,银行长久经营的本质要素是抓住形态不变的增值资本和稳定的现金流量,因此要把水电、钢铁、煤炭等资源产业作为支柱项目、基础项目来抓。王兵上任后,正逢钢铁、煤炭等大宗商品的黄金 10 年,这些企业为浦发银行成都分行带来了可观的业绩回报。很长时间内,浦发银行成都分行都是行业内"零不良贷款"的标杆,曾连续 4 年被四川银监局评为内控监管"优秀"。在王兵掌舵的 15 年里,浦发银行成都分行的存贷规模、利润、不良等指标均在同区域股份制银行之首。在浦发银行内部,王兵开展业务的模式一度被当做典型宣传学习。

银行业内传言,浦发成都分行以"投行"模式给煤矿企业贷款,以委托贷款、委外投资、

表外投资等抽屉协议众多的"准贷款"为主。这些在矿类企业上的非常规贷款其利息虽远高于同业,但缺少真正的担保、抵押等风险缓释措施。可以想见,一旦碰上经济下行和政策调整,这些贷款风险敞口巨大。2012 年之后中国经济增长开始下台阶,进入"新常态"时期,2015 年以后去产能、去库存、去杠杆、降成本的"三去一降一补"行动开始,钢铁、煤炭等资源型产业是僵尸企业扎堆的重灾区,行业整体不景气。前期"重仓押注"矿类企业的浦发银行成都分行的不良贷款开始增多。面对这些大量存在风险隐患的贷款,成都分行开始腾挪资金来堵窟窿,如前所述主要是通过承债式收购方式来进行。

一家商业银行的管理人员向媒体坦承,承债式收购属于银行挪腾不良资产的常规做法。"从长远来看,这种做法属于寅吃卯粮,并不能从根本上解决问题。成都分行这样做,可能是因为相信这些企业有能力最终将贷款还清,希望能给他们一定的周转时间,从而将不良贷款转化为优质贷款。"事实上,尽管监管明令禁止这样做,但是在追求业绩绩效的刺激下,不乏有银行会铤而走险,利用表内外业务腾挪不良贷款,掩盖风险敞口。

银监会将此案形容为"一起浦发银行成都分行主导的有组织的造假案件"。根据媒体报道,此案由王兵带头,浦发银行成都分行从高层领导到底层柜台员工,近 200 人涉嫌参与违规操作。如此大规模的集体造假,与王兵个人的强硬风格、多年执掌成都分行的威信以及高额的业绩奖励不无关系。在业内人士看来,浦发银行成都分行此前多次宣称自己不良贷款为零,本身就存在问题,"根本是不可能的事情",业内人士坦言。尤其是成都分行被当作优秀典型来学习,可见无论是成都分行还是浦发银行总部,自身的风控体系存在很大问题。

但是,对于浦发银行成都分行的违规行为最早从何时开始,银监会及浦发银行的相关公告中均未提及。有据可查的是,2015 年 10 月,因为贷款风险分类不及时、不准确,严重违反审慎经营规则,四川银监局对浦发银行成都分行开过一张行政处罚决定书,责令分行改正,并处以 40 万元罚款。相信至少在此之前,浦发银行成都分行的违法违规行为就已经开始了。2017 年 4 月 5 日,一则《浦发银行成都分行成"壳"公司温床,违规资金超 1 000 亿元》的传言迅猛发酵,并成为市场热点话题。当天下午,浦发银行回应称,相关信息与事实不符,保留追究其法律责任的权利。在回应中,浦发银行还提到,近年来受区域经济下行影响,"我行成都分行资产质量承受一定压力,煤炭等产能过剩行业的贷款逾期情况攀升,我行总行、分行均已采取必要措施加强管理,积极处置化解。目前我行成都分行经营正常,风险整体可控"。但是,在发布"经营正常"声明的第三天,有知情人士透露,浦发银行总行因到龄退休的说辞免去王兵的高级专家职务,并大幅度调整了成都分行领导班子。

不良率一直以来都是银行考核的重要指标之一,从客户经理本人一直考核到总行,这间接造成了掩盖不良贷款常常是集体行为的怪象。此次浦发银行成都分行案件的涉案金额之所以这么大,与王兵个人的多年把持很难脱开关系。根据银行业内惯例,全国性大行省级分行的行长、重要支行的行长一般 3～5 年要强制轮岗,由后来者接管。但王兵担任成都分行行长已经 15 年。

中国银监会表示,此案暴露出浦发银行成都分行存在诸多问题。一是内控严重失效。成都分行多年来采用违规手段发放贷款,银行内控体系未能及时发现并纠正。二是片面追求业务规模的超高速发展。成都分行采取弄虚作假、炮制业绩的不当手段,粉饰报表、虚增利润,过度追求分行业绩考核在总行的排名。三是合规意识淡薄。为达到绕开总行授权限制、规避监管的目的,成都分行化整为零,批量造假,以表面形式的合规掩盖重大违规。此外,该案也反映出浦发银行总行对分行长期不良贷款为零等异常情况失察、考核激励机制不当、轮岗制度执行不力、对监管部门提示的风险重视不够等问题。因此,成都分行案件的爆发,浦发银行总行也难辞其咎。

浦发银行成都分行案件,暴露出的不仅仅是浦发银行的问题,也是众多银行存在的问题,即在追求业绩的情况下如何做好内部风控,如何将对员工的激励与约束有效结合,是商业银行经营管理过程中"刀刃上的平衡"的高难度考题。

除了内控不力之外,外部监管不力也是造成浦发银行成都分行违规大案的重要原因。根据规定,地方银监局也要对辖内银行的贷款进行现场检查和非现场审查。一位银行内部人士坦言:"这么大的事情,不可能做到一点痕迹都没有。"但是,成都分行竟然连续4年被四川银监局授予风险管理优秀单位,地方银监局的监管失职是肯定的。此次中国银监会对四川银监局也进行了问责。中国银监会表示,鉴于四川银监局对浦发银行成都分行相关风险线索等问题未全面深查,监管督导不力,对其监管评级失真,中国银监会党委责成四川银监局党委深刻反省,吸取教训,并对四川银监局原主要负责人和其他相关责任人进行了严肃问责,给予党纪政纪处分。

案例思考

1. 查阅资料,说明操作风险的定义、含义和外在表现形式。

2. 什么是商业银行的内部控制?查阅资料阐述内部控制的含义,并说明5个具体案例中内部控制失效的表现和原因。

3. "中行高山案"中,银行内控失效当然是主要原因,但外部存款单位的"配合"也是原因之一。你认为这些存款被诈骗企业和部门的高层为什么会"配合"高山、李东哲等人的违法犯罪活动?

4. 农行昆明春城支行案中,内外勾结是其特征之一。在认真执行农行的内部控制制度和与业务对象勾结骗取银行资金两者之间,李宁为什么选择了后者?

5. 广发银行"侨兴债案"中,广发银行惠州分行领导和员工的有意诈骗应是案件发生的主因,其这样做的原因是什么?另外,你认为浙商财险公司在本案中有无责任?其是否是"善意第三人"?在整个同业业务链条上的其他金融机构为什么也被行政处罚?其责任是什么?金融业同业增信、同业交易的链条如此之长,你觉得有必要吗?

6. 民生银行虚假理财案中,张颖等人销售虚假的理财产品为什么能够畅通无阻?投资者是否需要承担被骗的部分责任?民生银行是否要为张颖等人的个人行为承担赔付

责任?

7. 浦发银行成都分行案中,成都分行从行长到基层的集体造假显然是为了掩盖不良贷款,他们这样做的深层次原因是什么? 对于原行长王兵而言,其为何从早期的一个做事谨慎的人转变成一个带领员工疯狂造假的人? 如果你是浦发银行总行的高层管理人员,为了既能调动员工的工作积极性,又能防范其为了私利而违规违法,如何设置一个激励和约束有效结合的管理制度?

8. 对比"中行高山案"和其他 4 个案例,试说明我国金融市场的发展对商业银行操作风险的外在表现有何影响。

案例 18　商业银行拨备覆盖率：之困、之因、之策

学习目标

1. 掌握拨备覆盖率和贷款拨备率两个概念的内涵、作用及其相互间关系
2. 熟悉商业银行经营绩效评价的其他层面指标
3. 了解我国商业银行拨备覆盖率 2012 年后至今的演变趋势及其原因
4. 了解我国商业银行 2012 年后经营绩效其他层面变化的情况
5. 熟悉我国银监会关于贷款损失准备管理的相关办法和最新要求

案例介绍

2017 年 5 月，财经媒体《每日经济新闻》和交通银行进行了一场针对"拨备覆盖率"的"战争"。一时之间双方唇枪舌剑，你来我往，煞是热闹。不管孰是孰非，"不明真相"的"吃瓜群众"倒是看了一场好戏。

一、何谓拨备覆盖率

拨备覆盖率即不良贷款拨备覆盖率，是指贷款损失准备余额对不良贷款余额的比率，主要反映商业银行对贷款损失的弥补能力和对贷款风险的防范能力。2011 年 7 月，银监会颁布的《商业银行贷款损失准备管理办法》（以下简称"《管理办法》"）中，对贷款损失准备的定义是"指商业银行在成本中列支、用以抵御贷款风险的准备金，不包括在利润分配中计提的一般风险准备"[①]。

除拨备覆盖率指标之外，还有一个贷款拨备率，即贷款损失准备与各项贷款余额之比。根据《管理办法》中的规定，贷款拨备率的监管标准为 2.5%，拨备覆盖率为 150%。该两项标准中的较高者为商业银行贷款损失准备的监管标准。

贷款损失拨备是银行从经营收入中计提出来的、用以防范贷款可能发生损失的呆、坏账准备金，是银行出于审慎经营的考虑，防范风险的一个重要措施。拨备覆盖率至少应不低于 100%，否则为计提不足，存在准备金缺口。比率越高说明抵御风险的能力越强。

但是，通过拨备计提的增减，银行还可以在一定程度上实现经营利润的调节。在不良

[①]　根据财政部的规定，金融企业除计提资产损失准备之外，还需计提一般准备。财政部 2012 年 3 月颁布的《金融企业准备金计提管理办法》中指出："准备金，又称拨备，是指金融企业对承担风险和损失的金融资产计提的准备金，包括资产减值准备和一般准备。"此处的"资产减值准备"等同于商业银行的贷款损失准备，"一般准备"即一般风险准备。

贷款额一定的情况下,拨备计提越多,对当期利润的冲减就越多。也就是说,拨备计提与当期利润负相关。实践中,银行经常出于其他目的而有意多提或少提拨备,从而实现对经营利润的调节。因此,拨备覆盖率经常被形象地比喻为银行利润调节的蓄水池。

二、拨备覆盖率:媒体与交通银行互怼的焦点

2017 年 5 月 9 日,财经媒体《每日经济新闻》连续发布三篇报道(《A 股 13 家全国性银行排名,交通银行净资产收益率连续四年倒数第一》《交通银行拨备覆盖率逼近监管红线不良贷款认定为五大行中最宽松》《交通银行多项指标排名垫底:高管薪酬不降反升落马高管名列其中》),文章直指交通银行收益下滑、不良贷款认定标准宽松、高管薪酬不合理等问题。在《交通银行拨备覆盖率逼近监管红线不良贷款认定为五大行中最宽松》一文中,记者指出,2016 年年底交通银行拨备覆盖率为 150.5%,逼近 150% 的监管红线,而且此数据是在较为宽松的不良贷款认定标准下计算得出的。仅仅比监管标准高出 0.5%,如此巧合的数据让《每日经济新闻》怀疑交通银行操纵利润和隐藏不良贷款,并质疑其近些年来的经营绩效逐渐变差,在同行业中排名倒数。详细报道见如下材料 1。

材料 1

交通银行的净资产收益率在 A 股上市的 13 家全国性银行中连续 4 年排名倒数第一,这会不会是因为提高拨备覆盖率而多增加计提的结果? 然而,《每日经济新闻》记者梳理发现,近 5 年来交行拨备覆盖率持续大幅下降,而在 13 家全国性银行中,交行近 10 年的拨备覆盖率排名都靠后,除 2015 年排倒数第四名外,其余各年份都排在倒数前三名。

交行净资产收益率过低,并非因为高拨备导致,而在研究不良贷款拨备之后,更暴露出交行不良贷款认定标准是五大行中最宽松的。

1. 拨备覆盖率连续十年排名落后

年报数据显示,交行拨备覆盖率已经连续 5 年出现下降,2012—2016 年,交行拨备覆盖率依次为 250.7%、213.7%、178.9%、155.6% 和 150.5%。

与银行业平均值及 13 家银行相比,交行的拨备覆盖率又属于什么水平呢? 记者通过对比 13 家全国性银行近 10 年拨备覆盖率发现,交行近 10 年的拨备覆盖率排名都靠后,各年份基本上都排在倒数前三名。其中,2014 年(178.9%)排名倒数第一,与当年排名第一的农行(286.5%)相比,相差超过 100 个百分点。

除了拨备覆盖率,贷款拨备率也可以用来衡量银行拨备计提是否充足。贷款拨备率的监管标准为 2.5%。2016 年,交通银行贷款拨备率为 2.29%。监管层要求银行达到 2.5% 标准的时限是 2018 年年底前,但交行的贷款拨备率 10 年来均处于 2.5% 之下,还剩下不到 2 年时间。同其他 A 股上市的全国性银行相比,交行贷款拨备率数据表现不佳,排名倒数第三。其中,农行的贷款拨备率高达 4.11%,位居第一,低于 2.5% 的有 4 家银行,分别是工行、建行、交行和光大。

可见,交行除了拨备覆盖率接近监管红线,贷款拨备率也处于行业偏低水平。这两个

指标都表明,该行面临增加拨备计提的压力。

对此,《每日经济新闻》记者采访了多位业内人士。某注册会计师告诉记者,拨备覆盖率的分母是五级分类的后三类贷款,而分子是对所有贷款(包括正常类和关注类贷款)计提的减值准备。交行拨备覆盖率逼近监管红线,意味着一定程度上拨备计提是不太充分的,交行面临着增加计提拨备的压力。由于拨备计提是减少利润的,如果拨备计提不充分,会直接增高当期利润。

"秃鹫一期"基金经理王代新也阐述了不良率和拨备覆盖率的关系:"在拨备覆盖率不变的情况下,当不良率上升时,计提的拨备也会上升,银行利润就会下降。相反,不良率下降会导致银行减少拨备的计提,利润会因此而上升。"

某券商资深研究员认为,目前银行经营压力很大,之前一些贷款的不良、坏账会慢慢地浮现出来,拨备覆盖率就有可能跌破150%,所以必须要增加拨备。一位不愿具名的资深财务专家向记者分析称,交行拨备覆盖率逼近监管红线,结合其年报披露的利润数据,进一步说明了交行盈利能力弱。

武汉科技大学金融证券研究所所长董登新教授则向记者解释了银行业拨备覆盖率下降的原因:"我国银行业拨备覆盖率近年来开始降低,主要有两方面原因。一是由于银行净利润的增长放缓,而拨备本身是来自于利润的;二是由于不良贷款核销压力增加,很多银行为缓解不良贷款的压力,可能会加大核销力度。"

2. 交通银行"不良贷款/90天以上逾期贷款"指标五大行中最差

银行不良贷款率是衡量其资产质量的核心指标,而通过对不良贷款认定标准的调整,也会对拨备覆盖率产生影响。

记者发现,交通银行的不良贷款率一直保持在较低水平。数据显示,2016年,交行的不良贷款率1.52%,不良趋势整体趋稳,低于13家全国性银行不良贷款率的平均值1.71%,位居13家银行第三。然而,较低的不良率是否能真实、全面反映各家银行的资产质量状况呢?《每日经济新闻》记者在翻阅大量银行业研报,并咨询相关业内专家后,发现除了不良贷款率这个监管指标外,"不良贷款/90天以上逾期贷款"这一指标也被业内分析师广泛使用,并作为衡量银行不良贷款认定是否严格的一个重要参考指标。

通常情况下,"不良贷款/90天以上逾期贷款"反映了银行不良贷款认定标准是否严格。一般来说,该比值越大,表明90天以上逾期贷款已经全额或大比例计入不良贷款,则银行的不良认定标准相对越严格。当该比值大于等于1时,则说明银行不良贷款口径已将90天以上逾期贷款全部覆盖;同理,该比值越小,表明90天以上逾期贷款计入不良贷款的部分越少,则说明银行不良认定标准相对宽松。当该比值小于1时,则说明银行已经确认的不良贷款不足以将90天以上逾期贷款全部覆盖。

记者对交通银行"不良贷款/90天以上逾期贷款"这一指标进行了统计比较。交行2016年的"不良贷款/90天以上逾期贷款"为0.72,该指标远低于1,说明交行确认的不良贷款不足以将90天以上逾期贷款全部覆盖。从五大行同期看,工行为1.09,建行为

1.47,农行为1.18,中行为1.3。在13家全国性银行中,交行该指标排名倒数第四。可见,交通银行不良贷款认定相对宽松。

中国人民大学重阳金融研究院客座研究员董希淼表示,"不良贷款/90天以上逾期贷款"是银行信贷资产在两种不同分类方法之间的一个交叉比例。这一指标是以间接的方法来反映贷款质量五级分类的合理性。董希淼坦言,理论上讲,各家银行不良贷款认定标准应该是一样的,但实际操作中,会有区别,执行尺度上有严有松,90天以上逾期贷款理论上应该纳入不良贷款。

前述注册会计师也对记者表示,"不良贷款/90天以上逾期贷款"是具有行业参考意义的。同自身相比,交行的该指标2016年为0.72,但是从2010年最高点1.53开始,仅在2016年有所增长,其余时间都在下降,一定程度上,可以说明交行对不良贷款的认定标准有所放松。

此外,上述资深财务专家也向记者坦言,整个银行业的坏账都在增加,但是在数值上表现就各有差异,是因为银行可以通过技术手段将过高的不良数据压下来。但是,如果通过技术手段都无法压下来,就说明这家银行的资产质量状况更差了。在这种情况下,拨备覆盖率还偏低,这就说明其业绩水分比较大了。

资料来源:《每日经济新闻》2017年5月9日,有删改。

《每日经济新闻》在报道中进一步指出,经过访问业界人士和相关专家,得知银行业内确实存在人为降低不良贷款的现象。银行可以通过对坏账的认定标准放松,就可以少计提拨备。经过测算,交通银行的不良贷款认定标准在五大行中是最宽松的,在13家上市银行中排第四。

《每日经济新闻》记者还测算,如果交通银行的拨备覆盖率和"不良贷款/90天以上逾期贷款"两个指标达到行业平均水平,那么其2016年需要多计提706.52亿元拨备,当年净利润将变为154.57亿元,缩水达82.05%。

由以上材料可见,《每日经济新闻》揭示出的问题是我国部分商业银行在日益增加的经营压力下,真实不良贷款比率上升,对银行的经营利润造成了冲击。为了维持一个相对好看的财务报表,一些银行很可能通过调整不良贷款率和拨备覆盖率等技术手段来人为平滑利润,来掩饰经营绩效下滑的现象。

对此,交通银行是如何回复的呢?

材料2

5月9日,《每日经济新闻》连续刊发三篇对于交通银行年度业绩分析报道,内容严重失实,倾向明显……文章在没有任何事实的基础上,就轻率地称银行业内存在人为降低不良贷款的现象,交行不良贷款被认定为最为宽松,暗示银行违背国家监管要求。

近年来,交通银行始终保持稳健发展的势头,在经济增速换挡、经济结构调整等外部环境带来的挑战中,始终保持利润正增长……过去一年,交通银行坚决落实党中央、国务院的决策部署,牢牢把住服务实体经济这一本源,围绕供给侧结构性改革与"三去一降一补"五大任务,持续加大金融资支持力度,万亿元融资服务实体经济……

交行正处在转型发展的阶段……我们欢迎媒体对于交通银行业绩的关注与分析,但是新闻媒体作为社会公器,应该平衡、客观……我们已关注到该报的不实之词对交通银行造成的影响,我们将根据情况发展保留法律诉讼的权利。

资料来源:交通银行网站,2017年5月10日,有删节。

对于交行的回复,《每日经济新闻》回应称其始终坚持客观、公正、真实、全面的报道原则,其关于交通银行的三篇报道属于《每日经济新闻》正常的银行业研究报道,其内容是以包括交通银行在内的13家A股上市全国性银行的2016年年报为依据,并经多方采访和核实。报道刊发前,记者曾多次联系采访交通银行,并发送采访提纲,但交通银行均不予回应。因此,《每日经济新闻》否认系列报道存在交通银行所称的"内容严重失实",并声称将保留法律追究的权利。

双方你来我往,互相指责对方。到底孰是孰非?一时难以判断。但有一个细节值得我们注意,双方都声称保留法律诉讼的权利,但事发后1年多时间,并没有发现有双方对簿公堂的新闻报道。《每日经济新闻》应该不会首先发起法律诉讼程序,但作为自认为被"严重失实报道"造成不良影响的交通银行,为何没有首先进行法律起诉呢?

三、拨备覆盖率下滑之困:不仅仅是交通银行

贷款损失拨备的计提有两个重要作用,其一是反映商业银行能否防范未来可能发生的信贷损失,拨备覆盖率是贷款损失准备金计提是否充分的重要指标;其二是在现行会计制度和监管体制下,拨备计提又能调节净利润高低,在一定程度上平滑商业银行经营绩效的年度间表现。只是,当经营绩效由于各种原因而迅速下降时,损失拨备计提平滑业绩的功能也是有限度的,过分利用会有违法违规的嫌疑,也会授人以柄,惹人质疑。

其实,不仅仅是交通银行,中国的主要银行自2013年之后均面临着类似的拨备覆盖率下降的问题。如图18.1所示。

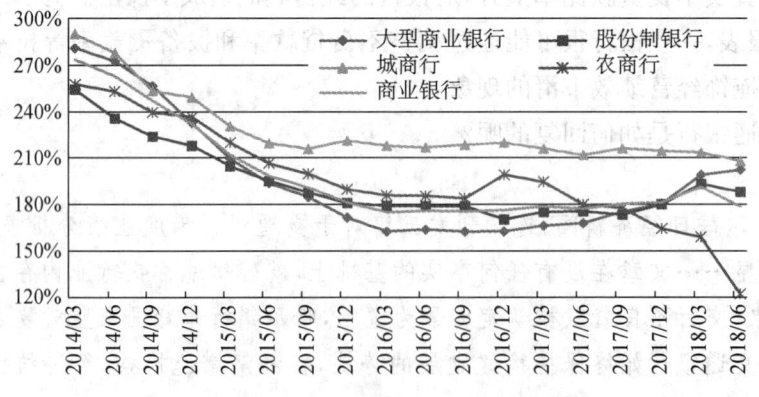

图18.1 商业银行的拨备覆盖率

数据来源:中国银行业监督管理委员会。

2012 年和 2013 年,银监会发布的中国银行业整体的拨备覆盖率两年平均为 290%。从 2013 年年底起,拨备覆盖率从高点开始逐渐下降,2017 年年底降到 180% 左右,2018 年的前两个季度略有回升。分类来看,工行、农行、中行、建行、交行五家大行以及招商、浦发、平安、民生等 12 家股份制商业银行的拨备覆盖率的变化趋势与整体的变化趋势较为一致,城市商业银行总体更高,而农村商业银行从 2017 年下半年开始的 1 年中表现迅速变差。

　　我们再从主要的已上市大中型银行来看。表 18.1 是 9 家上市的股份制银行近 2 年来的拨备覆盖率数据。

表 18.1　九家上市股份制银行季度末拨备覆盖率变化

	华夏	交通	平安	浦发	兴业	招商	光大	民生	中信
2015/12	167%	156%	166%	211%	210%	179%	156%	154%	168%
2016/03	169%	151%	161%	221%	203%	183%	159%	152%	166%
2016/06	165%	150%	161%	208%	219%	189%	150%	153%	157%
2016/09	170%	150%	164%	200%	225%	186%	154%	154%	155%
2016/12	159%	151%	155%	169%	211%	180%	152%	155%	156%
2017/03	168%	150%	163%	167%	215%	209%	158%	156%	152%
2017/06	158%	151%	161%	154%	223%	225%	152%	153%	153%
2017/09	160%	151%	152%	135%	220%	235%	154%	155%	161%
2017/12	157%	153%	151%	132%	212%	262%	158%	156%	169%
2018/03	159%	166%	173%	153%	209%	296%	179%	172%	188%

数据来源:根据 wind 资讯数据整理。

　　从表 18.1 可以看出,2016 年和 2017 年两年间,交通银行在 8 个季度的拨备覆盖率均略高于 150%,2017 年四季度最高也仅为 153%。光大银行和民生银行 8 个季度的拨备覆盖率全部位于 150%～160% 间。中信银行、华夏银行、平安银行的表现略好于光大银行和民生银行。兴业银行同期 8 个季度的拨备覆盖率基本上都在 210% 之上。招商银行从 2015 年第四季度至 2018 年第一季度之间的拨备覆盖率甚至还逐步上升,2018 年第一季度末为 296%,远高于同类的其他银行,表现最好。浦发银行与招商银行正好相反,从 2016 年第一季度的最高点开始,拨备覆盖率持续下滑,2017 年下半年甚至两次低于监管标准,最低达到 132%。

　　如果把观察周期拉长,就会发现浦发银行的表现更有"个性"。2011 年第四季度末,浦发银行的拨备覆盖率曾高达 500%,是本案例所考察的 13 家上市银行中 2011 年后至今从未有过的最高水平。自 2011 年之后,其拨备覆盖率便一路下滑。不知道是因为早期通过拨备"隐藏"了太多利润,还是由于后期不良贷款率上升太快,浦发银行拨备覆盖率的迅速下滑,其原因值得深入探究。

　　表 18.2 是工行、农行、中行、建行四大行近两年来的拨备覆盖率情况。

表 18.2　四大国有银行季度末拨备覆盖率变化

	工行	建行	农行	中行		工行	建行	农行	中行
2015/12	156%	151%	189%	153%	2017/03	142%	160%	174%	160%
2016/03	141%	152%	180%	149%	2017/06	146%	160%	182%	152%
2016/06	143%	152%	178%	155%	2017/09	148%	163%	194%	154%
2016/09	136%	149%	173%	156%	2017/12	154%	171%	208%	159%
2016/12	137%	150%	173%	163%	2018/03	175%	189%	239%	168%

数据来源:根据 wind 资讯数据整理。

　　四大行中,工行的表现最差,10 个季度中有 7 个季度低于监管标准,这与工行最近几年蝉联"全球最赚钱银行"的地位似乎并不相称。建行和中行表现相当,基本上能维持在略高于监管标准的水平。农行表现稍好,拨备覆盖率下降余地还较多,2018 年第一季度末为 239%,比其他三大行都要高出不少。农行的表现似乎也与人们对其不良贷款压力通常相对更高的印象并不吻合。

　　要想弄清楚这些略感反常的状况,还需要对拨备覆盖率变动的原因进行更深入的探讨。

四、拨备覆盖率变动之因:不良认定、准备计提和损失核销

　　从 2012 年起,国内银行业整体资本收益率(ROE)逐年走低,从当年的 21% 迅速下降到 2017 年的 13%,达到 10 年内的最低点。在利率市场化的影响下,银行利差快速收窄,显著影响了全行业的净利润。银监会公布数据显示,银行业整体的净息差(也称"净利差",是商业银行生息资产平均收益率与计息负债平均成本率之差)从 2011 年第二季度的最高点 2.70% 下降到 2018 年第二季度的 2.08%,减少了 62 个基点。与此同时,不良贷款比例持续攀升,从 2011 年第三季度的最低点 0.90% 增长到 2018 年第二季度的 1.86%,这降低了银行业的资产质量。图 18.2 显示了中国银行业 2011 年 3 月至 2018 年

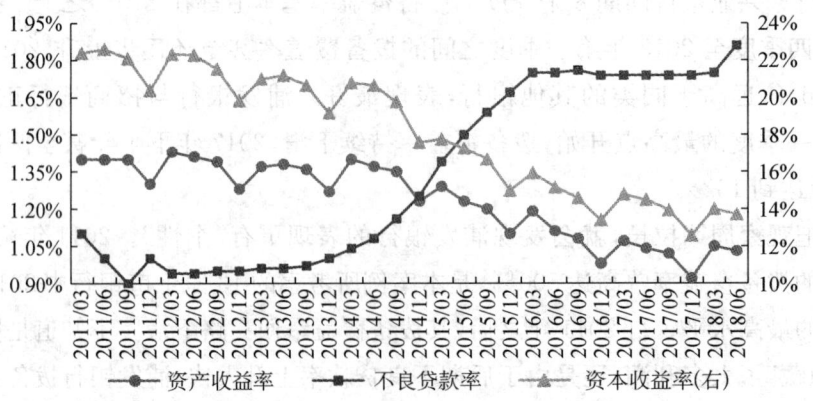

图 18.2　中国银行业的经营绩效

数据来源:中国银行业监督管理委员会。

6月资本收益率、资产收益率和不良贷款率的变动情况。面对宏观经济下行，以及随着多数传统产业的去杠杆、去产能、去库存活动，还有互联网金融服务竞争等外部挑战，中国银行业未来很长一段时期的经营绩效转而上升的难度很大，看来要过一段苦日子了。

再从已上市的 13 家主要商业银行来看，资产和资本收益率同样持续下滑，而近两年来的不良贷款率甚至还要高于全国平均水平。表 18.3 是 9 家上市股份制商业银行 2011 年以来的不良贷款率变化情况。

表 18.3　9 家上市股份制商业银行不良贷款率

	华夏	交通	平安	浦发	兴业	招商	光大	民生	中信
2011	0.92%	0.86%	0.53%	0.44%	0.38%	0.56%	0.64%	0.63%	0.60%
2012	0.88%	0.92%	0.95%	0.58%	0.43%	0.61%	0.74%	0.76%	0.74%
2013	0.90%	1.05%	0.89%	0.74%	0.76%	0.83%	0.86%	0.85%	1.03%
2014	1.09%	1.25%	1.02%	1.06%	1.10%	1.11%	1.19%	1.17%	1.30%
2015	1.52%	1.51%	1.45%	1.56%	1.46%	1.68%	1.61%	1.60%	1.43%
2016	1.67%	1.52%	1.74%	1.89%	1.65%	1.87%	1.60%	1.68%	1.69%
2017	1.76%	1.50%	1.70%	2.14%	1.59%	1.61%	1.59%	1.71%	1.68%
2018Q1	1.76%	1.50%	1.68%	2.13%	1.58%	1.48%	1.59%	1.71%	1.70%

数据来源：根据 wind 资讯数据整理。

9 家股份制银行中，除招商银行不良贷款率近两年来有所下降之外，其他 8 家自 2011 年之后的发展状况基本一致，都处于缓慢上升的趋势之中。其中被媒体"怒怼"的交通银行从账面上看表现尚好，2016 年以来不良贷款率在同行业中还算处于较低水平，只不过根据交通银行 2017 年年报披露数据计算后发现，其"不良贷款/逾期 90 天以上贷款"比例为 0.875%，尽管比 2016 年的 0.719% 有所上升，但仍然存在认定标准宽松的嫌疑。

与交通银行不同，浦发银行 2017 年的不良贷款率是 13 家银行中最高的（四大行不良率见表 18.5），而仅仅 6 年前其不良贷款率仅为 0.44%，还处于行业最低水平。为何短短数年间发生这么大的变化？或许从宣称自己不良贷款零记录的浦发银行成都分行案件中可窥一斑。经银监会查实，浦发银行成都分行为掩盖不良贷款，在数年间违规办理信贷、同业、理财、信用证和保理等业务，向 1 493 个空壳企业授信 775 亿元。此案在 2017 年 4 月曝出，2018 年 1 月浦发银行被银监会罚款 4.62 亿元，浦发银行内部问责近 200 人。可见，前些年如此低的不良贷款率实际上并不真实。2015 年后浦发银行的不良贷款率上升迅速，资产收益率、净资产收益率逐步下滑，它是如何处理的呢？

为了进一步说明我国银行业在不良贷款认定和处理上的问题，笔者设计了两个指标——资产减值拨备计提力度和贷款损失核销力度——来研究不同银行对经营绩效和不良贷款的不同处理方式。所谓"资产减值拨备计提力度"指标，以利润表中所呈现的资产减值损失当年计提额占营业收入的百分比来表示；"贷款损失核销力度"是当年以资产损失储备核销的不良贷款与当年底仍持有不良贷款余额之和中核销额所占的百分比。表18.4列出了交通银行和浦发银行2016年和2017年的各项指标。

表18.4 交通银行和浦发银行不良贷款状况及对其处理力度

单位:亿元	交通银行		浦发银行	
	2017	2016	2017	2016
不良贷款率(1)	1.50%	1.52%	2.14%	1.89%
不良贷款余额(2)	669.02	624	685.19	521.78
90天以上逾期贷款余额(3)	764.23	867.82	592.49	628.96
逾期贷款余额(4)	987.57	1 081.83	882.98	811.97
不良贷款/90天以上逾期贷款(2)/(3)	0.875	0.719	1.156	0.830
不良贷款/逾期贷款(2)/(4)	0.677	0.577	0.776	0.643
资产损失准备余额(5)	1 024.15	939.13	907.47	882.49
拨备覆盖率(5)/(2)	153.08%	150.50%	132.44%	169.13%
资产减值拨备当年计提额(6)	314.69	302.12	552.85	491.04
营业收入(7)	1 960.11	1 931.94	1 686.19	1 607.79
资产减值拨备计提力度(6)/(7)	16.1%	15.6%	32.8%	30.5%
贷款损失当年核销额(8)	195.54	212.25	512.54	332.39
不良贷款余额＋当年核销额(2)＋(8)	864.56	836.25	1 197.73	854.17
贷款损失核销力度(8)/[(2)＋(8)]	22.6%	25.4%	42.8%	38.9%

资料来源:交通银行、浦发银行2016年、2017年年报及笔者计算。

从表18.4可以看出,交通银行的"不良贷款/逾期贷款"指标2017年相对于2016年也有所上升,一定程度上表明其对不良贷款的认定标准在向更严格方向转变。从浦发银行"不良贷款/90天以上逾期贷款"指标来看,从2016年的0.830提高到2017年的1.156,表明其不良贷款认定标准趋于严格。但仔细分析其2017年年报发现,2017年年底浦发银行逾期1天至90天的贷款大幅度上升,因此"不良贷款/逾期贷款"指标的改善并不明显,浦发未来不良贷款上升和处理的压力仍然巨大。

正是因为不良贷款压力巨大,浦发银行在2016年、2017年加大了资产减值准备的计提力度和对不良贷款的核销力度。从表18.4可以看出,浦发银行两年间的资产减值拨备计提力度分别为30.5%和32.8%,即营业收入中三成以上计提为资产损失准备。交行的此两个数据分别为15.6%和16.1%,资产减值计提力度明显偏弱。浦发银行的不良贷款核销力度也在加大,2016年、2017年分别为38.9%和42.8%,即对以前生成和当年新增的全部不良贷款中核销了其中约四成。同样,交通银行对不良贷款的核销力度也较浦发银行更弱。可以这样认为,浦发银行是在为前几年的"低"不良贷款率"还账",真是应了那

句江湖俗语:"出来混,总是要还的"。

表 18.5 列出了四大国有银行 2011—2018 年第一季度的不良贷款率。

运用同样的方法,笔者分析了近两年拨备覆盖率较低的工行和较高的农行的相关指标。从两家银行 2017 年财务报表公布的结果来看,工行和农行的盈利能力要高于交行和浦发。2015—2017 年,工行的资产回报率分别为 1.30%、1.20%、1.14%,农行同期为 1.07%、0.99%、0.95%;交行为 1.00%、0.87%、0.81%,浦发为 1.10%、0.98%、0.92%。

表 18.5　四大国有银行不良贷款率变化

	工行	建行	农行	中行		工行	建行	农行	中行
2011	0.94%	1.09%	1.55%	1.00%	2015	1.50%	1.58%	2.39%	1.43%
2012	0.85%	0.99%	1.33%	0.95%	2016	1.62%	1.52%	2.37%	1.46%
2013	0.94%	0.99%	1.22%	0.96%	2017	1.55%	1.49%	1.81%	1.45%
2014	1.13%	1.19%	1.54%	1.18%	2018Q1	1.54%	1.49%	1.68%	1.43%

数据来源:根据 wind 资讯数据整理。

2016 年、2017 年两年,在不良贷款认定标准的松紧程度上,工行的"不良贷款/逾期 90 天以上贷款"比例分别为 1.086 和 1.236,农行为 1.183 和 1.459,两家银行认定标准均较严格,而农行更为严格。资产减值拨备计提力度上,工行两年分别为 13.0% 和 17.6%,农行为 17.1% 和 18.3%,略强于工行。贷款损失核销力度上,工行两年分别为 25.9% 和 24.6%,农行为 26.4% 和 32.7%,仍然是农行的核销力度大。从三组数据的对比能够看出,农行对不良贷款的认定标准更严格,资产减值损失计提力度更强,对已形成的不良贷款损失核销力度也更大。而拨备覆盖率是贷款损失准备与不良贷款之比,分子增大更多,分母减少更快,由此就不难理解农行的拨备覆盖率高于工行了。

换个角度看,更强的拨备计提和更大力度的损失核销也是一把双刃剑,这会造成当期净利润的下降,农行的资产回报率指标就明显低于工行。再对比浦发银行和交通银行的例子,交行的拨备计提力度和损失核销力度略低于工行,与浦发银行差距较大。交行在拨备计提力度和贷款损失核销力度都最弱的前提下,其资产回报率甚至还低于力度更大的浦发银行,这只能说明交行的资产盈利能力弱了。只是因为交行对不良贷款的认定标准最为宽松,这才致使其账面不良贷款率相对较低。对于浦发银行,更强的拨备计提力度和损失核销力度应该也是不得已而为之,前几年的不良贷款率"虚低",现在是还账的时候了。

通过对以上四家银行的分析,可以发现,通过不良贷款认定、拨备计提和损失核销等实施,银行对公众最为关心的绩效指标如利润率和不良贷款率等的可操作空间还是很大的,银行的经营绩效并不像财务报表中直接显现的那样简单。笔者只能希望,这种操作是在通行会计准则和法律法规的范围内进行的。

五、拨备覆盖率:合理区间是多少

2011年7月之后,贷款拨备率的监管标准为2.5%,拨备覆盖率为150%,两项标准中的较高者为商业银行贷款损失准备的监管标准。有业界人士研究指出,两个指标都有一定缺陷,但互补性较好。拨备覆盖率的主要不足在于缺乏前瞻性和逆周期性,且较容易受到贷款分类准确性的影响;后者不足在于过于粗放,对所有类型贷款一律按照既定标准计提拨备,但其优势在于具有较好的前瞻性和逆周期性。贷款拨备率和拨备覆盖率两者结合使用可部分抵消经济运行的周期性影响,较好地反映银行在经济运行周期各阶段抵御风险能力。

根据两个指标的计算公式,可以算出其与不良贷款率之间的关系是"贷款拨备率=拨备覆盖率×不良贷款率"。当同时满足2.5%和150%两个监管标准时,不良贷款率1.67%是一个临界值。当不良贷款率低于该临界值时,只要贷款拨备率达标,拨备覆盖率必定达标,只需要提足2.5%的贷款拨备率即可;当不良贷款率高于此临界值时,只要拨备覆盖率达标,贷款拨备率肯定达标,这时只要提足150%的拨备覆盖率即可。如此,理论上可以实现对不同银行在不同时点、不同不良率水平上灵活动态的监管拨备计提。

2012年后中国银行业的经营绩效下滑、不良率上升,在2015年年底时不良贷款率上升至临界值1.67%之上,此后对中国的商业银行主要的监管"束缚"转而成为拨备覆盖率,各家银行只要拨备覆盖率达标,则贷款拨备率自然达标。但随着不良贷款率的持续上升,部分银行甚至升至2%以上,要满足拨备覆盖率的监管要求变得越来越困难。此种情形下,部分银行业界人士开始呼吁降低监管标准。

中国银行的研究人员陈华在其《拨备覆盖率究竟多高合适》一文中探讨了拨备覆盖率的合理区间[①]。拨备覆盖率是反映商业银行能否覆盖未来可能发生的信贷损失的重要指标。他从拨备覆盖率的内涵、目的着手,对商业银行的未来信贷损失程度进行定量测算,以此来确定理论上的监管标准。根据现行会计准则,准备金需要覆盖的损失可分为两类:一类是有客观证据表明已发生减值的贷款在未来清偿中发生的损失,主要是针对不良贷款而言的损失;另一类是尚未发现减值迹象但存在一定减值概率的"已发生未识别"减值损失,主要是指正常、关注类贷款的潜在损失。

陈华首先估算了不良贷款的平均损失率。他参考了三类数据,一是2004—2006年年初四大资产管理公司的资产回收率,9个季度间平均为24.2%。由于选取时间较早,此数据参考价值不大。二是不良贷款批量处置回收率,他以四大行为例的测算结果表明,2014年、2015两年间平均回收率约为35%,损失率为65%。三是商业银行针对不良贷款计提准备金的计提比率。一般来说,不良贷款的减值测算具有客观性,尤其是超过一定金额的大额减值贷款,更是采取了逐笔测算第一(自身经营)和第二(抵押和担保)还款来源的未

---

① 《国际金融》,2016年第4期,第18~21页。

来现金流现值的方法进行了精确测算。该比率具有较高的稳定性，基本不受外部监管环境的影响，是对不良贷款损失率的客观反映。根据 2014 年和 2013 年四大行平均值估计，不良贷款的准备金计提率约为 62.45%，与批量处置回收率测算结果基本吻合。

陈华认为第二类测算数据（65%）可更客观地反映商业银行不良贷款的损失率。这就意味着，贷款被认定为不良贷款之后平均来看要损失 65%。

对于已经发生还未识别减值损失的估算，陈华指出其主要是正常类、关注类贷款的未来潜在损失，这又取决于正常类、关注类贷款未来下迁为不良贷款的概率。他根据四大行发布的业绩和其他渠道获得的不良化解数据，结合四大行公开披露的不良余额，推算正常类和关注类贷款的综合下迁率。测算结果显示，2015 年前三季度四大行的综合下迁率为 1.82%。不过，陈华对测算方法中各指标定义没有详细说明，他也用到了一些非公开的内部交换数据，这使他的测算难以被验证。

陈华推算，中国银行业 2016 年的不良贷款率约为 2.1%（银监会公布的数据为 1.74%），并据此估算拨备覆盖率的监管理论值。假设全部商业银行贷款总额为 100，不良率按 2.1% 测算，则不良余额为 2.1，根据不良贷款损失率 65% 计算，不良贷款应保有准备金 1.36；非不良贷款余额 97.9，根据综合下迁率 1.82% 和不良贷款计提率 65% 计算应保有准备金 1.16；准备金合计 2.52，不良贷款拨备覆盖率为 120.2%。

陈华进一步指出，未来 2 年中国银行业的不良贷款率仍将呈上升趋势，2018 年末将达到 2.3% 左右。假设其他测算参数保持不变，则拨备覆盖率将下降到 115%。陈华因而建议，按照一定的前瞻性，将拨备覆盖率监管标准调整至 110%～120% 为宜。

笔者认为，即使陈华对我国银行业不良贷款率的估算可能比银监会公布的数据更接近于真实水平，拨备覆盖率理论值的测算方法也相对合理，但他的研究结论的最大问题在于，他认为不良贷款率越高（或趋于升高）时，拨备覆盖率应该越低，监管标准也应该降低。笔者认为，拨备覆盖率是贷款损失准备余额与不良贷款余额之比，与不良贷款率没有直接关系，监管标准的合理区间到底是多少当然可以探讨，但不宜根据不良贷款率的变化来改变拨备覆盖率的监管标准。

陈华的测算方法表明商业银行拨备计提完全覆盖发生的损失即可，但根据历史数据所得结果不一定适用于未来可能发生损失的情况，尤其是在未来数年我国银行业贷款风险暴露加大、不良率上升的趋势下，拨备计提更应该预留余地，拨备覆盖率等指标应该高于理论上的"最佳"结果。至于应该高出多少，则较难有一个客观的标准。此外，陈华作为银行内部人员，呼吁降低监管标准具有一定的内在利益冲突，这使其研究结果的客观性打了一定折扣。

六、银监会拨备覆盖率要求的新变化

2018 年 3 月 6 日，银监会发布年度第 7 号通知（以下简称"7 号文"），宣布调整商业银行贷款损失准备监管要求，拨备覆盖率监管要求由 150% 调整为 120%～150%，贷款拨备

率监管要求由 2.5％调整为 1.5％～2.5％,并称其目的在于促进银行腾挪更多信贷资源服务实体经济。详见材料 3。

材料 3

关于调整商业银行贷款损失准备监管要求的通知(银监发〔2018〕7 号)

各银监局:

为有效服务供给侧结构性改革,督促商业银行加大不良贷款处置力度,真实反映资产质量,腾出更多信贷资源提升服务实体经济能力,根据《商业银行贷款损失准备管理办法》(银监会令 2011 年第 4 号)有关规定,决定调整商业银行贷款损失准备监管要求。

现就有关事项通知如下。

一、调整内容

拨备覆盖率监管要求由 150％调整为 120％～150％,贷款拨备率监管要求由 2.5％调整为 1.5％～2.5％。

二、调整方式及参考因素

各级监管部门在上述调整区间范围内,按照同质同类、一行一策原则,明确银行贷款损失准备监管要求。

"同质同类"是指,各机构监管部门原则上应制定相应类别机构的差异化实施细则并及时印发实施。

"一行一策"是指,各机构监管部门和银监局按照本通知和实施细则,进一步明确单家银行的贷款损失准备监管要求。

各类机构实施细则及对单家银行的监管要求不能低于本通知要求。确定单家银行具体监管要求时,应考虑以下三方面因素(定量标准参见附件)。

(一)贷款分类准确性。

根据单家银行逾期 90 天以上贷款纳入不良贷款的比例,对风险分类结果准确性高的银行,可适度下调贷款损失准备监管要求。各级监管部门结合风险排查、现场检查发现的不良贷款违规虚假出表等掩藏风险情况,可适度提高单家银行贷款损失准备监管要求。

(二)处置不良贷款主动性。

根据单家银行处置的不良贷款与新形成不良贷款的比例,对积极主动利用贷款损失准备处置不良贷款的银行,可适度下调贷款损失准备监管要求。

(三)资本充足性。

根据单家银行资本充足率情况,对资本充足率高的银行,可适度下调贷款损失准备监管要求。对资本充足率不达标的银行,不得下调贷款损失准备监管要求。

三、相关要求

(一)各级监管部门应督促商业银行严格执行贷款风险分类监管要求,完善内部风险分类政策和流程,认真排查整改贷款风险分类不准确等问题,确保分类结果真实反映贷款风险,提高审慎经营水平。

（二）各级监管部门应加强对商业银行不良贷款水平和贷款损失准备变化情况的监测，督促商业银行积极利用贷款损失准备处置不良贷款，切实发挥贷款损失准备的风险缓冲功能，确保释放贷款损失准备与处置不良贷款基本同步。

（三）对下调贷款损失准备监管要求且实际拨备覆盖率低于 150％ 或贷款拨备率低于 2.5％ 的商业银行，各级监管部门应督促其加大不良贷款处置力度，当年处置的不良贷款总额同比不得减少。因少计提贷款损失准备增加的利润不得用于发放奖金，不得增加分红，确保因少计提贷款损失准备增加的利润留存在银行，保持银行损失吸收能力基本稳定。在其他因素不变的情况下，不能将少计提贷款损失准备而节约的支出用于降低信贷成本率。

（四）各级监管部门应督促商业银行加强拨备覆盖率和贷款拨备率信息披露，在贷款损失准备监管要求调整后的最近一次公开披露信息中，应披露本行的拨备覆盖率和贷款拨备率监管要求及实际水平。

（五）各银监局对辖内商业银行贷款损失准备监管要求作出调整决定后，应在 5 个工作日内向银监会报备。

中国银行业监督管理委员会　2018 年 2 月 28 日

资料来源：中国银行业监督管理委员会，2018 年 3 月 6 日。

根据"银监会〔2018〕7 号文"（简称"7 号文"），对不同银行实施"一行一策"、确定单家银行具体监管要求时，应考虑贷款分类准确性、处置不良贷款主动性、资本充足性等三方面因素。同时，它还明确了对监管标准下调后的不达标银行的具体后续运作标准。即，对下调贷款损失准备监管要求且实际拨备覆盖率低于 150％ 或贷款拨备率低于 2.5％ 的商业银行，各级监管部门应督促其加大不良贷款处置力度，当年处置的不良贷款总额同比不得减少等等。

从 7 号文内容可见，监管层已经注意到了过往商业银行通过不良认定标准松紧调整（7 号文中称为"贷款分类准确性"）、准备计提和损失核销力度变化（7 号文中称为"处置不良贷款主动性"）等手段来操作拨备覆盖率和利润率等指标的行为，7 号文对此作了一定程度的限定，实际上是降低了银行的可操作空间。而且，对于监管标准调整之后的不达标者，7 号文也明确表示各级监管部门要督促各银行加大处置不良贷款的力度。

2018 年 3 月 6 日，银监会副主席王兆星在全国政协经济界别小组讨论时表示，过去几年，银行经营状况较好，所以银行计提了较多的贷款损失拨备，全行业的平均拨备覆盖率达 180％ 左右，远远超过了国际水平。现在适当地降低拨备监管要求，是为了让银行更好地加快处置不良贷款，同时也使银行有更多的资金实力支持实体经济发展。

中国社科院金融所银行研究室主任曾刚表示，7 号文分类主要指向风险暴露比较真实的银行。拨备也是银行的信贷成本之一，对于被调低拨备覆盖率要求的银行来说，意味着同等不良余额下，需要计提的拨备下降，包括以前计提的拨备被回拨，新增不良减少使得新的拨备计提压力减少，银行利润由此增加。另外，拨备下调，也可提高信贷收益率水平,降低信贷成本,对银行放贷有一些正向激励作用。另一银行人士表示,修改相关指标只能增加风险容忍度,本质上还是要看新增不良和银行利润情况,"单靠指标挪来挪去只会昙花一现"。

在 7 号文附件中银监会也制定了调整贷款损失准备监管要求的定量参考标准,以"逾期 90 天以上贷款纳入不良贷款的比例""处置的不良贷款与新形成不良贷款的比例"以及不同类别银行的资本充足率情况等量化标准来制定不同的拨备监管标准。可见,7 号文及其附件既有贷款拨备计提的定性要求,也有操作性强的定量标准,虽然表面上看监管标准下调,但不能简单理解为降低了对拨备覆盖率的要求。例如,对于那些以往过度地通过内部操作来调整利润、不良贷款水平和拨备水平的银行,新标准对其的监管要求实际上是变紧了。笔者认为,7 号文在拨备覆盖率和贷款拨备率的监管要求上对不同类别银行体现出了更大的监管灵活性,而量化操作标准的制定也在较大程度上有助于限制商业银行通过内部操作来人为调整各经营绩效指标,缩小了商业银行的操作空间。从这点来看,7 号文的发布和实施是有意义的。

不过,对于该次监管标准调整能否如监管层所愿促进商业银行更好地支持实体经济发展,笔者持怀疑态度。毕竟,在宏观经济形势下行趋势明显、贷款风险暴露加大致使不良率上升的背景下,未来数年商业银行——尤其是上市银行——的主要压力仍然是维持一个相对好看的财务报表,因为监管标准变动所带来红利释放更多会进入银行内部,而难以传导到实体经济。换言之,在新的监管标准下,各家银行最关注的肯定是如何获取新标准所带来的益处,并同时尽可能维持自身对财务报表的操作空间。

2018 年内,各家银行肯定忙于根据自身情况去适应和应对新的监管标准,某些银行的调整压力肯定十分巨大,比如本案例重点关注的交通银行。仅以"逾期 90 天以上贷款纳入不良贷款的比例"来看,交行 2017 年该指标仅为 0.875,还达不到 7 号文附件中"贷款分类准确性"指标第一档(>100%)的标准。新监管要求下交行的调整压力巨大,在短期内对经营绩效可能有较大的负面影响,会表现为不良贷款率上升、资产利润率下滑等。其他以前不良认定宽松、经营利润率下滑严重、拨备计提力度薄弱的银行肯定也会面临类似情况。

案例思考

1. 试阐述拨备覆盖率和贷款拨备率的内涵和作用。

2. 如何理解拨备覆盖率的逆周期性?试从一个经济周期的不同阶段(如复苏、繁荣、衰退、萧条等)来分析拨备覆盖率可能的变化趋势,并说明其如何体现了逆周期性。另外,贷款拨备率具有前瞻性和顺周期性吗?为什么?

3. 你认为商业银行通过拨备计提的变化来操纵利润合法合规吗?在多大程度上是被允许的?查找我国会计准则和有关法规分析此问题。

4. 如果交通银行准备采取一种对不良贷款认定更严格的标准,且拨备覆盖率要完全

符合监管标准。试测算该种策略对交行后两年经营利润的影响。

5. 查找文献和资料，分析我国商业银行 2012 年后不良贷款率趋于上升的原因。

6. 任选一家上市银行，查找其 2012 年后至今的年报和各类财务报告，描述其资产利润率、资本利润率、不良贷款率、拨备覆盖率等指标的变化情况；并根据案例中所提供方法计算其不良贷款认定松紧程度、资产减值损失准备计提力度和不良贷款损失核销力度等指标，分析其年度间的变化情况并探讨其含义。

7. 查找"银监发〔2018〕7 号"文的附件，并结合案例中 7 号文正文的内容，总结一下该文出台的背景、目的和意义。

8. 任选一家上市银行，根据其 2018 年报，查找或计算其"逾期 90 天以上贷款纳入不良贷款的比例"和"处置的不良贷款与新形成不良贷款的比例"指标，描述"银监发〔2018〕7 号"文对其的影响如何？并说明该家银行是如何应对的。

9. 有一种"监管俘获"理论认为，为获得监管收益，被监管者将动用种种资源和手段"俘虏"监管者，而监管者一旦被俘获，监管的设计和实施都将围绕被监管者的利益展开，结果会使被监管行业更加不公平，整体效率降低。你认为中国银行业关于拨备覆盖率监管标准的变动符合"监管俘获"理论的描述吗？说说你的看法。

案例 19 商业银行的财务报表分析与经营绩效评价
——以工商银行和民生银行为例

学习目标

1. 掌握商业银行的资产负债表、利润表、现金流量表的主要项目及其含义
2. 掌握对商业银行进行经营绩效评价的主要评估指标及其定义
3. 掌握对商业银行进行经营绩效评价的比率分析法和杜邦分析法的主要内容
4. 了解工商银行和民生银行 2012 年的经营状况及对其的绩效评价

案例介绍

一、工商银行和民生银行简介

中国工商银行股份有限公司的前身中国工商银行(以下简称"工商银行"或"工行")成立于 1984 年 1 月 1 日,最初是因承担中国人民银行原有的工商信贷和储蓄等商业银行职能而由中国人民银行分设而来。1994 年工商银行按照《公司法》要求改制为国有独资商业银行;2005 年 10 月,工商银行整体改制为股份有限公司,财政部和中央汇金公司作为发起人各自占有 50% 的股份。2006 年 4 月,高盛集团、安联集团和美国运通集团三家境外战略投资者以总计 37.9 亿美元的对价获售工商银行的 8.89% 的股权份额;9 月,全国社保基金理事会以 180 亿元认购了工商银行 143.24 亿股;10 月,工商银行在上海证券交易所和香港联合交易所同日挂牌上市,共募集资金总额达到人民币 1 732.3 亿元,是全球有史以来融资规模最大的首次公开发行。上市后财政部和中央汇金公司的股权比例均被摊薄到 35.3%。

经过上市后的数次增资扩股之后,2012 年年底工商银行的股份总数达 3 496.2 亿股,股东权益净额达 11 285 亿元,总负债 16.41 万亿元,总资产 17.54 万亿元。2012 年全年工商银行实现净利润 2 387 亿元,较上年增长 14.5%,继续稳居全球最赚钱银行的地位。

中国民生银行股份有限公司(以下简称"民生银行")于 1996 年 1 月在北京正式成立,是中国首家主要由非公有制企业入股的全国性股份制商业银行,同时又是严格按照《公司法》和《商业银行法》建立的规范的股份制金融企业。多种经济成份在中国金融业的涉足和实现规范的现代企业制度,使民生银行有别于国有银行和其他商业银行,而为国内外经济界、金融界所关注。作为中国银行业改革的试验田,民生银行保持了快速健康的发展势头,为推动中国银行业的改革创新作出了积极贡献。

2000 年 12 月,民生银行 A 股股票在上海证券交易所挂牌上市。2009 年 11 月,民生银行在香港交易所挂牌上市。2012 年年底,民生银行总股本 283.66 亿股,股东权益净额 1 685.44 亿元,总负债 3.043 万亿元,总资产 3.212 万亿元,当年实现净利润 375.63 亿元。

民生银行确定了"做民营企业的银行、小微企业的银行、高端客户的银行"的市场定位,积极推动管理架构和组织体系的调整、业务结构的调整和科技平台的建设,打造成特色银行和效益银行。

二、工商银行和民生银行的财务报表分析

(一) 资产负债表分析

表 19.1 为工商银行和民生银行 2012 年主要资产项目表。

表 19.1　2012 年工商银行和民生银行资产项目表

资产项目	工商银行		民生银行	
	金额 (百万元)	占比	金额 (百万元)	占比
现金及存放中央银行款项	3 174 943	18.10%	420 418	13.09%
存放同业及其他金融机构款项	411 937	2.35%	236 161	7.35%
拆出资金	224 513	1.28%	80 082	2.49%
交易性金融资产	221 671	1.26%	26 138	0.81%
衍生金融资产	14 756	0.08%	1 234	0.04%
买入返售金融资产	544 579	3.10%	732 662	22.81%
客户贷款及垫款	8 583 289	48.93%	1 351 512	42.08%
可供出售金融资产	920 939	5.25%	117 150	3.65%
持有至到期投资	2 576 562	14.69%	83 653	2.60%
应收账款类投资	364 715	2.08%	89 849	2.80%
长期股权投资	33 284	0.19%	125	0.00%
固定资产	110 275	0.63%	12 161	0.38%
递延所得税资产	2 789	0.02%	4 961	0.15%
资产合计	17 542 217	100%	3 212 001	100%

数据来源:工商银行和民生银行 2012 年年报及作者计算。

2012 年年末,工商银行总资产 175 422.17 亿元,比上年末增加 20 653.49 亿元,增长 13.3%。其中,客户贷款及垫款总额(简称"各项贷款")增加 10 147.95 亿元,增长 13.0%;投资增加 1 679.85 亿元,增长 4.3%;现金及存放中央银行款项增加 4 127.87 亿元,增长 14.9%。从结构上看,投资占总资产的 23.3%,比上年末下降 2.0 个百分点;存放和拆放同业及其他金融机构款项占比 3.6%,比上年末上升 0.5 个百分点;买入返售款

项占比 3.1%，比上年末上升 0.8 个百分点。

工商银行 2012 年年末各项贷款占资产总额的比重最高（48.93%）。按业务类型划分，公司类贷款 63 326 亿元；占贷款总额的 71.9%；票据贴现 1 840 亿元，占比 2.1%；个人贷款 22 871 亿元，占比 26.0%。公司类贷款中，按期限划分，短期贷款占 39.0%，其比重比上年增加 4.3 个百分点；中长期贷款占 61.0%。按品种划分的公司类贷款中，流动资金贷款占比 44.1%（其中贸易融资占比 16.3%）；项目贷款占比 47.7%，主要是继续支持国家重点在建续建项目；房地产贷款占比 8.2%，相比上年下降 1.4 个百分点，主要是本行根据房地产市场风险状况，审慎投放房地产贷款。个人贷款中，个人住房贷款占比 58.6%，个人消费贷款占比 16.7%，个人经营贷款占比 14.0%，信用卡透支占比 10.7%。

工商银行 2012 年年末第二大资产项目是持有的各项投资，合计共 40 839 亿元。包括交易性金融资产 2 217 亿元，占比 5.4%；可供出售金融资产 9 209 亿元，占比 22.6%；持有至到期投资 25 766 亿元，占比 63.1%；应收账款类投资 3 647 亿元，占比 8.9%。各项投资中，债务工具占比 99.6%，为 40 672 亿元，而权益工具仅仅占比 0.4%，为 167 亿元。债务工具中，非重组类债券占比 91.1%，重组类债券①占比 6.4%，其他债券占比 2.1%。工行持有的 37 193 亿元非重组类债券中，政府债券占 23.5%，中央银行债券（即央票）占 14.9%，最多的是政策性银行债券占比 42.7%，其他债券占 18.9%。

现金与存放中央银行款项是工商银行的第三大资产项目，即包括库存现金、托收中现金以及缴纳中央银行的法定和超额准备金等。

2012 年年底，民生银行总资产 32 120 亿元，其中发放贷款和垫款总额达 13 846 亿元，比上年末增长 1 794 亿元，发放贷款和垫款在资产总额中的占比为 43.11%，比上年末下降 10.96 个百分点。从贷款业务结构看，公司贷款和垫款占 66.37%，而由于小微企业贷款规模的扩大，个人贷款和垫款在贷款总额中的比重提高到 33.63%，比上年末上升 3.42%。个人贷款和垫款的业务结构中，小微企业贷款占 68.19%，住房贷款占比 15.36%，信用卡透支占比 14.24%。

"买入返售金融资产"是民生银行第二大资产项目，占总资产的比重为 22.81%②，与"可供出售金融资产""持有至到期投资"等项目一期构成了民生银行主要的投资类型。民生银行的投资中，持有政府债券 322 亿元，金融债券 334 亿元，两者合计约占"买入返售金融资产"的 9%，与工商银行相比明显偏低。

"现金及存放中央银行款项"也是民生银行的第三大资产类型，占总资产的 13.09%。

---

① 所谓重组类债券，主要包括中国华融资产管理公司 1999 年成立后为处置工商银行的不良资产而向工商银行定向发行的、用于筹资的债券，以及财政部 1998 年为向工商银行注入资本金而向工商银行定向发行的特别国债。随着此类债券的分批到期兑付，重组类债券的占比逐年下降。

② 民生银行此项资产的比重明显高于工商银行，其原因在于两行对此项资产业务的内涵解释不同。根据民生银行 2012 年年报中的注释，"买入返售金融资产"包括贴现票据、政府及准政府债券、长期应收款等内容；而工商银行 2012 年年报中"买入返售款项"包括买入返售证券、票据、贷款和为证券借入业务而支付的保证金，其范围明显偏小。

表 19.2 为工商银行和民生银行 2012 年主要负债和股东权益项目表。

表 19.2　2012 年工商银行和民生银行负债及股东权益项目表

负债和股东权益项目	工商银行		民生银行	
	金额（百万元）	占比	金额（百万元）	占比
同业及其他金融机构存放款项	1 232 623	7.51%	735 851	24.18%
拆入资金	254 182	1.55%	113 215	3.72%
卖出回购金融资产款	237 764	1.45%	133 335	4.38%
客户存款	13 642 910	83.12%	1 926 194	63.29%
应付职工薪酬	25 013	0.15%	7 711	0.25%
应交税费	68 162	0.42%	6 309	0.21%
已发行债务债券	232 186	1.41%	74 969	2.46%
递延所得税负债	552	0		
负债合计	16 413 758	100%	3 043 457	100%
股东权益：				
股本	349 620	31.08%	28 366	16.83%
资本公积	128 524	11.42%	45 287	26.87%
盈余公积	98 063	8.72%	12 330	7.32%
一般风险准备	189 071	16.81%	39 480	23.42%
未分配利润	372 541	33.11%	37 615	22.32%
股东权益合计	1 124 997	100%	168 544	100%
负债及股东权益总计	17 542 217		3 212 001	

数据来源：工商银行和民生银行 2012 年年报及作者计算。

客户存款是工行主要的资金来源方式。2012 年年末，客户存款余额 136 429 亿元，占全部负债的 83.12%。客户存款中，按客户类型来分，公司存款占比 50.7%，个人存款占比 48.0%，其他占 1.3%；按剩余期限划分，活期存款占比 51.9%，3 个月以内占 15.0%，3 个月至 12 个月占 21.7%，1 年至 5 年占 11.2%，5 年以上占 0.2%。

同业存款、拆入资金、发行债券等构成了工行负债的主要补充。

工商银行的股本中包括 A 股 2 628 亿元，H 股 868 亿元，两者合计占股东权益总和的 31.1%，2012 年本项目下的变动来自于 2011 年所发行可转换公司债券的转股，2012 年度共计转增工行 A 股股份 53 550 万股（元）。资本公积 1 285 亿元，2012 年的变动主要来源于股本溢价 16.32 亿元，占全部新增资本公积额的 69%。盈余公积、一般风险准备和未分配利润均是按照财政部或公司章程的规定，以及主要股东的要求来计提和留存。

民生银行的全部负债中，客户存款占比 63.3%，低于工行同类负债比重，而同业存款

占比 24.2%,远高于工行同类负债比重。客户存款中,按客户类型来分,公司存款占比79.4%,个人存款占比 20.4%;按期限分,活期存款占 37.9%,定期存款 61.9%。拆入资金、资产回购、发行债券等方式构成民生银行负债来源的主要补充。

民生银行的股东权益中,2012 年年底合计 1 685 亿元,比上年末增长 25.68%,归属于母公司股东权益 1 631 亿元,比上年末增长 25.83%。股东权益的大幅增加主要是由于H 股增发、净利润增长。根据财政部印发的《金融企业准备金计提管理办法》规定,民生银行按照公司风险资产期末余额的 1.5% 计提了一般风险准备,一般风险准备比上年末也大幅增加。

(二) 利润表分析

表 19.3 为工商银行和民生银行 2012 年度利润表,表中也以"营业收入"为总体进行了结构分析。

表 19.3　2012 年度工商银行和民生银行利润表

项　　目	工商银行		民生银行	
	金额（百万元）	占比	金额（百万元）	占比
一、营业收入				
利息收入	721 439	134.36%	151 887	147.30%
利息支出	−303 611	−56.54%	−74 734	−72.48%
利息净收入	417 828	77.82%	77 153	74.83%
手续费及佣金收入	115 881	21.58%	22 091	21.42%
手续费及佣金支出	−9 817	−1.83%	−1 568	−1.52%
手续费及佣金净收入	106 064	19.75%	20 523	19.90%
投资收益	4 707	0.88%	4 785	4.64%
公允价值变动损益	−371	−0.07%	12	0.01%
汇兑及汇率产品净收益	4 095	0.76%	119	0.12%
其他业务收入	4 622	0.86%	519	0.50%
营业收入合计:	536 945	100%	103 111	100%
二、营业支出				
营业税金及附加	−35 066	−6.53%	−7 825	−7.59%
业务及管理费	−153 336	−28.56%	−35 064	−34.01%
资产减值损失	−33 745	−6.28%	−9 197	−8.92%
其他业务成本	−7 340	−1.37%	−293	−0.28%

（续表）

项　　目	工商银行		民生银行	
	金额 （百万元）	占比	金额 （百万元）	占比
营业支出合计：	−229 487	−42.74%	−52 379	−50.80%
三、营业利润	307 458	57.26%	50 732	49.20%
加：营业外收入	2 767	0.52%	571	0.55%
减：营业外支出	−1 538	−0.29%	−651	−0.63%
四、税前利润	308 687	57.49%	50 652	49.12%
减：所得税费用	−69 996	−13.04%	−12 344	−11.97%
五、净利润	238 691	44.45%	38 308	37.15%
归属母公司股东	238 532	44.42%	37 563	36.43%
归属少数股东	159	0.03%	745	0.72%
六：每股收益				
基本每股收益（元）	0.68%		1.34%	
稀释每股收益（元）	0.67%		1.34%	

数据来源：工商银行和民生银行 2012 年年报及作者计算。

工商银行 2012 年全年实现净利润 2 386.91 亿元，平均总资产回报率 1.45%，加权平均净资产收益率 23.02%。营业收入 5 369.45 亿元，其中利息净收入 4 178.28 亿元，非利息净收入 1 191.17 亿元，增长 5.9%。营业支出 2 294.87 亿元，其中业务及管理费 1 533.36 亿元，计提资产减值损失 337.45 亿元，所得税费用 699.96 亿元。

工商银行 2012 年利息净收入占营业收入的 77.82%，其中利息收入主要来源于客户贷款和垫款、投资、存放中央银行款项和存放同业款项等生息资产的利息收入。四类资产的利息收入占全部利息收入的比重分别为 72.1%、19.2%、5.8%、3.0%；四类资产的平均收益率分别为 6.20%、3.60%、1.57%、2.54%；全部生息资产的平均收益率为 4.59%。利息支出主要来源于客户存款、同业存款及拆入资金、已发行债券等负债的利息支付，其中三类负债利息支付占全部利息支付的比重分别为 82.2%、14.3%、3.5%，三类负债的平均付息率为 1.99%、2.56%、4.06%，全部计息负债的平均付息率为 2.10%。

2012 年，工商银行净利息差 2.49%，净利息收益率 2.66%。

从业务类型上看，公司类贷款利息收入 3 644.64 亿元，比上年增长 22.1%，占客户贷款及垫款利息收入的 70.1%，主要是由于公司类贷款平均余额增加 5 995.08 亿元，以及平均收益率上升 54 个基点所致；票据贴现利息收入 144.95 亿元，主要是由于工行结合市场供求情况,适时加大票据贴现业务开展力度,平均余额增加 813.15 亿元所致。个人贷款利息收入 1 257.75 亿元,比上年增长 30.0%,主要是由于个人贷款平均余额增加 2 758.70 亿元,以及平均收益率上升 68 个基点所致。境外贷款利息收入 151.18 亿元,比上年增长 39.9%,主要是由于工行国际化进程持续推进,境外贷款规模增长所致。

按产品类型划分,公司存款利息支付 1 114.3 亿元,占客户存款全部利息支付的 44.7%,其平均付息率为 1.82%;个人存款利息支付 1 324.3 亿元,占 55.3%,其平均付息率为 2.18%。

表 19.4 为工商银行和民生银行 2012 年度手续费及佣金收入的项目表。

表 19.4 2012 年度工商银行和民生银行手续费和佣金收入项目表①

工商银行			民生银行		
项目	金额 (百万元)	占比	项目	金额 (百万元)	占比
结算清算及现金管理	27 499	23.73%	结算与清算	2 734	12.38%
投资银行	26 117	22.54%	融资租赁	721	3.26%
银行卡	23 494	20.27%	银行卡	5 331	24.13%
个人理财及私人银行	16 760	14.46%	其他	76	0.34%
对公理财	10 018	8.65%	财务顾问	1 734	7.85%
资产托管	5 974	5.16%	托管及受托业务	6 431	29.11%
担保及承诺	2 848	2.46%	信用承诺业务	2 491	11.28%
代理收付及委托	1 623	1.40%	代理业务	2 573	11.65%
其他	1 548	1.34%			
手续费及佣金收入	115 881	100%		22 091	100%
减:手续费佣金支出	9 817	8.47%		1 568	7.10%
手续费及佣金净收入	106 064	91.53%		20 523	92.90%

数据来源:工商银行和民生银行 2012 年年报及作者计算。

2012 年,工行实现非利息收入 1 191.17 亿元,占营业收入的比重为 22.2%。年度实现手续费及佣金净收入 1 060.64 亿元,比上年增长 4.4%,其中银行卡、品牌类投资银行、私人银行和养老金等业务收入实现较快增长。手续费及佣金支出 98.17 亿元,增长 30.4%,主要是银行卡和电子银行业务支出增加。

结算、清算及现金管理业务收入 274.99 亿元,比上年增长 8.2%,其中现金管理服务业务收入增长较快,人民币结算业务收入保持平稳增长。投资银行业务收入增长 15.6%,其中工行着力发展的并购重组、股权融资、结构化融资、银团安排等品牌类投资银

---

① 两家银行年报中所披露的"手续费及佣金收入"的项目不尽相同,作者将大致相同的项目做了同行对比列示,但数据不具有完全可比性,且仍有少数项目无法对应。

行业务实现较快增长。银行卡业务收入增长 36.1%,主要是银行卡分期付款业务收入和消费回佣收入增加。对公理财业务收入增长 8.1%,主要是对公客户理财类业务实现平稳增长。代理收付及委托业务收入增长 18.0%,主要是委托贷款业务收入增加。受政策和市场环境因素影响,担保及承诺和部分个人理财业务收入有所减少。

工商银行营业支出方面,主要项目"业务与管理费"1 553.36 亿元中包含"职工费用"962.4 亿元,"业务费用"421.0 亿元,"折旧"122.88 亿元,"资产摊销"27.08 亿元。

2012 年工商银行所得税实际税率 22.7%,实际税率低于法定税率主要是由于持有的中国政府国债利息收入按税法规定为免税收益。

2012 年,民生银行盈利能力持续提升,实现归属于母公司股东的净利润 375.63 亿元,同比增长 34.54%,业绩增长的主要驱动因素是营业收入的增长和成本的有效控制。其中实现净利息收入 771.53 亿元,同比增幅 19.02%,占全部营业收入的 74.83%,主要由于业务规模的扩大。其中,生息资产、付息负债规模扩大促进净利息收入增长 111.09 亿元,收益率变动促进净利息收入增长 12.23 亿元。生息资产收入包括"发放贷款和垫款""债券投资""存放央行款项""存放和拆放同业款项"等收入,在全部 1 518.87 亿元的利息收入中,此四类资产的利息收入占比分别为 64.7%、5.7%、3.5%、22.6%;四类资产的平均收益率分别为 7.53%、3.89%、1.47%、5.08%;全部生息资产的平均收益率为 5.79%。利息支出主要来源于客户存款、同业存款及拆入资金、应付债券、同业借款等负债的利息支付,在总计 747.34 亿元的利息支付中,四类负债的利息支付分别占比 55.4%、36.2%、4.2%、4.2%,其平均付息率分别为 2.37%、4.56%、4.71%、5.75%;全部计息负债的平均付息率为 3.04%。

2012 年,民生银行净息差为 2.75%,净利息收益率 2.94%。

按照业务类型来看,民生银行 2012 年"发放贷款和垫款"的利息收入中,由于小微企业贷款业务快速发展,个人贷款和垫款利息收入在各项贷款利息收入中的占比达到 30.86%,同比提高 2.64 个百分点。由于战略转型、业务结构有效调整及差异化定价策略实施,发放贷款和垫款平均收益率达到 7.53%,同比提高 0.37 个百分点。

按产品类型划分,公司存款利息支付 340.81 亿元,占客户存款全部利息支付的 82.3%,其平均付息率为 2.40%;个人存款利息支付 73.05 亿元,占 17.7%,其平均付息率为 2.25%。

2012 年,民生银行实现手续费及佣金净收入 205.23 亿元,同比增幅 35.90%,主要是代理业务、银行卡服务、托管及其他受托业务以及结算与清算等业务的手续费收入大幅增长。如表 19.4 所示。

民生银行营业支出方面,主要项目"业务与管理费"350.64 亿元,包含"员工薪酬"188.51 亿元,"业务及发展费用"37.2 亿元,"办公费用"22.31 亿元,"其他"102.62 亿元。

2012 年民生银行所得税实际税率 24.37%,与法定税率差别较小,主要是由于民生银行持有的可以获得免税待遇的债券资产利息收入比例较小。

(三) 现金流量表分析

表 19.5 是 2012 年工商银行和民生银行的现金流量表。

表 19.5 2012 年工商银行和民生银行现金流量表

单位:百万元人民币	工商银行	民生银行
一、经营活动产生的现金流量:		
吸收存款和同业存放款项净增加额	1 509 641	754 416
拆入资金净增加额	5 899	24 961
卖出回购款项净增加额	31 325	79 468
收取利息、手续费及佣金的现金	824 124	161 853
收到其他与经营活动有关的现金	184 121	73 158
经营活动现金流入小计	2 555 110	1 093 856
发放贷款和垫款净增加额	−1 010 592	−182 624
存放中央银行及同业款项净增加额	−230 617	−110 686
拆出资金净增加额	−141 006	−30 924
买入返售金融资产净增加额	−35 653	−589 628
支付利息、手续费及佣金的现金	−253 217	−66 904
支付给职工及为职工支付的现金	−95 483	−16 475
支付的各项税费	−100 103	−24 119
支付其他与经营活动有关的现金	−154 931	−92 335
经营活动现金流出小计	−2 021 602	−1 113 745
经营活动产生的现金流量净额	533 508	−19 889
二、投资活动产生的现金流量:		
收回投资收到的现金	965 229	135 429
取得投资收益收到的现金	914	6 306
处置固定资产、无形资产和其他长期资产收到的现金	1 271	751
投资活动现金流入小计	967 414	142 486
投资支付的现金	−1 058 490	−161 783
购建固定资产、无形资产和在建工程支付的现金	−18 707	−9 298
投资活动现金流出小计	−1 094 084	−171 081
投资活动产生的现金流量净额	−126 670	−28 595
三、筹资活动产生的现金流量:		
吸收投资收到的现金	600	9 209
发行债券收到的现金	29 640	49 919

（续表）

单位:百万元人民币	工商银行	民生银行
筹资活动现金流入小计	30 240	59 128
分配股利和偿付利息支付的现金	−70 912	−14 325
偿还债务支付的现金	−8 607	−6 000
筹资活动现金流出小计	−79 519	−20 325
筹资活动产生的现金流量净额	−49 279	38 803
四、汇率变动对现金及现金等价物影响	−4 220	−13
五、现金及现金等价物净增加额	353 339	−9 694
加:年初现金及现金等价物余额	848 308	268 262
六、年末现金及现金等价物余额	1 201 647	258 568

数据来源:工商银行和民生银行 2012 年年报。

对于工商银行而言,2012 年,经营活动产生的现金净流入 5 335.08 亿元。其中,现金流入 25 551.10 亿元,比上年增加 1 238.97 亿元,主要是客户存款所产生的现金流入比上年增加;现金流出 20 216.02 亿元,减少 614.88 亿元,主要是存放中央银行款项所产生的现金流出比上年减少。

投资活动产生的现金净流出 1 266.70 亿元。其中,现金流入 9 674.14 亿元,减少 3 844.56 亿元,主要是由于出售及兑付债券投资所产生的现金流入比上年减少;现金流出 10 940.84 亿元,减少 3 145.19 亿元,主要是由于人民币债券投资所产生的现金支出比上年减少。

筹资活动产生的现金净流出 492.79 亿元。其中,现金流入 302.40 亿元,主要是由于本行 2012 年新发行人民币次级债券 200 亿元;现金流出 795.19 亿元,主要是由于分配普通股股利所致。

对于民生银行而言,2012 年经营活动现金流量净额为−198.89 亿元,主要是由于公司对包括贴现票据、政府及准政府债券、长期应收款等项目的"买入返售金融资产"加大了垫款和投资力度,此项现金流出净增加了 5 896.28 亿元,此外发放贷款和垫款、存放央行及同业金融机构的款项也有大幅度的资金流出。

投资活动现金净流出 285.95 亿元,主要是由于民生银行加大了对外投资的力度。筹资活动现金净流入 388.03 亿元,主要是由于 2012 年 3 月民生银行在香港联合交易所新发行 H 股募集资金 90.05 亿元,以及 2012 年 2 月和 5 月在全国银行间债券市场分两期公开发行了总额为人民币 500 亿元的小微企业专项金融债券所致。

三、工商银行和民生银行的经营绩效评价

商业银行的经营绩效评估,是对银行在一定经营期间的资产运营、财务效益、资本保

值增值等经营目标的实现程度,运用专门的方法进行真实、客观、公正的综合考核和评判的活动。商业银行绩效评估体系的建立主要通过一组财务比率指标,计算和分析这些比率的过程也就是财务分析的过程,财务分析的主要方法是比率分析法,即结合资产负债表,利润表及其他财务报表的相关项目,采用对比的方法的进行分析。

盈利性、流动性和安全性是商业银行经营管理的三项基本原则,因此对一家银行进行绩效评价的主要内容也是从这三个方面展开的,即通过盈利能力监测指标、流动性监测指标和风险监测指标来考察一家银行的经营管理的整体绩效。

我们仍然以工商银行和民生银行为例,来考察和评价一下两家银行的经营绩效,如表19.6所示。

表 19.6　2012 年工商银行和民生银行经营绩效评价表

	监管标准	工商银行	民生银行
盈利能力监测指标:			
平均总资产收益率	n.a.	1.45%	1.41%
加权平均净资产收益率	n.a.	23.02%	25.24%
成本收入比	n.a.	28.56%	34.01%
手续费及佣金净收入占营业收入比率	n.a.	19.75%	19.90%
净利差率	n.a.	2.49%	2.75%
净利息收益率	n.a.	2.66%	2.94%
基本每股收益(元)	n.a.	0.68%	1.34%
流动性监测指标:			
流动性比率	≥25%	32.50%	36.01%
贷存比	≤75%	64.10%	71.93%
现金资产比率	n.a.	20.45%	20.44%
贷款资产比率	n.a.	48.93%	42.08%
持有证券比率	n.a.	23.04%	29.06%
资本充足率	≥8%	13.66%	10.75%
核心资本充足率	≥4%	10.62%	8.13%
总权益对总资产比率	≥4%	5.14%	5.25%
风险监测指标:			
不良贷款率	n.a.	0.85%	0.76%
拨备覆盖率	n.a.	295.55%	314.53%
贷款拨备率	n.a.	2.50%	2.39%
单一最大客户贷款比例	≤10%	4.00%	3.20%
最大十家客户贷款比例	≤50%	17.90%	17.39%

数据来源:工商银行和民生银行 2012 年年报。注释:n.a.表示此项不适用。

比率分析是财务报表分析中的一种基本方法。一方面,通过若干个财务比率的比较,达到对银行业绩进行评价的目的。从表 19.6 中可以看出工商银行和民生银行的盈利能力、流动性水平和风险防范能力的表现,并藉此对企业经营情况进行分析评价。另一方面,将一家银行的比率指标与同行业的平均水平进行横向对比,可以发现自己的优势与不足,也可以与本银行的历史数据进行纵向对比,了解本银行业务发展变化和趋势。

银行绩效评价在于全面准确地揭示银行的财务状况和经营情况,并对银行经营效益的优劣作出合理评价。在比率分析法中,每一项财务分析指标都是从某一特定的角度就企业某一方面的经营活动进行分析,它们都不足以全面评价企业的整体财务状况。杜邦分析法是利用各个主要财务比率之间的内在联系,通过建立财务比率分析的综合模型,来综合分析和评价企业财务状况,采用这一方法,可以弥补比率分析法的缺陷,将各种财务指标联系在一起,揭示银行在运作过程中的收益率、管理能力和风险。

杜邦分析法以净资产收益率(ROE)这一股东最关心的指标作为分析体系的起点和核心,通过将其分解为数个具有不同内涵但是又相互关联的指标,来考察评价一家企业的经营和管理能力及其效果高低。

$$
\begin{aligned}
净资产收益率(ROE) &= 税后净利润 / 总权益资本 \\
&= \frac{税后净利润}{总资产}(ROA) \times \frac{总资产}{总权益资本}(EM) \\
&= \frac{税后净利润}{营业收入}(NPM) \times \frac{营业收入}{总资产}(AU) \times \frac{总资产}{总权益资本}(EM)
\end{aligned} \tag{19.1}
$$

式(19.1)中的 NPM 一般称为销售净利率(或销售报酬率),其表示的是一家企业的营业收入中有多少可以转化为净利润,体现了企业的支出管理效率和服务定价政策。AU 称为资产周转率(或资产利用率),反映了企业的资产经营能力。EM 可称为权益乘数(或财务杠杆),是资产权益率的倒数,反映了企业的负债经营能力。表 19.7 为 2012 年度工商银行和民生银行经营绩效分析。

表 19.7　2012 年度工商银行和民生银行经营绩效分析

	工商银行	民生银行
税后净利润(百万元)	238 691	38 308
营业收入(百万元)	536 945	103 111
平均总资产(百万元)	16 509 543	2 720 533
加权平均净资产(百万元)[①]	1 043 141	151 327
销售净利率	44.45%	37.15%
资产周转率	3.25%	3.79%

（续表）

	工商银行	民生银行
资产收益率	1.45％	1.41％
权益乘数	15.83	17.98
加权平均净资产收益率	22.86％	25.31％

数据来源：工商银行和民生银行 2012 年年报及作者计算。

注释：①两家银行的净资产（股东权益）在 2012 年度里都发生了较大变化（工行增长了 17.8％，民生增长了 25.7％），但从年报中无法确知净资产的按期限详细变化情况，因此此处的"加权平均净资产"仅仅是对年初数值和年末数值进行简单平均。这也导致本表中计算得出的"加权平均净资产收益率"与两行年报中公布的数据稍有出入。

从表 19.7 可以看出，工商银行的净资产收益率低于民生银行，其主要原因在于资产周转率和权益乘数两项指标低于民生银行，这说明工商银行在资产运营能力和财务杠杆的运用方面弱于民生银行，这可能是由于规模巨大的商业银行在运营中必须更加稳健，而规模中等的民生银行在经营方式上更加灵活，资产运营和对负债经营的利用效率更高。但是，工商银行的销售净利率要高于民生银行，这说明其对内部的成本支出管理和服务定价等方面的能力要高于对方。两家银行若要提高净资产收益率，可以根据自身不同的优劣势来分别采取对策。

案例思考

1. 为什么评价一家商业银行的经营绩效要从其流动性、盈利性和风险性这三个角度进行？与对普通工商企业的经营评价相比，对商业银行的绩效评价与之相比有何相同和不同之处？

2. 结合本案例中工商银行和民生银行的相关财务数据，概括总结评价商业银行经营绩效的三类财务指标的各自指标项目及其计算方法。

3. 本案例中工商银行和民生银行的三个财务报表有着较大的不同，经营绩效也有所差异，试分析其背后深层次原因。

4. 查找工商银行和民生银行 2017 年年报，根据本文提供的方法对其经营绩效进行分析比较，并探讨其原因。

案例 20　中国银行业：不好意思的只是暴利

学习目标

1. 了解商业银行微观经营绩效和银行业市场宏观经营效率之间的关系
2. 了解中国银行业收入和利润的主要来源渠道，以及各渠道的地位
3. 了解中国银行业巨额利润产生背后的原因

案例介绍

材料 1

工行、农行、中行、建行、交行五大国有行 2012 年每分钟净赚 147 万。

2012 年，时钟上的分针每跳动一小格，五大国有银行便进账约 147 万元。

2012 年 3 月 27 日，工商银行、交通银行正式发布了 2012 年度业绩，至此，工行、农行、中行、建行、交行五大银行 2012 年年报悉数登场。虽然利润增幅已明显放缓，但五大银行 2012 年仍收获了 7 747 亿元，相当于每天净赚 21 亿元，每分钟净赚 147 万元。其中，工商银行更是凭借 2 386.91 亿元的净利润，再度蝉联"全球最赚钱银行"。

3 月 25 日，建设银行率先发布了 2012 年年报，其 1 931.79 亿元的净利润让"两桶油"相形见绌———中石油 2012 年净利润 1 153.26 亿元，中石化 2012 年净利润 634.9 亿元，"两桶油"加起来，也没有建行一家赚得多。然而，当工商银行的业绩公布后，其 2 386.91 亿元的净利润更是让所有人为之咋舌，相当于每天进账 6.53 亿元。

公告同时透露了工商银行的多项"全球第一"：截至 2012 年年末，工行总资产达到 17.5 万亿元，是全球资产规模第一的银行；核心资本总额 1.04 万亿元，是全球核心资本最多的银行；各项存款余额达到 14.88 万亿元，稳居全球第一存款银行地位；2012 年年末工行的市值为 2 364 亿美元，连续第五年蝉联全球市值最大银行。

年报显示，工行、农行、中行、建行、交行五大银行 2012 年度的净利润分别为 2 386.91 亿元、1 450.9 亿元、1 394.32 亿元、1 931.79 亿元和 583.73 亿元，较 2011 年度均保持着两位数增长，合计占到 2012 年银行业净利润的 63%。

从实际数据看，由于生息资产规模不断增长，息差收入仍旧是各大银行的最主要收入来源。《成都商报》记者昨日查询发现，2012 年五大银行利息收入占比均超过了 70%，交行、农行更是高达 81%。建行在业绩发布会上证实，受经济增速放缓和监管政策变化等因素影响，手续费及佣金收入较上一年增速有所回落。

资料来源：《成都商报》，2013 年 3 月 28 日。

2011年12月2日，中国民生银行的行长洪崎在某次论坛的发言中说："企业利润那么低，银行利润那么高，所以我们有时候利润太高了，自己都不好意思公布。""整个银行业这些年数字确实非常靓丽，尤其像今年，整个企业的资金需求，企业经营压力很大，而中国银行业一枝独秀，利润很高，不良率很低，大家都有一点为富不仁的感觉。"银行行长一句话可谓道破当前中国银行业经营的天机，但我们仍然要问，难道银行感到不好意思的只是暴利吗？我们更想知道的是，究竟是什么造成了当前中国银行业的暴利？

说到底，银行行长应该"不好意思"的并不是高利润，而是银行体制改革不力造成的垄断乱象：金融业务伪创新、对实体经济不作为、服务质量改进难……

老百姓之所以骂银行，也并不完全是因为他们"暴利"，而是因为他们的钱并未发挥应有的作用。更重要的是，这些"暴利"不仅开始腐蚀中国银行业本就艰难的改革动力，也在对目前脆弱的中国实体经济产生负面影响。

瑞士实业家乔安在1851年的游记中曾这样描写当时一家位于伦敦的银行："我于9点前到了银行，被带到柜台前的座位上，5个出纳员在柜台后忙碌着。8点55分，一个银行职员坐在柜台前。我把支票拿在手中递给他看。他一言不发，只是将一个小袋子中的几枚金币放在抽屉里。然后他又拿出一个小铲子，直到9点的钟声响起时，他生硬地问我需要金币还是钞票，在得到答案后，就再也没有理我。"

这是发生在19世纪中期的银行服务，也是一次完美且毫无感情色彩的机械性服务。

那现在的中国银行业的服务如何呢？

如果我们把这篇游记中的柜台改为电脑，金币改为人民币，小铲子换做两只手的话，这个情景很容易让人联想到目前中国银行业整体的服务。唯一不同的是，那家伦敦的银行或许在当时还要为自己的利润苦苦支撑，而现在的中国银行业则完全不需要为业务着急。因为，凭借着得天独厚的优势，其利润已经超过了石油行业。

服务跟不上，挣的钱比谁都多，自然会引起人们的嫉妒。

如今的中国银行业，就像一条慵懒的蓝鲸，这是地球上生存过的体型最大的动物（中国银行业的利润占全球银行业总利润的20%以上，中国工商银行市值全球第一），靠吃食物链底层的磷虾（银行利润70%以上来源于存贷款利差）维持自身100多吨的身体（2011年，中国银行业金融机构的总资产达到113.28万亿元，商业银行净利润超过万亿元大关，达到10 412亿元）。在金融业的食物链中谁是处于最底层的"磷虾"？当然是数量最为广大的普通百姓。他们把自己辛苦工作攒下来的积蓄以一点微薄的利息存在银行里，转手就被银行拿去以高得多的贷款利率贷给企业或政府。

一、外国同行的困惑

作为一家外资银行驻北京办事处的管理层，冼必儒每日的工作压力非常大，即便如此，他也要比远在英国伦敦总部的同事们要幸运得多。因为在那里，他的同事们要顶着因欧债危机可能被辞退的风险继续苦干实干。但在中国，冼必儒则完全没有这样的忧虑，因

为他所在的银行由于受益于中国经济的稳步增长,业务蒸蒸日上,但即便如此,他们的利润也不能和中资银行相提并论。

2011 年,中国银行业金融机构的总资产达到 113.28 万亿元,商业银行净利润超过万亿元大关,达到 10 412 亿元。冼必儒在被中国银行业的超高利润折服的同时,也惊诧地发现:这里的银行不需要充分竞争就能获得他不敢想象的高利润,尽管服务水平不高,但客户仍保持忠诚。

"他们是怎么做到的?"冼必儒问道。要想解决这个疑问,我们必须了解中国银行业利润构成的特殊性。事实上,之所以每次在银行业利润数据公布之后,都会引起人们的极大反感,原因就是中国银行业目前旱涝保收的利息收入和名目繁多的收费项目早已被公众认定是银行暴利的"源泉"。

当下,这种"认定"更像说书人开场时的那一记醒木:提醒你,暴利不仅开始腐蚀中国银行业本就艰难的改革动力,也在对目前脆弱的中国实体经济产生负面影响。当然,也不完全都是坏事,暴利也无形中成为倒逼中国利率市场化改革进程的动力之一。

二、暴利源自何处

中国国际经济交流中心副秘书长陈永杰公开表示:"银行的资本利润率已经不仅大幅高于工业,而且高于石油行业。"那中国银行业的暴利到底来自何处呢?

(一)银行利润 70% 以上来源于利差

2012 年 3 月 25 日,中国建设银行发布年报称,2011 年全年实现净利润 1 694.39 亿元,归属于该行股东的净利润为 1 692.58 亿元,分别较上年增长 25.48%、25.52%;3 月 22 日,中国农业银行 2011 年的年报显示,全年实现净利润约 1 220 亿元,同比增长 28.5%。此前,深圳发展银行发布 2011 年度业绩预告称,公司预计 2011 年度归属于上市公司股东的净利润约 99.94 亿~106.19 亿元,比上年同期增长 60%;上海浦东发展银行实现归属于母公司股东净利润 272.36 亿元,同比增长 42.02%;兴业银行全年实现净利润 255.1 亿元,同比增长 37.74%。

银监会的统计数据显示,2011 年前三个季度,中国商业银行累计实现利润 8 173 亿元,同比增长 35.4%,利润接近于 2010 年全年的税后净利润,平均资本利润率为 22.1%,营业成本增加 2 085 亿元,人均利润近 40 万元。相比之下,中国规模以上工业企业在 2011 年前三个季度实现利润 3.68 万亿元,但这些企业有 8 700 多万人,人均利润不到 4 万元。

有人或许会说,2011 年是特殊的一年,因为在欧债危机的影响下,中国经济的稳步增长必然会推进这些在"温室"中成长的中资银行盈利大增。甚至有银行业人士认为,不能以 2011 年的数据就说我们暴利吧。

那我们就看看 2007—2010 年银行业的表现。根据万得资讯的统计显示,2010 年,16 家上市银行利息净收入达到 1.4 万亿元,手续费及佣金收入为 2 978 亿元,营业收入达到

1.7万亿元;2009年,16家上市银行利息净收入达到1.1万亿元,手续费及佣金收入为2 252亿元,营业收入达到1.4万亿元;2008年,16家上市银行利息净收入达到1.2万亿元,手续费及佣金收入为1 796亿元,营业收入达到1.4万亿元;2007年,16家上市银行利息净收入达到9 587亿元,手续费及佣金收入为1 396亿元,营业收入达到1.1万亿元。在中国银行业的主要利润中,利息净收入和手续费及佣金收入一直都是他们利润的主要来源。

2007—2010年,16家上市银行利息净收入占营业收入的比重,最低为70%,最高甚至达到101%;中间业务普遍在20%以下,大部分都在10%以下。而据全球银行与金融机构分析库bankscope的统计,欧美甚至东盟地区的商业银行,息差占比一般只有50%~60%左右,中间业务则都在20%以上。

2007年,在中国银行业改制逐步进入佳境的时候,利息收入就已接近万亿。当年,利息收入超过1 000亿的有4家银行,分别为工商银行(2 244.65亿元)、建设银行(1 927.75亿元)、农业银行(1 574.65亿元)、中国银行(1 527.45亿元);分别占当年营业收入的88.32%、87.64%、87.85%、84.54%;当年,手续费及佣金收入达到1 396亿元,超过100亿元也同样是工行、建行、农行、中行四大国有银行,占当年营业收入比重分别为13.57%、14.27%、12.85%、15.21%。

如果按照2007年利息净收入占营业收入比重排名的话,前5位分别为:南京银行、兴业银行、北京银行、中信银行、浦发银行。到2010年,这一排名变为华夏银行、北京银行、浦发银行、深发展、兴业银行。

2007—2010年,4年当中,南京银行、中国银行在利息收入这一项下降最快,均为14.47%;而华夏银行则上涨了14.11%。

分析人士认为,南京银行曾在2010年第二季度将大量资产投放到债券投资和同业资产运用等方面,使生息资产收益率出现了较大的下滑。从其年报中也可以看出,南京银行的债券业务是该行的特色业务,其利息收入占营业收入的占比从2007—2010年分别为101.59%、80.53%、87.30%、87.12%。虽然有反弹,但作为城市商业银行,利息收入不断减少也反应其在业务拓展方面做了努力。

而华夏银行在息差占营业收入比重方面则是逐年上升,从2007年的78.87%上升至2010年的92.98%,而其中间业务收入的占比4年来始终处在6%以下。

值得关注的是,2008年,16家上市银行利息净收入达到1.2万亿元,而这一数据在2009年则下降到了1.1万亿。数据显示,这一年间,除去华夏银行、北京银行、宁波银行、南京银行的息差占比保持上升之外,其余12家银行在利息净收入占比均发生了"回调"现象。

利息收入占比减少在外资银行来说是再正常不过的事情了,但对于中国银行业来说则是遇到了实际困难。分析人士认为,当时是由于受到了国际金融危机的影响,国内经济增速放缓,企业盈利持续下滑,央行为了解决企业经营困难,下调了银行贷款利率,但保持

存款利率不变。这样的"调控"有"喜"有"愁"，"喜"的是下调中小型银行的存款准备金率，银根放松有利于银行的信贷业务；"愁"的是单方降低贷款利率减少了银行的利息收入。

安邦咨询研究员杨志荣告诉《中国经济周刊》，尽管利差水平可能还低于美国银行业，更低于金砖国家，但如此高比率的来源于利差的利润，显示中国银行业缺乏业务创新，躺着吃饭日子过得太舒服，而居民感受到的服务水平问题也很大。

（二）服务还是打劫

综合 2007—2010 年 4 年间各行业的利润总额可以看出，仅四大国有银行的总利润，就已接近两万亿，而被公众认为是"垄断楷模"的中石油和中石化两家企业的利润总额仅为 9 927 亿元，还不足四大国有银行的一半。

不仅仅是公司赚得多，银行业的丰厚薪酬和年终奖也同样令其他行业"望尘莫及"。

据公开数据显示，2011 年，在银行工作 3 年以上的一般工作人员，年终奖大都在 8 万元左右，加上半年奖、季度奖等，全年奖励性收入都在 10 万元以上，而供职中小型股份制银行在这些数值上比大型国有银行还要大。

据万得资讯相关统计显示，2011 年上半年职工收入排名第一的为民生银行，人均发放薪酬高达 19.07 万元；紧随其后的是招商银行，半年收入达到 17.89 万元；宁波银行、华夏银行分别位列第三、第四，收入均超过 16 万元。而在 16 家上市银行中，除了四大国有银行以及北京银行没有超过 10 万元外，其余 11 家银行上半年人均收入都在 10 万元以上。

2010 年，中国 GDP 占世界比重只有 9.5%，但中国银行业利润却占到了全球银行业总利润的 20% 以上，这意味着中国银行业从实业获取的利润远远超过了国际水平。

中国光大银行副行长林立日前称，2011 年该行净利润预计增幅达到 42.02%，这主要得益于去年信贷规模控制从紧，资金成为稀缺资源，定价能力上升。

2011 年，银行议价能力大幅提升，对中小企业的贷款利率上浮了 20%～50%。"部分银行甚至将存款作为发放贷款的前提条件，在实体经济面临资金困境之时趁火打劫，这怎能不叫实体经济心寒？"北京大学金融学院教授卢峰告诉《中国经济周刊》。

中央财经大学金融学教授郭田勇认为，银行是为实体经济服务的，但目前实体经济亏损和银行"暴利"冰火两重天的现象，让人不禁要质问银行，服务实体经济的职责是否履行到位？

（三）"高息差"是先天优势

相关数据显示，利息净收入长期以来都是银行高额利润的大头。2011 年 1 年定期存款利率是 3.5%，而 1～3 年的贷款利率却高达 6.65%。这样的政策，确保了银行业 3% 的利息差，可谓"坐等收钱"。

在现行的利率体制下，银行有了天然庇护，垄断日渐形成。万得资讯的数据显示，2011 年前三季度，四大国有银行利息净收入占总营收的 75.7%，其他股份制银行利息净收入占总营收比例则超过 90%。在利息收入方面，四大行的同比增幅均在 30% 以下；而其他股份制银行利息收入增长则相对突出，除兴业银行增幅 27.6% 以外，其余银行增幅均在 30% 以上，其中华夏、南京、民生三家银行的增幅超过 40%。

全国人大财经委员会副主任委员吴晓灵表示，"我们如果想打破信贷市场上的垄断局面，就需要推动利率市场化改革。"

郭田勇也表示："既然无法简单给出合理利差的标准，就应完全把利率放开，自动定价，充分竞争才合理。"

也有分析直接指出，存贷款利差能喂肥银行有其先天优势，主要是因为这个利差是由国家规定的，国家给银行较高的利差，银行就能保证赚更多的钱。

（四）中间业务"被动增长"

除去稳赚的"高息差"，还有银行的中间业务收入——通俗的解释就是名目繁多的收费项目和佣金收入，这部分普遍高于"息差"增长的速度，占银行营业收入比重逐步提高，日益成为银行利润重要增长极。

万得资讯的数据显示，2011 年前三季度 16 家上市银行的手续费及佣金净收入达到 3 204 亿元，同比增长 44.5%，增速明显超过利息净收入。

据官方公布的数据显示，目前银行业的服务项目共计 1 076 项，其中 226 项免费，占比 21%；收费项目 850 项，占比 79%。在银行业服务项目中，个人业务服务项目共 276 项，其中个人有偿服务项目共 196 项。

据武汉大学法学教授孟勤国披露的《银行卡收费不当问题调查研究》报告指出，2003 年 10 月 1 日出台的《商业银行服务价格管理暂行办法》明确银行收费项目仅 300 多种，而现在《商业银行服务价格管理办法》（征求意见稿）中列出的收费项目已多达 3 000 种，7 年时间增长近 10 倍。

"中间业务的高速增长并不能真实反映出银行在推动中间业务的发展上作出多少实质性的努力，之所以会出现目前这种情况，根本原因还是由于监管层对信贷规模的控制。"罗盛坦言，近两年，由于监管层对信贷规模的严控态度一直未有变化，为了能够达到"收益持续增长"的目标，银行只能被迫调转方向，重点发展中间业务，希望这一部分收益能够持续支撑银行业绩的"靓丽表现"。

"这样被动增长的中间业务是一种不切实际的短期行为，它非但不能改变中国银行业盈利模式单一的现状，还会给银行一种错觉：缺钱就可以在各种收费项目上做文章。"罗盛称，如果不能够正确认识中间业务服务为本的内涵，靠吃息差的银行盈利模式很难终结。

实际上，在西方发达国家，中间业务能够成为与资产业务、负债业务并驾齐驱的银行三大业务之一。但在国内银行业，这三大业务并未真正理清主次，尤其是对发展中间业务的态度尚不明确。

"你说它是市场化经营，可以给个人提供很多实惠的中间服务，但很多银行都是国有控股，觉得普通百姓不是它们的主要客户。当出现问题时，银行表面要看监管层的眼色，但自身还是以垄断企业自居。"一位不愿透露姓名的分析师告诉《中国经济周刊》。

（五）两头食利的"金融创新"

上市银行"两头食利"：一方面通过压低储户的存款利率，直接向存钱的老百姓"收税"；另一方面银行还发明出"手续费""财务顾问费"等"中间业务"，对老百姓进行变相盘剥，这种"金融创新"能力想必已远超西方银行业。

"这说明上市银行的暴利并非来自它们的管理和创新，其最大的核心竞争力，是行业垄断和制度保护。"罗盛坦言。

应该说，银行业从世纪初被外界认为已经从"理论上破产"到如今年度资本收益率达到 20％，表现是不错的。"从绝对指标上看，年度资本收益率达到 20％并非暴利，但相对于金融危机转型下企业艰难的经营环境，称当下的银行暴利也并不过分，反差太过于强烈。"罗盛认为。

"市场骂银行的实质是金融资源配置不公平。"杨志荣坦言，银行业的高利润由来已久。资本收益率 6 年来行走在 15％～21％的上升通道中。中国银行业的资产收益率和资本收益率由 2003 年年底的 0.1％和 3.0％，上升到 2005 年年底的 0.7％和 15.6％，更于 2011 年年底达到 1.28％和 20.4％。

三、银行业体制改革未完成

"没有约束的扩张不是有效扩张，没有约束的发展不是科学发展。"银监会主席尚福林在其署名文章中直指过去几年中国银行业存在的痼疾，在他看来："规模大不等于竞争力强，利润高不等于机制好，网点多不等于服务优，一些银行在许多方面不同程度地存在管理回潮和改革不够深入的问题。"

监管者的无奈不言而喻。尚福林坦言，通过改革，银行业曾改变了单纯的"存款考核"，强化综合效益管理，但近年来又开始追求单纯的规模扩张；曾经被精简了的机构、缩短了的管理链条，近年来又开始增机构、抢地盘。

银行"暴利"仅仅是一个表象，来自中国银行业扩张下的系统问题才是问题的实质。无论是银行监管还是货币调控，都在遭受着来自各界的质疑。在 2011 年，与银行信贷投放大增相对比，实体经济的表现则是"一地鸡毛"。

银监会业务创新监管协作部副主任尹龙在一次会议上称："一方面信贷投放额很大，另一方面中小企业几乎拿不到银行的贷款，整个社会必然缺钱。"

在信贷资源稀缺下，银行业的经营思路也逐步由"以量补价"向如今的"以价补量"转变。

在这一过程中，更加暴露出银行的"为富不仁"。银行高速扩张正在给金融体系埋下不稳定的隐患。

广东金融学院代院长陆磊认为，资产扩张至少造成了两大隐忧：对资本的极度消耗，银行资产质量和拨备压力的激增。

"一方面，银行的利润高了，就会获得更多资本的青睐，从而吸引更多的资金流向银行体系,尤其是一些产业资本流向银行系统;而另一方面,银行在信贷增量有限的情况下,就可能通过一些渠道将资金投向信托或者其他虚拟经济领域,'以钱炒钱'。"一位股份制商业银行研究部门负责人分析称,这样的发展路径"基本就和实体经济没什么关联了"。

现在来看,对于未来中国银行业改革的方向,认为体制改革已经完成、只需机制改革显然是不准确的。

"因为金融空白村镇还有1/4,高达1 600多个;民间金融尚未阳光化,导致民间借贷风波时而泛滥;利率市场化未推动银行改善服务和业务创新;信贷衍生工具不开放尚不能为银行创新业务服务;利率市场化尚未完成的银行业尚无法走向国际市场竞争。"安邦咨询研究员杨志荣坦言,实际上,机制改革都是跟着业务创新走的,业务创新不充分,机制改革也不可能到位。

"说到底是竞争还不彻底。"中国人民银行研究生部教授吴念鲁坦言,要建立多层次的资本市场和充分竞争的金融体系,需要打破国有金融企业的垄断。市场竞争将导致商业银行存款与贷款之间的利差逐步缩小,从而使商业银行源自信贷业务的利润在总利润中的比例也逐渐减小。

一家国有银行研究部的人士认为,目前的问题是要解决垄断,现在对银行牌照控制已经事实上形成了银行的垄断地位。而只要这种地位存在,利于市场化非但不能把贷款利息降下来,甚至可能在银行间"默契配合"下把贷款价格推得更高。

在杨志荣看来,未来银行业的改革路线图应该是这样的:

第一步,开放民间资本以发展村镇银行和社区银行。工行行长杨凯生也欢迎中小银行参与市场为大型商业银行作补充。实际上,与其让民间资本隔离在体制之外无法监管还不如让其进入银行业,反而更有利于监管并降低系统性金融风险。如此一来,金融空白村镇也可实现全覆盖,而这正是大型商业银行不愿意参与的。当下政策过于谨慎,到2011年年底,3年规划村镇银行达到1 027家,实际只完成70%。

第二步,在金融市场开放的同时推动利率市场化改革(否则很可能会加强现有银行谈判地位导致利差更为畸形),促进银行市场竞争能力的提高。

第三步,逐步释放金融衍生工具创新,让银行得以发展贷款业务之外的产品和服务创新。

第四步,支持银行业走出去,结合中国商品出口和海外投资向海外释放过剩的货币,继而填补欧洲银行主导的国际贸易融资,推动人民币国际化。

现实地看,目前中国银行业与西方发达国家的商业银行在收入结构上差距明显,利息收入几乎是国内商业银行收入和盈利的唯一来源,而国际一流银行的收入主要来自于中间业务收入和表外业务。美国花旗银行提供的资料显示,存贷业务为其带来的利润占总利润的20%,而承兑、资信调查、企业信用等级评估、资产评估业务、个人财务顾问业务、远期外汇买卖、外汇期货、外汇期权等中间业务却为花旗银行带来了80%的利润。相比之下,中国四大国有商业银行中间业务占全部收益的比重都不高,平均起来还不到10%。

中国商业银行表面上看起来中间业务品种很多,但实际上主要是一般性代理收付业务、跟单信用证、银行承兑汇票等与贸易密切相关的业务,品种单一。从近几年的发展趋势看,投资银行业务、金融衍生业务在西方商业银行的中间业务中占有越来越重要的地位,收入占比越来越高。我国商业银行从事投资银行业务刚刚起步,由于国内金融体制仍处于分业监管以及法律法规的限制、现行商业银行内部体制和组织结构的制约、专业人才的缺乏,真正能够开展的投资银行业务品种并不多,实际上仅仅是财务顾问方面的业务。但显然,投资银行业务应该是中间业务收入最大的增长点,是改善商业银行收入结构最重要的手段之一,也是商业银行为了迎接全球性竞争和混业经营挑战所采取的战略性步骤。

四、银行霸道已成习惯

这些年来,喜欢总结规律的中国网民,根据新闻媒体曝光的各类银行与客户纠纷案件的解决结果,归纳出如下的规则来:

网银被盗了,储户自己负责;ATM 机取出假钱,银行无责任;ATM 机故障多吐钱,储户被判刑;在柜台取钱给少了,离柜概不负责;在柜台取钱给多了,要么银行自己从储户账上划回来,要么储户等着吃官司赔回来……

总结一些规律,提醒储户跟银行打交道时要万分谨慎。

凡事就怕对比,信息时代太发达。在英国某个小镇,ATM 机吐出双倍的钱,大批人涌着去占便宜,最后银行居然说,错在自己,顾客不必为银行工作的失误负责,不用归还多余的钱。

银行与储户关系的不平等,多年来屡受国内民众诟病,至今也不见根本好转;银行业改革已呼吁多年,现在仍难成为实质的市场主体;利率市场化的涌动一轮接着一轮,如今仍只闻雷声不见雨点……

有学者认为,对目前银行业的垄断和国有商业银行竞争效率低下的担心是普遍现象。中国的银行能够有今天的强势地位,也是有其历史原因的。

在 1979 年之前,中国还完全没有商业银行的运行模式,当时的中国人民银行是单一的,它的主要业务就是财政计划分配到生产计划,根据计划来分配资金,仅仅是财政部的支付系统。

从 1979 年开始,从事农业金融业务的农业银行组建,专营外汇业务的中国银行从中国人民银行中分离出来;建设银行也从财政部分设出来,成为国有专业银行。到 1983 年,工商银行设立,经营原中国人民银行办理的工商信贷和储蓄等经营性业务,国务院决定中国人民银行单一行使中央银行职责。至此,以中国人民银行为核心、四大专业银行为主体的金融机构体系才正式形成。

随后国家对四大专业银行实施了一系列企业化改革措施,如由机关式管理向企业化管理过渡探索,打破专业银行的垄断格局和业务范围限制等。曾长期在中国人民银行任职的谢平评价,这时期"改革的成效并不显著,银行距离真正的企业仍有相当大的差距"。

到了 1993 年,国务院出台《关于金融体制改革的决定》,正式提出建立以国有商业银行为主体的金融体系;又过了两年,《商业银行法》颁行,从法律上明确了工行、农行、建行、中行四大行是"自主经营、自担风险、自负盈亏、自我约束"的国有独资商业银行。

但学者认为此时的国有商业银行仍以国家信用为背景,还是不愿意把国有商业银行完全放到市场中去,国家对国有商业银行的干预仍然比较多。国有银行的商业银行身份虽已确立多年,但经营机制尚未真正实现市场化转换,现代商业银行制度也未建立。

中国加入 WTO 后,对金融业的保护期是到 2006 年。据复旦大学经济学院副院长、金融学教授孙立坚介绍,政府要求低效率的四大国有银行赶快解决股份制改革问题。

此后,通过种种运作,才解决了三大国有银行的问题,让这些银行达到上市必须要满足的条件。

近几年,国有四大商业银行都有吸引世界目光的业绩,赚钱能力高得吓人,海外学者对中国银行业的改革也给予高度评价,但许多国内学者还是感觉到问题的存在:"你更多利用了国家给你的各种优惠条件,很好的投资环境,这个业绩是在国家保护的背景下做到的。"

对目前银行业的垄断和国有商业银行竞争效率低下的担心是最普遍的,郭田勇研究发现,2011 年,银行业的当期净资产收益率已超过 20%,这样的收益率甚至超过了石油。

网络对"银行业的暴利"的口诛笔伐持续升温,每次银行年报出来又是持续的热炒。"我能理解民众用'暴利'一词的感情色彩,即公众对金融改革不到位、对存款负利率、对垄断、对服务的不满。"郭田勇说。法学学者黎四奇在对银行与客户的关系进行考证时发现,我国相关的法律规章也存在对银行功能界定的错位,如央行 1994 年发布的《违反银行结算制度处罚的规定》,即赋予了银行对单位和个人处罚的行政职能。

五、纠葛的监管当局与"自利"的监管方式

银行与客户之间的不对等现象其实在全世界都是存在的,在经济实力、信息知识量均占优势的银行,必然会千方百计减轻自己的责任,这是一种市场行为。弱小的消费者受到强势银行机构的"欺负",其实倒不是中国特有的现象。

曾在中国银行工作,后来到国务院发展研究中心金融研究所当副所长的巴曙松解释,从全球范围看,80%左右的银行客户是不能给银行带来综合收益的,因此国际一流的顾问公司建议,银行应该重点为那 20%的客户提供服务。至于那 80%的客户,要么加收形形色色的手续费,要么不花费过多的人工来提供服务。

中央财经大学金融法研究所所长黄震告诉记者,银行与客户之间的不对等现象其实在全世界都是存在的,在经济实力、信息知识量均占优势的银行,必然会千方百计减轻自己的责任,这是一种市场行为。

但是,2008 年的金融危机之后,在立法上对弱势的消费者进行保护和救济已经成为世界性潮流,也是未来不可阻挡的一种趋势。

中国社科院金融研究所银行研究室主任曾刚说："过去银行确实可能没有更多考虑储户的感受，存在缺失，但现在法规也正在出台，在保监会、证监会之后，央行、银监会也成立了金融消费者保护局，未来会越来越好。"

多年来多次就银行的服务性收费问题向法院起诉、向银监会上书，乃至提请国务院督促银监会履行职责的北京律师董正伟向记者介绍，在市场经济完善的发达国家，金融监管机构往往只关注两件事，一是给金融机构立规则；二是监督金融机构是否损害了消费者的利益。

"但在中国，监管机构和银行有各种牵扯，如人事关联、利益纠葛，金融监管机构还以银行的利润为政绩考核的标准，怎么监管？"董正伟问。

长期以来，银监会就因其"左手向银行收费，右手监督银行"的方式备受批评，目前有准确数字披露的是在 2004 年，商业银行向银监会交纳的监管费高达 56 亿元，占当年银行业利润的 5%～10%，这一年，中国商业银行的净资产收益率超过了石油和烟草。

当然，垄断也是银行强势的重要原因之一。

黄震向记者分析，目前国内的情况是银行虽多，但实际上都是一家的，利率都一样，形成利益共同体。"实际上就是垄断，加上对金融弱势群体的保护没有提上日程，整个社会难以形成对强大银行的制衡力量。"黄震说。

虽然银行机构的高层曾公开声称中国的银行业不存在垄断，学者却并不含糊。"虽然目前银行有很多家，竞争也比较激烈，但准入门槛还是很高，竞争还是不充分，行政壁垒挡住了民营资本的进入。"郭田勇表示。

六、呼唤完全的市场化

在金融安全考虑下，管制利率为银行保留了足够的利差。这种令一般金融消费者受益很少的价格管制带来了整个行业的集体高利润。

无论是在此前国家几次下发的正式文件中，还是在学界的研究成果中，乃至寻常民众隐约的意识中，解决目前银行业的诸多问题——当然包括重构平等的银行与客户关系，答案都非常简单明了，就是市场化。

从原来的政企不分，到后来慢慢试着独立，再到后来"入世"后被逼着股份制改革，一步步走到今天，在外形上，中国的银行越来越有市场主体的模样。

但是，人们很难承认，现在的商业银行真的就是真正意义上的市场主体。

"很简单，你有没有对自己产品的定价权？如果利率、年费、服务性收费这些价格全部都是一样的，哪里还有什么竞争可言？行政权介入越多，银行就离市场越远。"郭田勇表示。

银行业的资本收益率很高，价格管制是重要原因。从金融安全角度考虑，管制利率为银行保留了足够的利差。这种令一般金融消费者受益很少的价格管制带来了整个行业的集体高利润，因此，虽然利率市场化改革千呼万唤，却至今难以出台。郭田勇分析说。

　　黄震也多次呼吁打破金融行业的垄断,推进银行的市场化改革。这听起来似乎是很大的工程,其实主要看能否突破两个关键点,一是实现利率市场化;二是降低新金融机构的准入门槛。

　　"当然,经济制度上的很多变革,归根到底还是要靠体制改革来推动。"黄震认为,现在许多人提出要保证消费者的知情权,并没有从根源上解决问题,因为即使你知情,如果没有选择权,仍然没有用。

　　"我认为最重要的其实就是保障消费者的公平交易权,一是定价机制,无论是政府定价还是市场定价,消费者都应该能参与,通过听证程序,通过市场行为协商、博弈等,而不是完全任人宰割;二是救济要有保障,有了纠纷,能够通过司法、仲裁等第三方力量来公正解决,如果只有监管机构内部投诉一途,并不足够。这些都可以通过制定专门的金融消费者保护法来实现。"黄震认为在目前体制推动尚付之阙如时,这是重构银行与消费者关系最可行的途径。

　　当然,保护性的高额利差带来的暴利,统一收费价格掩盖下的次等服务,完全市场化下不可预知的各种风险,这一切都显示着银行业的改革阻力重重。正像本以为会严重冲击国内银行业的外资银行,谁曾想进来几年,却像学者说的已将国内规则研究得透彻,很快适应中国环境,成为了共同分享政策性红利的团体一员。

　　银行业的改革,任重道远。

（注:本案例部分资料来源于《中国经济周刊》2012 年 3 月 31 日的报道。）

案例思考

　　1. 查找相关研究和资料,对比一下中国和西方发达国家银行业收入和利润来源方式的差异情况,并思考其背后原因。

　　2. 为何在实体经济盈利困难的条件下银行业却能够获得高额利润?你认为中国银行业获取巨额利润是否合理?

　　3. 根据案例中的描述,概括和总结一下当前中国银行业产生巨额利润背后的深层次原因。

　　4. 对于中国银行业未来的体制改革,你有什么看法?